Das Ende der Weltumsegelung

Segelroute
der Yacht MAUI

Madagaskar

ap der
fnung

Allein um die Welt mit der Maui

Claus Gintner

Allein um die Welt mit der Maui

Abenteuer einer Weltumsegelung

Die Deutsche Bibliothek – CIP-Einheitsaufnahme

Gintner, Claus:
Allein um die Welt mit der Maui : Abenteuer einer Weltumsegelung /
Claus Gintner. –
Herford : Busse Seewald, 2002
(Maritim Busse Seewald)

ISBN 3-512-03248-6

©Verlag BusseSeewald GmbH, Herford 2002
Alle Rechte vorbehalten
Satz: Ellmer GmbH, Bad Salzuflen
Gesamtherstellung: MP Media-Print GmbH, Paderborn
Printed in Germany
ISBN 3-512-03248-6

Inhalt

Allein um die Welt - wie alles begann	9
Start in ein neues Leben	13
Gibraltar, das Tor zum Hades	15
Ganoven-Ehre	16
Hinaus in den Atlantik	18
Sturm am Kap Fuerte!	22
3000 Seemeilen liegen voraus	23
Chaos auf dem Schiff	25
Nachts kommt der Klabautermann	28
Endlich in der Karibik!	33
Nachts, wenn die Räuber kommen…	35
Sehnsucht nach der Heimat	37
Schwere Grippe oder Malaria?	38
Willkommen in der Fremde	39
Hunger und Brot	40
Hitze und 1000 Mücken	41
Der Albtraum eines jeden Seglers	42
Glück im Unglück	44
Letzte Vorbereitungen auf Curaçao	47
Das Böse kommt in der Nacht	49
Auf den San-Blas-Inseln	51
Durch den Panama-Kanal	55
Start in den stillen Ozean	57
Galapagos: Der Weg ins Vogelparadies	58
Alltag auf See	65
Horror in der Teufelsbucht	70

Mein erstes Südsee-Atoll	74
Papeete - das Mekka aller Segler	75
Der Orkan von Bora Bora	78
Palmerston - Aitutaki	82
Vom Minerva Riff nach Neuseeland	92
Zurück in die Heimat	95
Von Neuseeland zu den Fidschi-Inseln	97
Fidschi	99
Fidschi - Vanuatu - Mellish Riff - Cairns	106
Von Vanuatu zum Mellish Riff	107
Einkaufen und Reparieren auf Cairns	110
Im Land der Kopfjäger	112
Alltag auf der Maui	116
Die Geisterinsel	119
Durch die China Street	122
Unter Räubern	124
Endlich in Rabaul	127
Die Piraten von Kevien	130
Von Kevien nach Manus	132
Der Faustschlag der Riesenwelle	141
Erholung auf den Cocos-Inseln	144
Schneiderei auf hoher See	147
Dann lag ich vor Madagaskar	149
Von Madagaskar nach Südafrika	151
Von Salvador nach Fortalesa	162
Merkwürdigkeiten im Bermuda-Dreieck	165
Von den Bermudas zu den Azoren	167
Mein Weg durch die Flüsse	172
Anhang	176

Danksagung

Mein „Unternehmen Weltumsegelung" hätte nicht so gut funktioniert, hätten mich nicht viele liebe Menschen dabei unterstützt. Mein Dank gilt der Ärztin Dr. Karin Brandtner aus Kefermarkt, die mich mit vielen wertvollen Gesundheitstipps auf diese Reise vorbereitet hat. Meinen besonderen Dank möchte ich auch den „Oberösterreichischen Nachrichten" aussprechen. Der Redakteur Hans Unger hat mir mit seiner Artikelserie im Wochenend-Magazin zu jener Publizität verholfen, die so ein Projekt einfach nötig hat. Vielen Dank auch die „Oberösterreichische Versicherung", die mich über Jahre hinweg unterstützt und so manches im Sturm zerrissene Großsegel gesponsert hat. Auch allen meinen Freunden vom „Yachtclub Austria" möchte ich herzlichen Dank sagen, besonders für die Organisierung zahlreicher Dia-Vorträge. Nicht zuletzt aber ist es mir ein Bedürfnis, mich beim Bürgermeister der Stadt Linz, Dr. Franz Dobusch, zu bedanken. Er hat mir bei meiner Heimkehr auf der Donau mit der Magistrats-Musikkapelle einen wirklich herzlichen Empfang bereitet.

„Wer immer nur nach dem Zweck der Dinge fragt, wird ihre Schönheit nie entdecken"

Haldor Laxness,
Isländischer Schriftsteller

ALLEIN UM DIE WELT
WIE ALLES BEGANN

Südspanien im August 1990. Was für ein herrlicher Tag. Tiefblau hat sich der Himmel über die Marina von Agua Dulce gestülpt. Ich schlendere den Bootssteg entlang meinem Liegeplatz zu. Neugierig und interessiert betrachte ich die anderen dort festgemachten Segler, bunt gemischt und in allen Größen liegen sie ruhig da. Ist jemand an Bord, so grüßt der Segler freundlich meist mit „Hey" oder „Hello". Auf einer kleinen, nicht besonders gepflegt wirkenden Sloop sitzt ein faltiges Männlein im Cockpit und blickt freundlich in die Runde. „Hello, how are you today" rufe ich ihm zu und bleibe vor seinem Boot kurz stehen. Der etwa 70jährige kneift die Augen ein wenig zusammen, wirft einen prüfenden Blick auf meine blauen Segelschuhe und taxiert meine Kleidung. „Wo ist Dein Boot?", kommt prompt die Frage. „Dort vorne, sieben Yachten weiter, die weiße mit der blauen Aufschrift Maui, das ist meine Yacht."

Noch einmal schweift sein Blick vom Boot zu mir, dann scheint er eine Entscheidung getroffen zu haben und sagt: „Komm an Bord." Ich klettere über den Bugkorb und gelange etwas unbeholfen über das kleine Deck ins Cockpit. Dort schaut es nicht sehr ordentlich aus. In einer Ecke liegt ein roter Plastikeimer, daneben Leinen, Holzleisten, Drahtbügel und allerlei Gegenstände, von denen nur „John" - so stellte er sich vor - wissen kann, wozu das alles zu gebrauchen ist. „Nimm Platz", sagt John, greift in eine Ecke und hält triumphierend etwas in der Hand, das aussieht wie ein Milchpäckchen. Eine Ecke ist aufgeschnitten und mit einer Wäscheklammer wieder verschlossen, offensichtlich damit nichts von dem köstlichem Inhalt verloren gehen kann. Jetzt nimmt der hagere Schotte die Wäscheklammer ab und füllt aus der Box zwei verschmierte Gläser. Lauwarmer Weißwein. Prost!

John erzählt mir, daß er bereits seit zwei Jahren im Mittelmeer herumsegelt, immer auf der selben Strecke. Von Gibraltar bis zu den Balearen und wieder retour. Er ist 70 Jahre alt und pensionierter Marineoffizier. Seit seine Frau verstorben ist, verbringt er seinen Lebensabend allein auf seinem kleinen Boot. Hier in Spanien sei der Sommer lang, das Leben billig, die Menschen freundlich und die Navigation entlang der Küste einfach, weil die Sicht gut und das Wasser klar und durchsichtig ist. Deshalb seien auch Untiefen leicht zu erkennen. Seekarten brauche man hier keine, erklärt mir der Wicht weiter. „Du kaufst Dir einfach in jedem Hafen eine Ansichtskarte - eine Luftaufnahme muß es sein - und mit der Zeit hat sich dann ein exzellenter Seekartenersatz angesammelt, der fast nichts kostet." Da staune ich und wage ihm nicht zu erzählen, daß ich so an die 30 teure Seekarten gekauft habe, bevor ich mich ins Mittelmeer gewagt habe. Zwei Stunden bleibe ich bei dem freundlichen Alten und lausche höchst interessiert seinen Erzählungen vom Segeln im Mittelmeer. Als ich mich verabschiede, sagt er schmunzelnd zu mir: „Wenn Du einmal nicht schlüssig bist, ob Du hinaussegeln sollst oder nicht, denke an folgendes Gedicht, und die Entscheidung wird Dir leicht fallen":

If the winds tween WEST or NORTH,
It's wiser not to sail forth.
If it cowes from NORTH or EAST,
the seas not fit for man or beast.
When it blows from EAST or SOUTH,
stay inside the Harbour mouth.
Should it be from SOUTH or WEST,
stay at anchor, home is best.
If there is no wind at all,
tie up your ship against the wall.

Für alle, die im Englischunterricht nicht genau aufgepaßt haben, liefere ich gerne die Kurzübersetzung dieses Gedichtes: Woher auch immer der Wind weht, bleibe mit Deinem Schiff im Hafen. Freilich ist dieser nette Ratschlag für mich kontraproduktiv. Hätte ich mich damals an John's Ratschlag gehalten, mir wäre es wohl nie gelungen, mit meiner kleinen Yacht Maui allein um die Welt zu segeln.

Ich bin zurück an Bord der Maui. John's warmer Weißwein ist mir etwas in die Glieder gefahren. Ich lege mich auf die Luftmatratze im Cockpit und schließe die Augen. Meine Gedanken führen mich in die Vergangenheit. Was hat mich eigentlich dazu veranlaßt, alles aufzugeben, wofür ich Jahrzehnte lang gerackert habe - den Beruf, die Familie, das geborgene Heim? Warum habe ich das alles eingetauscht gegen eine kleine Segelyacht mit zehn Metern Länge und drei Metern Breite, die in den Wellen ständig herumgeworfen wird? Warum lasse ich mich von Seekrankheit quälen, warum nehme ich schlaflose Nächte auf See in Kauf?

Ich bin - wie die meisten Nachkriegskinder - ohne Komfort und Luxus aufgewachsen und nur durch Arbeit und Fleiß langsam vorangekommen. Im Jahr 1975 hatte ich ganz alleine begonnen, ein Elektrogeschäft aufzubauen. Aber 13 Jahre später - also 1983 - fing ich an darüber nachzudenken, ob es der Sinn des Lebens sein könne, täglich 14 bis 16 Stunden zu arbeiten, nur um Bankschulden zurückzahlen zu können. Mittlerweile hatte ich schon ein zweites Geschäft eröffnet. Irgendwann im Sommer 1983 habe ich mich entschlossen, meine finanzielle Situation wieder einmal sorgfältig zu durchleuchten. Das Ergebnis war niederschmetternd: Nur wenn ich die nächsten fünf Jahre auf jeden Urlaub verzichte und dazu jeden Samstag und Sonntag durcharbeite, dann endlich wird alles mir gehören, dann habe ich alle Schulden bezahlt. Eine schreckliche Vision!

Zu diesem Zeitpunkt begann ich immer öfter, Buchhandlungen nach Segelliteratur zu durchstöbern. Beim Lesen dieser Bücher sah ich sie deutlich vor mir, die unbewohnten Inseln mit weißen, palmenumsäumten Sandstränden, die kristallklaren Buchten, die Fische und Langusten, die nur darauf warten, in die Bratpfanne springen zu dürfen. Können solche Träume überhaupt wahr werden? Die Sehnsüchte und Wünsche verdichteten sich langsam von Jahr zu Jahr. Einmal keinen Terminkalender mehr zu haben, einfach in den Tag hineinleben zu können, barfuß und hüllenlos am Strand liegen und sich im warmen Wasser treiben zu lassen…

Ich rechnete mir vor: Wenn meine Tochter Isabella mit ihrer Ausbildung fertig ist, dann bin ich 47 Jahre alt. Und das ist das richtige Alter, um aus dem Stress des Unternehmertums auszusteigen und in das Leben einzusteigen. Natürlich könnte ich mit meinem Traum noch bis zur Pensionierung warten. Doch werde ich dann noch tauchen und schwimmen können wie ein Fisch? Werde ich dann noch in der Lage sein, auf den Mast eines Segelbootes oder auf Kokospalmen zu klettern? Und werden die Arme noch stark genug sein, um ein Segel im Sturm zu bergen? Nein, all das, so glaubte ich richtigerweise, werde ich als alter Mann nicht mehr schaffen. Ich faßte einen Entschluß: Jawohl, ich werde fünf Jahre durcharbeiten, bis 1989. Dann nämlich braucht meine Tochter auch nicht mehr die Hilfe der Eltern und meine Firma wird schuldenfrei sein. Jawohl, ich segle mit meiner Ehefrau Ingrid um die Welt. Ich fühle mich gesund, beweglich und kräftig. Wir werden es schaffen! Doch meine Frau war von der Idee immer weniger begeistert. „Es kommt nicht in Frage, dass ich die Wohnung hier aufgebe und auf alle meine Freunde hier will ich auch nicht verzichten", sagte sie immer wieder. Auch mein Einwand, es sei ja nur für „eintausend Tage", konnte sie nicht umstimmen. Eintausend Tage - das hatte ich mir so ausgerechnet - kommen heraus, wenn ich all die von mir nicht konsumierten Urlaubs- und Feiertage zusammenzähle.

Die Stunde Null rückte näher! Das Problem mit meiner guten und braven Ehefrau hatte ich auch gelöst. Ich segle alleine hinaus in die weite Welt, und sie kommt mich mit meiner Tochter immer wieder besuchen, fliegt mir in die fernen Häfen nach. Wir verbringen dann sozusagen immer wieder einen gemeinsamen Urlaub auf den schönsten Plätzen der Welt. So war es jedenfalls geplant. Nun hatte mich eine Art von Besessenheit ergriffen. Denn nur so ist es zu erklären, daß ich mir 2500 Segelyachten überall in Europa angesehen habe, um dann in Südspanien an der Costa del Sol, in dem Fischerdorf Estepona, fündig zu werden. Da lag sie nun endlich vor mir im Hafen, die gebrauchte Segelyacht mit dem Namen Maui. Obwohl dieser in England gebaute Langkieler vom Typ „Warrior 35" schon 20 Jahre auf dem

Die Segelyacht „Maui" ist ein in England gebauter Langkieler vom Typ „Warrior 35"

Buckel hatte, befand sich dieses Glasfieberboot in einem Top-Zustand. Alles spiegelte und glänzte, sie sah wirklich aus wie neu. 400.000 Schilling wechselten den Besitzer. Eine Art Glückseligkeit hatte mich ergriffen. Nun war ich plötzlich stolzer Besitzer einer hochseetüchtigen Segelyacht, mit der ich an jeden Platz der Welt gelangen konnte. Mit diesem Boot werde ich gemächlich die blauen Meere durchpflügen, so dachte ich in meiner Hochstimmung und Unerfahrenheit damals. Denn ich war ja noch nie zuvor Blauwasser gesegelt.

Meine Elektrofirmen waren mittlerweile verkauft, das Leben auf dem kleinen Segelboot konnte beginnen. Doch zunächst erschien mir die Maui noch riesengroß und behäbig. Verglichen mit den leichten und wendigen Sportbooten, die ich bisher kannte, ist ein acht Tonnen schwerer Langkieler auch wirklich träge. Wer stolzer Besitzer eines hochseetüchtigen Fahrtenseglers ist, kann noch lange nicht auf große Fahrt gehen. Die Maui musste noch nachgerüstet werden, die Zubehörliste wurde leider immer länger. Ich verzichtete daher auf ein UKW-Funkgerät, auch auf ein SSB-Funkgerät, strich den Kühlschrank von der Inventarliste und auch sämtliche elektronischen Navigationsgeräte. Nicht verzichten konnte ich auf einen guten Sextanten sowie auf ein Echolot, um die Wassertiefe messen zu können. Neben dem Barometer schaffte ich mir noch einen Meteoliner an, das ist ein elektronischer Druckschreiber mit automatischer Sturmwarnung. Ein Log, das ist der Tachometer für den Segler, brauchte ich auch unbedingt und dann wurden noch zwei Autopiloten montiert, die jeder Einhand-Segler (Alleinsegler) unbedingt braucht. Warum zwei? Nun, der eine ist eine Windfahnensteuerung. Dieses System der Selbststeuerung benötigt keinen Strom und hält das Boot immer in einem bestimmten Winkel zum Wind. Dreht der Wind, ändert auch das Boot seinen Kurs. Der zweite Autopilot funktioniert elektronisch, benötigt also Strom. Der sogenannte Fluxgatekompass gibt Impulse an einen Elektromotor, einmal eingestellt hält er die Yacht genau auf Kompasskurs. Eine vollständige Liste von allem Inventar umfasst einige hundert Posten. Im weiteren Verlauf der Reisebeschreibung werde ich immer wieder einige Ausrüstungsgegenstände vorstellen und erklären, warum sie an Bord sind.

Start in ein neues Leben

Gegen 10 Uhr vormittags laufe ich aus dem Hafen von Agua Dulce. Ich setze das Großsegel und nehme Kurs Richtung Gibraltar. Weil der Wind sehr schwach ist, muss ich den Dieselmotor starten. Zwei Tage später macht die Maui fest am Fuße des geschichtsträchtigen Felsens von Gibraltar.

Vor dem weiten Weg nach Westen sind noch einige Arbeiten am Schiff zu erledigen. Das Laufgeräusch der Schraubenwelle ist zu laut, deshalb versuche ich einen Fachmann für dieses Problem aufzutreiben. Aber jeder Schiffsmechaniker erzählt mir etwas anderes. Also wird mir nichts anderes übrig bleiben, als die Maui aus dem Wasser heben zu lassen. Nur dann wird man Welle und Wellenlager, Schraube, Stopfbuchse und Motorflansch genau überprüfen lassen können. Der Piermaster sagt mir, in zirka zehn Tagen sei an ein Aufkranen zu denken, vorher wären alle Termine belegt. Ich wende mich an Fred von der Motorenwerkstatt Marina Maintenee. Schon am nächsten Morgen hebt der Travellerlift die Maui aus dem Hafenbecken. Fred hat für mich beim Piermaster ein gewichtiges Wort eingelegt, und plötzlich war der Kran einen ganzen Tag frei, ohne dass ich Schmiergeld zahlen musste. Erstaunlicherweise hat die Überprüfung ergeben, dass alle Teile in Ordnung sind. Die Ursache des lauten Wellengeräusches ist also weiterhin unbekannt.

Bei frischem Wind von Westen wechsel ich den Liegeplatz vom Kran zurück zu meinem alten Liegeplatz in der Marina Bay. Die unerledigten Arbeiten stehen noch immer bevor, weil das Kranen mehr als einen Tag in Anspruch genommen hat. Eigentlich sollte ich schon unterwegs zu den Kanarischen Inseln sein, doch zwei Dinge verhindern dies: Erstens macht der stürmische Westwind ein Durchsegeln der Straße von Gibraltar unmöglich und zweitens ist die MAUI noch immer nicht ganz fertig. Folgendes muss ich noch erledigen: Ölwechsel für Motor und Getriebe, eine Bullentalje um den Großbaum schlagen, um das Boot vor einer unfreiwilligen Halse zu schützen. An der Saling muss ich Rollen montieren, um immer die entsprechenden Flaggen hissen zu können und am Mast fehlen noch zwei Klampen. Der zweite Spinnakerbaum zum Ausbaumen der Vorsegel soll erst am 10. September geliefert werden, die Zeit wird immer knapper. Vorsichtshalber tausche ich noch die Dichtungen an der WC-Pumpe aus und montiere auch Reelingnetze an beiden Seiten des Schiffes, damit ich nicht bei hohem Wellengang gleich über Bord gehe. Zu allem Überfluß zerreißt noch schnell das Vorsegel, doch freundlicherweise repariert es der Segelmacher innerhalb eines Tages. Der Wind hat gedreht, er bläst jetzt hinaus in den Atlantik, das wäre exakt die Richtung, die ich brauche, doch wieder ist ein Wegsegeln nicht möglich, denn mit der Winddrehung ist dichter Nebel aufgekommen.

Gibraltar, das Tor zum Hades

Während mir nun eine weitere Wartezeit bevorsteht, streifen meine Gedanken um die geschichtsträchtige Meeresenge von Gibraltar. Als „Grabenbruch" wird ein solch schmaler Durchgang von Geologen bezeichnet. Wobei die „Estrecho" - so nennen die Spanier die Straße von Gibraltar - an der schmalsten Stelle 14 km und an der breitesten Stelle 40 km breit ist, also scheinbar gar nicht so eng. Dennoch ist es für jeden Segler und auch für die Großschiffahrt, ein sehr schwer zu passierendes Revier. Zur Zeit ankern etwa 20 Riesentanker und Frachter um den Felsen von Gibraltar, weil die Golfkrise ein rasches Löschen der Ladung verhindert. Erst kürzlich sind in der Meeresenge zwei Großtanker zusammengestoßen und haben das südliche Mittelmeer versaut. Die spanischen Zeitungen haben den Zwischenfall mit keiner Zeile erwähnt, wohl um dem Tourismus in dieser Region nicht zu schaden.

Dass Tanker und Frachtschiffe in Meeresengen leicht kollidieren, kommt relativ häufig vor. Die Riesenkähne brauchen mehr als einen Kilometer, um einen Ausweichbogen steuern zu können. Zum Bremsen aus voller Fahrt benötigen sie gar drei Kilometer. Zwischen diesen Riesenschiffen muss nun ein kleines Segelboot hinaus in den Atlantik. Dazu kommt noch, dass ein ständiger Strom (mit einer Geschwindigkeit von sieben Stundenkilometern) vom Atlantischen Ozean in das Mittelmeer fliesst, weil im Mittelmeer mehr Wasser verdunstet, als von den Flüssen nachgeliefert werden kann. Das Segelboot müsste, wenn der Wind vom Atlantik ins Mittelmeer bläst, gegen Wind und Strömung ankämpfen, um hinaus aufs große Meer zu kommen. Normalerweise gelingt das einem Segler nicht. Viele haben es schon versucht und mussten wieder umkehren. Wenn ich Pech habe, werde ich vielleicht wochenlang auf günstige Wetterbedingungen warten müssen, bis ich die Reise zu den Kanarischen Inseln beginnen kann.

Der Nebel ist schwächer geworden, der Wind bläst jedoch wieder mit Sturmstärke um Kap Tarifa. Kap Tarifa ist die stürmischste Ecke in der Straße von Gibraltar. Wie schwer mussten es im Jahre 1704 die englischen Truppen gehabt haben, als sie den Felsen das erste Mal eroberten. Seit 1713 ist Gibraltar unter englischer Verwaltung. 1963 verhandelten die Spanier über eine Rückgabe des Felsens, sind aber gescheitert. Die Engländer sagen, solange es Affen auf dem Felsen gibt, solange bleibt der „Rock" britisch. Nun, Affen gibt es hier noch genügend, zur Freude der Touristen und wahrscheinlich auch zur Freude der Engländer. Ein echtes Problem auf Gibraltar ist die Wasserversorgung. Es existieren keine Quellen und es gibt auch keine Möglichkeit, Brunnen zu bohren. Man ist deshalb völlig vom Regenwasser abhängig. Es wird mit allen erdenklichen Mitteln aufgefangen und im Felsinneren in großen Becken gesammelt. 70 Millionen Gallonen sind angeblich dort gespeichert. Im Sommer regnet es selten aber von November bis März fällt genügend Regen. Trotzdem: Wasser ist teuer und aus den Duschen und Sanitären Anlagen im Hafen tropft es nur schwach.

Gibraltar; der Yachthafen Marina Bay mit dem Felsen im Hintergrund

Ganoven-Ehre

Die Sonne geht unter. Der Segler räumt Pinsel und Farbe beiseite, verstaut das Schmirgelpapier und klopft sich den Staub von Händen und Kleidung. Mit Handtuch und Seife im Rucksack, suche ich den Weg zu den Duschen. Marina Bay, der Yachthafen von Gibraltar, liegt wunderschön am Fuße des Felsens. Nicht ganz so schön sind die Duschen, aber man nimmt halt, was man kriegt. Sauber und frisch gekleidet schlendere ich hinüber zu Charly's Taverne, eine kleine Bar am Westende des Yachthafens, beliebter Treffpunkt der Fahrtensegler nach Einbruch der Dunkelheit. Das Lokal präsentiert sich rauchig und schwach beleuchtet. Zwei junge Mädels in hautengen Pullovern zapfen Bier, nach englischer Art füllen sie die Gläser randvoll und ohne Schaum. In Charly's Taverne trifft sich alles: Segler, Schmuggler, stinkreiche Eigner großer Yachten, Zahnlose, Unrasierte und auch wohl so mancher Drogendealer. Die Stimmung ist abenteuerlich, jeder spricht mit jedem, es wird lauter und lauter, ab Mitternacht sind alle gute Freunde und glücklich. Neben mir sitzt ein Segler, dem die vorderen Zähne fehlen. Weil er erst 25 Jahre alt sein dürfte, deuten die fehlenden Zähne auf überstandene Handgreiflichkeiten hin. Kurt spricht nicht nur deutsch, sondern er ist auch Deutscher. Aber wegen irgendwelcher Paragraphen im deutschen Strafgesetzbuch muss er es tunlichst vermeiden, wieder nach Deutschland zurückzukehren. Wir trinken ein Bier und ein zweites, laden uns gegenseitig ein, mal zahlt er, mal zahle ich, wir werden gute Freunde, reden über alles und nichts. Irgendwann endet dieser Abend mit einer Einladung an Kurt zum Frühstück auf der Maui. Dann verabschieden wir uns und jeder sucht seinen Weg zu seiner Yacht.

9 Uhr 30, die Sonne steht schon hoch, weißgrau schimmert der Felsen von Gibraltar in der Morgensonne. Im Cockpit ist der kleine Tisch hochgeklappt, weißblau ist die Tischdecke und weißblau ist auch die Kaffeekanne, aus der es schon herrlich nach Filterkaffee duftet. Frische Semmeln, Butter, Käse, Honig, Marmelade und ein Frühstücksei zieren das Tischchen. Mein Freund Kurt kommt, genießt sichtlich das Frühstück und erzählt mir, was er so treibt und transportiert, wenn er einmal wöchentlich nach Marokko und zurück segelt. Dann bedankt er sich und geht wieder seiner Wege.

Wieder versinkt die Sonne am Horizont, heute schimmert der Felsen orange-gelb. Wieder schlendere ich hinüber zu Charly's Taverne. Mein Freund Kurt sitzt bereits am Barhocker, sieht mich kommen, fuchtelt aufgeregt mit den Händen herum und ruft: „Das ist er, da, das ist er", und deutet auf mich. „Bei dem habe ich heute das beste Frühstück meines Lebens serviert bekommen, Freunde, das war ein Traum." Kurt kann sich gar nicht beruhigen. Allen Anwesenden erzählt er begeistert von meiner Gastfreundschaft und Kochkunst. Die Begebenheit sollte mir wenig später eine große Hilfe sein.

Bei einem Telefongespräch mit meiner Frau erfahre ich, dass meine Mutter, die seit 15 Jahren in Südafrika lebt, eine Europareise plant und uns so um den 20. September herum besuchen möchte. So entschließe ich mich, für etwa vier Wochen in die Heimat zurückzufliegen. Leider muss ich meine kleine Yacht für diesen Zeitraum unbeaufsichtigt in der Marina liegen lassen. Andere Segelkameraden haben mich schon gewarnt. „Das hier ist kein sicherer Platz, Du musst alles wegräumen und das Boot sorgfältig verschließen, sonst ist alles weg, wenn Du wiederkommst." Doch Kurt, mein Bar-Freund und Frühstücksgast, bester Kenner des Untergrundes in Gibraltar sagt zu mir: „Claus, Du brauchst Dir keine Sorgen zu machen, von Deiner Maui wird nicht das kleinste Stück gestohlen werden, dafür verbürge ich mich, denn Du bist mein Freund." Vier Wochen später bin ich zurück in Gibraltar. Nichts fehlt, die Maui ist aufgeräumt wie am Tage meiner Abreise. Nach wie vor ist der Außenborder am Brett festgeschraubt. Spinnaker, Anker, Winschen - einfach alles ist da. Kurt und seine Freunde aus der Unterwelt haben meine Yacht bewacht, als wäre es ihre eigene. Sowas nennt man wohl Ganovenehre.

Seit meiner Rückkehr nach Gibraltar ist schon wieder eine Woche verstrichen. Es regnet wieder und es ist kalt. Morgen, am 27.Oktober, soll es hinausgehen in den Atlantik. Zum ersten Mal in meinem Leben werde ich im großen weiten Meer segeln, wo die Wellen groß und lang sind. Bisher war keine große Nervosität in mir, doch jetzt, wo mich von meiner Abreise nur mehr wenige Stunden trennen, überkommt mich doch ein ängstliches Bangen, keine richtige Angst, aber eben doch ein Bangen. Unmengen von Vorräten habe ich in den vergangenen drei Tagen vom Supermarkt aufs Schiff geschleppt. 200 Liter Trinkwasser lagern im Süßwassertank, dazu noch 50 Liter Mineralwasser in Plastikflaschen, 20 Liter Limonaden sowie 20 Liter Fruchtsäfte. Die letzten Vorräte an Alkohol wurden gestern noch auf dem Nachbarboot, der „Apollonia", vertilgt. Die Apollonia ist eine 13,5 m lange Segelyacht, die die unter Schweizer Flagge fährt. Mit der dreiköpfigen Besatzung habe ich mich ausgezeichnet verstanden, daher die rauschende Abschiedsfeier. Außer den Getränken sind noch 50 Dosen Gemüse, 30 Dosen mit Fertiggerichten und 15 Dosen mit Corned Beef an Bord. Dazu noch Nudeln, Mehl, viel Salz, Essig, Öl, Gewürze, Milch, Eier, Tomaten, Gurken, Zwiebel, Kartoffeln, kurzum, Lebensmittel für etwa drei Monate. So einen Vorrat sollten Fahrtensegler immer eingelagert haben, damit sie in Flauten oder in Seenot nicht gleich verhungern.

Neben dem Einkauf von Lebensmitteln waren in den letzten Tagen noch sehr viele andere Vorbereitungen zu erledigen. Eine Taucherausrüstung habe ich angeschafft, um eventuell notwendige Reparaturen auch unter Wasser durchführen zu können. Auch eine Angelrolle mit dickem starkem Silk (1.5 mm), verschiedenen Ködern und Haken und allem erdenklichen Angelkrimskrams darf am Schiffchen nicht fehlen.

Hinaus in den Atlantik

5 Uhr 30. Von selbst werde ich wach. Es regnet, und der Wind ist stärker, als am Vortag zu erwarten war. Außerdem ist es ziemlich kalt. Ungewaschen und ohne Frühstück schlüpfe ich in den Trockenanzug und starte den Motor. Leinen los! Noch ein letzter prüfender Blick übers Schiff, alles ok. Dann also hinaus aus dem sicheren Hafen, dem dunklen Ungewissen entgegen. Kurs Südwest muss ich fahren, also genau gegen den Wind. An ein Segeln ist nicht zu denken. Wind und Wellen werden größer und stärker. Die Motordrehzahl muss erhöht werden, sonst macht die Maui keine Fahrt voraus. Laut Seekarte sollte ich um das Leuchtfeuer Pta Carero einen großen Bogen ziehen. Diese Ecke ist von Riffen übersät, da liegen schon fünf Wracks, und als sechstes möchte ich mich nicht dazulegen.

Der Regen wird stärker, das Boot schaukelt immer stärker, ich nehme eine Tablette gegen Seekrankheit. Immer am ersten Tag auf See wird mir schlecht, danach gewöhnt sich der Körper an die Schaukelei. Nach einigen Stunden wird die Gegenströmung stärker, das Schiff macht kaum noch Fahrt über Grund. 24 Seemeilen habe ich jetzt schon durchs Wasser zurückgelegt, um die 18 Seemeilen bis Cabo Tarifa zu schaffen. Langsam wird es hell. Kap Tarifa ist normalerweise die sturmreichste Stelle in der Straße von Gibraltar, doch je näher ich hinkomme, umso schwächer bläst der Wind. Das Wetter wird immer besser, am Horizont leuchtet es bereits blau zwischen den Wolken heraus. Beste Gelegenheit, die neue Schleppangel auszuprobieren. Ich schraube die Rolle (es ist die größte, die ich in Gibraltar bekommen konnte) am Heckkorb der Maui fest. Am Ende der 200 Meter langen Angelschnur befestige ich den Köder mit einem starken Stahlvorfach. Der Köder besteht aus einer orangen Tintenfisch-Atrappe, zirka zehn Zentimeter lang. Etwa 70 Meter hinter dem Boot wird geschleppt, die Ratsche an der Rolle wird ganz leicht eingestellt, damit die Leine nachgeben kann, sollte wirklich ein Fisch anbeißen. Eine Stunde später: „Rrrrr…" Das Geräusch der Ratsche schreckt mich auf. Da muss was dran sein. Schnell hin zur Angelrolle, vor lauter Eile vergesse ich sogar den Sicherheitsgurt anzulegen. Was soll ich nun machen? Die Leine einholen oder den Fisch müde werden lassen? Ich habe keine Ahnung, denn vom Angeln verstehe ich nichts. Also versuche ich es zunächst einmal mit Kurbeln. Ich spüre kaum einen Widerstand, ist vielleicht doch kein Fisch dran, sondern nur ein alter Schuh? Nein, da kommt schon der glänzende Körper eines Fisches in Sicht. Ein Thunfisch, einen halben Meter lang und zirka drei Kilo schwer. Mit dem Käscher wird er in ein großes Plastikschaff transportiert. Mein erster Fisch - ein wirklich prächtiges Exemplar! Doch was nun, ich kann kein Tier töten. Jetzt stehe ich da mit dem Messer in der Hand und weiß nicht, was ich tun soll. Ich stolpere zurück in die Kabine und lese im Fischbuch schnell nach, wie man den zappelnden Fang fachgerecht ins Jenseits befördert. Es ist mittlerweile 12 Uhr Mittag, der Fisch muss dringend in die Pfanne. Wieder hinaus zum Heck des Schiffes. Irgendwie gelingt es mir, das Notwendige zu tun. Die guten Filetstücke werden herausgeschnitten, gehäutet, mit Zitronensaft eingerieben und gesalzen. „Rrrrr" - schon wieder kreischt die Angelrolle. Rasch hinaus, die Schnur spult ab wie wild. Hundert Meter hinter dem Boot springt ein gold-grün farbiger Körper einen Meter hoch aus dem Wasser. Ich springe auch, allerdings zur Rolle und beginne langsam einzuholen. Wieder und wieder katapultiert sich der Fisch aus dem tiefblauen Meer und versucht sich vom Haken zu befreien. Wenig später liegt eine ein Meter lange Goldbrasse in meinem Cockpit und ist nicht zu bändigen. Einen so großen und kapitalen Fisch habe ich noch nie in meinen Händen gehalten, der ist auch viel zu groß für alle meine Kochtöpfe. Also muss er an Bord zerlegt werden. Wieder verwende ich nur die besten Filetstücke. Sie werden gleich eingesalzen, so sollten sie ein paar Tage halten.

Nach 50 Meilen Fahrt passieren wir, die Maui und ich, Cabo Espartel, das letzte Ende der Straße von Gibraltar. Hier beginnt der Atlantik. Der Wind dreht langsam auf Nordwest, nun kann ich endlich Segel setzen. Bei Windstärke 4 ist das Großsegel die richtige Wahl. Mit 6,3 Knoten rauscht das Boot hinaus ins große Meer. Ich fühle mich ausgezeichnet, jede Ängstlichkeit ist verflogen. Nach dem schmackhaften Fischgericht wird die Position überprüft, aufgeräumt und abgewaschen. Der Atlantik zeigt sich von seiner besten Seite. Die großen Wogen spürt man kaum. Sanft heben sie die Maui auf und nieder.

Der Abend kommt. Draußen im Cockpit richte ich mir das Nachtlager, schalte das Radarwarngerät ein und lege mich zur Nachtruhe hin. Aber mit der Ruhe wird es nichts. Fast pausenlos piepst das Warngerät, das kommt von den vielen Fischerbooten, die in diesem Revier unterwegs sind. Zum Glück kommt es zu keiner brenzligen Situation. In der zweiten Nachthälfte ziehen dunkle Wolken auf, gleichzeitig wird der Wind schwächer und schwächer.

Nach einem guten Frühstück und einem Mittagessen mit Fischfilet von der Goldbrasse nehme ich mit dem Sextanten eine Mittagsbreite. Die Messung vergleiche ich mit den Angaben des Satelliten-Navigationsgerätes. Beide stimmen überein, sind also richtig. Es ist jetzt 17 Uhr, der Wind weht schwach aus Westen. Ich fühle keine Einsamkeit. An Bord ist ohnehin eine Menge zu tun.

Kein Wind, die Maui läuft unter Motor. Wieder eine lange Nacht, von abends 19 Uhr bis morgens um 8.30 Uhr ist es finster. So unangenehm die langen Nächte sind, umso schöner sind die Tage. Herrlicher Sonnenschein über dem tiefblauen Atlantik, der schwache Luftzug - jetzt aus Südwesten - lässt keine Hitze aufkommen. Das Boot liegt ruhig in den Wellen, man kann problemlos kochen oder andere Dinge erledigen. Zu Mittag bereite ich mir wieder ein Fischfilet mit Gemüsesalat aus Toma-

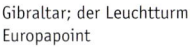

Gibraltar; der Leuchtturm Europapoint

Auf dem Weg zu den Canaren nimmt Claus Gintner eine Position mit dem Sextanten

ten, grünen Bohnen und Zwiebeln. Es mundet herrlich. Ich wundere mich überhaupt über meinen guten Appetit, na ja, die Seekrankheit habe ich ja längst überwunden. Am Nachmittag kommt die marokkanische Küste in Sicht, mit bloßem Auge kann ich die Stadt Al Yadida ausmachen. Es ist ein herrliches Segeln, so angenehm habe ich mir den Atlantik nicht vorgestellt. Gegen 16 Uhr meldet sich der Meteoliner mit einer Sturmwarnung. Drei Hekto Pascal Druckabfall innerhalb von drei Stunden sind ein untrügliches Zeichen für Starkwind. Sollte das Barometer noch weiter fallen, würde das Sturm bedeuten. Im Augenblick sieht aber alles noch ruhig aus, lediglich im Norden ziehen einige Haufenwolken auf. Für alle Fälle verstaue ich an Bord alles sturmfest. Wie vom Meteoliner angekündigt, kommt Starkwind, natürlich in der Nacht. Eine scheußliche Kreuzsee hat sich aufgebaut, die Maui wird hin- und hergeworfen. Der herandämmernde Tag bringt wieder Wolken und Regen, erst am Nachmittag bessert sich das Wetter, und die See beruhigt sich etwas. Als es am Abend aufklart, gehe ich frühzeitig ins Bett.

Diese Nacht kann ich genießen. Freilich muss ich - so alle zwei Stunden - aufstehen, um den Horizont zu kontrollieren. Ein kleiner Vogel hat sich im Cockpit zu mir gesellt und unter der Sprayhood Platz genommen. Er ist wohl müde vom langen Fliegen über das Meer. Erst bei Sonnenaufgang verläßt er mich. Delphine besuchen die Maui und machen Luftsprünge rund ums Boot. Der Wind lässt nach, ich schalte wieder den Motor ein. Weil die Maui jetzt so ruhig in den Wellen liegt, kann ich an Bord einige Arbeiten in Angriff nehmen. In der Achterkajüte montiere ich einige Gemüsenetze, anschließend mache ich noch ein paar Videoaufnahmen.

Ich habe beschlossen, zunächst nicht Gran Canaria anzulaufen, sondern Fuerteventura. In der deutschen Zeitschrift „Yacht" habe ich einen Artikel über den Hafen „Castillo" gelesen, der soll ein Geheimtip sein. Also nichts wie hin. Der siebente Tag auf See, ich spüre noch immer keine Einsamkeit, denn ich bin nicht einsam. Wind, Wasser, Wellen, Vögel und Fische sind rundherum, es gibt immer etwas zu sehen, zu beobachten und zu tun. Ich spüre aber auch kein besonderes Glücksgefühl, überhaupt empfinde ich nichts Besonderes. Die Tage vergehen schnell und die Nächte zu langsam. Heute weht endlich ein brauchbarer Wind zwischen 3 und 4, das ergibt eine Geschwindigkeit von zirka vier Knoten. Mit leicht wiegenden Bewegungen zieht die Maui durch den Atlantik. Weit und breit kein Stress an Bord. Oder doch? An die Schleppangel hat schon wieder eine Goldbrasse angebissen. Schnell baue ich die Videokamera aufs Stativ, um diesen kapitalen und farbenprächtigen Burschen zu filmen. Doch als ich ihn aus dem Wasser heben möchte, schüttelt er sich vom Haken. Mit einem großen Käscher wäre mir das nicht passiert. Ich werde mir im nächsten Hafen einen anschaffen.

Um Mitternacht kommt die Inseln Lanzerote in Sicht. Vom Land sieht man trotz Vollmond noch nichts, doch die Lichter der Ortschaften sind gut auszumachen. Bei Windstärke 4 läuft die Maui ausgezeichnet in der Welle. Erstaunlich, wie genau und bisher verlässlich meine gesamte elektronische Ausrüstung funktioniert. Der Autopilot steuert ganz genau den Kurs, sodass ich mich immer beruhigt zur Nachtruhe hinlegen kann. Nähert sich ein fremdes Schiff, so fängt der Radarwarner sofort zu piepsen an. Auf Grund der Piepsintervalle kann ich erkennen, ob sich dieses Wasserfahrzeug nähert oder meinen Kurs nur am Rande berührt. Dieses Gerät ist wirklich unentbehrlich für den Alleinsegler. Und der Meteoliner hat mich bis jetzt immer verlässlich über Starkwind und Sturm informiert. Mit einiger Übung ist es sogar mit diesem Gerät möglich, die zu erwartenden Windstärken vorauszusagen. Bei der von mir bisher mit dem Meteoliner gesegelten Strecke von zirka 2000 Seemeilen kann ich folgendes Resümee ziehen: Druckabfall von 2,5 Hekto Pascal innerhalb von drei Stunden hat Windstärke 3 zur Folge. Bei einem Druckabfall von 3 Hekto Pascal in drei Stunden ist mit Windstärke 4 zu rechnen. Größere Windstärken habe ich bisher nur in der Straße von Gibraltar erlebt, aber diese haben mit dem normalen Wettergeschehen nichts zu tun. Ich laufe in den Hafen von Castillo auf Fuerteventura ein. Er ist wirklich so schön, wie in der Seglerzeitschrift beschrieben. Ich bleibe eine Woche, absolviere einen Tauchkurs, und als der Anker wieder gelichtet wird, habe ich einen Tauchschein in der Tasche.

Delphine besuchen die Maui

Sturm am Kap Fuerte!

Ich verlasse Fuerteventura und sofort haben die Maui und ich ständig den Wind auf die Nase, es bläst also von vorne. Wir umrunden die Südspitze der Insel, die Nacht bricht herein und der Wind frischt auf. Die Wellen werden immer höher, trotz der Finsternis sind überall weiße Schaumkronen zu sehen. Weil der Wind nach wie vor von vorne bläst, kann ich den Motor nicht ausschalten, das Großsegel verwende ich nur zur Stabilisierung des Bootes. Die See wird immer härter und rauher, ich kann mich im Schiff kaum noch bewegen, Gischt und Wellen kommen über das Boot. Überall dringt Wasser ein. Ich verkeile mich mit Polstern und Decken in der Mitte der Kajüte auf dem Fußboden - und siehe, ich kann phasenweise sogar ein bisschen schlafen, obwohl dauernd Wellen gegen den Rumpf krachen. So was habe ich bisher noch nie erlebt. Von Zeit zu Zeit versuche ich, mich mühsam hinaus ins Freie zu bewegen, was wegen des starken Stampfens des Schiffes sehr schwierig ist. Der Blick nach draußen ist ein Blick in die Hölle: Scheussliche hohe und gefährliche Wellenberge ziehen heran, der Wind pfeift in den Wanten. Ich überlege, ob nicht gerefft werden sollte. Ja, es wäre notwendig, doch die stampfenden Bewegungen und die finstere Nacht lassen mich zurück ins Innere der Maui flüchten. Die brave Segelyacht hat es bisher ausgehalten und wird es höchstwahrscheinlich auch weiter aushalten. Der Tag graut, der Wind lässt nach, die Wellen werden kleiner, die Welt ist wieder in Ordnung. Drei Tabletten gegen Seekrankheit habe ich in der vergangenen Nacht gebraucht.

Der Hafen von Pasito Blanco auf Gran Canaria ist das einsamste Fleckchen auf der ganzen Insel. Keine Bar, kein Restaurant, kein Supermarkt, zwei Telefonzellen, von denen mindestens eine immer kaputt ist. Doch der Hafen selbst ist in Ordnung und sicher. Außerdem gibt es eine gute Werft, in der man die notwendigen Arbeiten am Schiff erledigen kann. Noch zwei weitere Yachten unter österreichische Flagge liegen im Hafen. Es ist die „Flow" mit Horst und Christine und die „Walzing Mathilda, sie wollen alle in die Karibik. Mit Horst und Christine freunde ich mich sehr schnell an, und wir verbringen manchen Abend gemeinsam auf den Booten. Nachdem die Maui in der Werft frisch gestrichen ist, lädt mich der Hafenkapitän zu einer Fiesta in der Marina. Ein typisch spanisches Fest erwartet mich. Eine riesige Paella-Pfanne wird aufgetischt, Gitarren erklingen, Sängerinnen untermalen den Festschmaus. Alle „Yachtler" des Hafens haben sich hier versammelt, und es wird viel Seemannsgarn gesponnen.

3000 Seemeilen liegen voraus

Heute oder morgen soll es über den „Großen Teich" gehen, ich freue mich schon wieder auf das offene weite Meer. 18 Uhr GMT - die Atlantiküberquerung beginnt mit Motorfahrt. Gemächlich gleitet die Maui mit ihrem frisch gestrichenen Unterwasserschiff hinaus ins offene Meer. Die Nacht bricht herein, mondlos, aber wunderschön sternenklar. Mit dem UKW-Sprechfunkgerät versuche ich Kontakt mit der vor fünf Stunden ausgelaufenen österreichischen Yacht „Flow" zu bekommen. Es klappt, Horst meldet sich. Wir plaudern über die Windstärke, Geschwindigkeit vom Boot und geben die jeweilige Position gegenseitig bekannt. Horst und Christine wollen - so wie ich - nach St. Lucia in der Karibik.

In der Nacht dreht der Wind mehrmals und so muss ich die unangenehme Arbeit des Umbaumens der Genua auf mich nehmen. Ständig piepst der Radarwarner, das heißt, um mich herum herrscht reger Schiffsverkehr. Die ganze Nacht muß ich Wache stehen, an ein Schlafen ist nicht zu denken. Durch die drehenden Winde ist zudem wieder eine unangenehme Kreuzsee entstanden, die die Maui ordentlich durchbeutelt.

Die nächste Nacht wird besser. Nur ein einziges Mal piepst der Radarwarner, ein Fischer mit Schleppnetzen ist mir gefährlich nahe gekommen. Eine kleine Kurskorrektur und die Sache ist erledigt. Auch ohne Piepsen des Radarwarners wache ich jede Stunde von alleine auf, überprüfe den Kurs, die Segel, den Autopiloten und blicke einmal rund um den Horizont. Danach lege ich mich wieder hin. Gegen 8.30 Uhr ist die wie immer viel zu lange

Mit gereffter Genua kann man den starken Passatwinden ganz gut begegnen

Nacht zu Ende. Um 9 Uhr wird die Schleppangel ausgelegt, dann dusche ich kalt. „Rrrrr", die Rolle der Angel kreischt. Das ging heute aber schnell. Nackt wie Gott mich schuf, eile ich zum Heck des Schiffes und beginne einzuholen. Wieder eine Goldbrasse, die kleinste bisher (klein heißt: zirka 1kg schwer und 40 cm lang). Der Fisch kommt vom Haken und wird sofort filetiert. Dann erst dusche ich weiter und wieder schnarrt die Angelrolle, die nächste Goldbrasse kündigt ihr Kommen an. Sie ist diesmal größer und ein Männchen. Die Männchen sind kräftiger und farbenprächtiger.

Seit gestern habe ich den Funkkontakt mit der Segelyacht Flow verloren. Das ist mir eigentlich unverständlich, denn die Maui und ich sind unseren vorgesehenen Kurs ganz genau gesegelt. Die Reichweite des Sprechfunkes beträgt etwa 25 Seemeilen. Warum die Flow so weit vom Kurs abgekommen ist, weiß ich nicht. Jedenfalls, der Kontakt ist leider weg und wird wohl auch nicht wieder hergestellt werden können, denn dazu ist das Meer zu groß.

Ich habe die Besegelung geändert. Das Großsegel ist am Großbaum aufgetucht, und vorne, am zweiten Vorstag, ist eine weitere Fock gesetzt. Es sind jetzt also zwei Vorsegel da, „Passat-Besegelung" nennt man das. Ein Vorsegel ist rechts ausgebaumt, das andere links. Wie ein Schmetterling gaukelt die Maui über die Wellen. Je nach Windstärke beträgt die Geschwindigkeit zwischen 3,5 und 6 Knoten. So schaffe ich pro Tag ein Etmal von zirka 110 Seemeilen. (Ein Etmal ist die Wegstrecke in Seemeilen, welche in 24 Stunden zurückgelegt wird).

Chaos auf dem Schiff

Während der letzten Nacht hat der Wind kräftig aufgebrist, die Geschwindigkeit hat sich auf sechs bis sieben Knoten erhöht, die See ist sehr rauh geworden, alles was nicht niet- und nagelfest ist, fliegt in der Gegend herum. Mir wird wieder einmal schlecht, also schlucke ich wieder einmal eine Tablette gegen Seekrankheit. Die Bewegungen des Schiffes sind so vehement, dass jegliche Tätigkeit unmöglich wird. Ich lege mich früh schlafen und versuche mich mit allen zur Verfügung stehenden Polstern und Decken festzukeilen. Um 6 Uhr früh wecken mich ungewöhnlich harte Schiffsbewegungen. Hinaus ins Freie und sofort erkenne ich: Das Boot ist vom Kurs abgekommen. Der Wind weht von querab und nicht von achtern, wie es hätte sein müssen. Der Autopilot hat seine Arbeit eingestellt und am ganzen Schiff gibt es keinen Strom, kein Licht. Wellen brechen ins Cockpit.

Ich bin moralisch auf einem Tiefpunkt. Bücher sind aus dem Regal geflogen, alles mögliche liegt im Weg. Also kein Strom mehr auf der Maui. Mühsam ertaste ich den Batterie-Hauptschalter und schalte auf die Reservebatterie um. Licht und Strom sind wieder da, Gott sei Dank! Händisch bringe ich die Yacht wieder auf den richtigen Kurs, der Autopilot übernimmt dann wieder alles weitere. Mit dem Messgerät überprüfe ich die beiden Hauptbatterien, sie sind in Ordnung! Eine weitere genaue Fehlersuche ergibt aber, dass der Kabelschuh der Plusleitung gebrochen ist. Eine Batterie hatte im Batteriekasten etwas zuviel Spiel und rutschte bei den heftigen Bewegungen immer hin und her, was zur Folge hatte, dass eben der Kabelanschluss vom Pluspol defekt wurde. Im Werkzeugkasten krame ich nach einem Ersatz. Immer muss so etwas bei Nacht und rauher See passieren. Meine Moral sinkt weiter ab. Mit Eisensäge, Lötzeug und Zange gelingt dann die Reparatur. Alles geht wieder. Morgen werde ich den Batteriekasten mit Schaumgummi auslegen, damit so etwas nicht mehr passiert.

Der Wind legt zu, die Wellen werden höher das Meer wird rauher. Kreutzsee! Mein Versuch, Kaffee zu kochen, scheitert. Der Glaskrug für den Kaffee bricht, also auch noch Glasscherben. Vom Navigationstisch fliegen Zirkel und Bleistift, Dreieck und Radiergummi durch die Gegend. Mir wird wieder schlecht, wieder eine Tablette. Kein Kaffee, Seekrankheit, Unordnung überall, hohe Wellen, starker Wind und noch etwa 20 Tage vor mir. Nein danke, so habe ich mir die Atlantiküberquerung nicht vorgestellt. Jegliches Kochen scheint unmöglich geworden zu sein. Aber ein Butterbrot mit Marmelade wird sich doch zubereiten lassen. Die Butter saust vom Tisch, das Messer fliegt durch die Gegend, der Fruchtsaft fällt um und rinnt aus, alles klebt. Studentenfutter (Rosinen und Nüsse) sind heute meine einzige Nahrung. Es kugeln zwar auch überall Rosinen und Nüsse herum, aber naja, man wird genügsam. Ich liege nur herum und hoffe, dass der Tag bald vorbei geht, die See ruhiger wird und ein normales Leben an Bord wieder möglich wird.

Um 19.30 Uhr gehe ich wieder zu Bett. Kaum liege ich, schlägt das Boot quer, der Autopilot schafft es nicht mehr die Maui auf Kurs zu halten. Dunkle Wolken ziehen auf, der Wind legt noch zu, meine kleine Yacht wird zu schnell. Es muss etwas geschehen! Raus aus dem Pyjama, rein in die Kleidung, Sicherheitsgurt anlegen. Ein Vorsegel muß geborgen werden, bei so viel Wind eine schwierige Arbeit. Und jetzt beginnt es auch noch zu regnen. Das Vorsegel ist heruntergerutscht, der Spinnakerbaum hat sich verklemmt und wieder alles in der Nacht! Ich muss dringend, ganz dringend aufs Klo, also lasse ich alles liegen und haste zur Toilette - gerade noch geschafft! Es wird eine lange Sitzung, dabei habe ich Zeit zu überlegen, wie der verklemmte Spinnakerbaum freizubekommen ist. Ich finde eine Lösung. Mit nur einem Vorsegel geht es mit 7 Knoten Fahrt weiter in die Nacht hinein.

Um 9 Uhr früh krieche ich aus meiner Koje, dann wird geduscht, anschließend rasiert. Die Welt kommt mir heute besser vor, als an den Vortagen. Kaffee kochen wird noch einmal probiert, es muss doch zu machen sein. Also, erst Wasser heiß machen, inzwischen den Ersatzglaskrug mit Filteraufsatz und Kaffee vorbereiten, dann heißes Wasser eingießen, ganz vorsichtig, das Schiff schaukelt wie wild, nur die Nerven behalten! Mehr als die Hälfte ist schon durchgelaufen, da passiert es wieder: eine Riesenwelle, ein Schlag, alles fällt um. Im Flug fange ich den Kaffeekrug noch auf, ein Teil spritzt durch die Gegend, aber immerhin, heute gibt es Kaffee. Ein Ei wird noch gekocht, sogar das gelingt mir heute. Dann noch Brot mit Butter und Marmelade - ein richtiges Frühstück wird zelebriert. Meine Moral steigt wieder, obwohl der Wind nach wie vor mit sechs Stärken daherbraust und sich die Wellen immer höher aufbauen. Einen Vorteil hat dieser Starkwind allerdings: Meine Etmale in den vergangenen zwei Tagen betrugen 146 und 152 Seemeilen. Das sollte mich rascher ans Ziel bringen. Am Nachmittag stelle ich fest, dass die beiden Hauptbatterien leer sind. Mit der Reservebatterie starte ich den Motor und lade damit vier Stunden lang die Hauptbatterien wieder auf. Eine Winschkurbel geht über Bord, aber eine habe ich ja noch. Die wird jetzt sorgfältig mit einer Schnur gesichert. Insgesamt fühle ich mich psychisch wieder etwas besser.

9 Uhr früh: aufstehen, duschen, Kaffee kochen. Wieder wird ein Teil verschüttet. Die Segel müssen neu ausgebaut werden, dabei bricht der Beschlag von einem Spinnakerbaum. Das ist sehr schlecht, denn auf See kann ich das nicht reparieren. Die Segel müssen aber ausgebaut werden, also muss die ganze Angelegenheit mit Leinen zusammen gebunden werden. Seit zwei Tagen funktioniert der SATNAV nicht mehr, und das ist wirklich sehr tragisch. Von jetzt an muss ich mit dem Sextanten navigieren, dazu würde ich aber klaren Himmel und gute Sicht zur „Kimm" brauchen, die habe ich aber nicht. Also werden meine Positionseintragungen nicht mehr so genau wie vorher sein. Doch ich denke mir: Früher fuhr man nur mit Sextanten über die Meere und die Schiffe sind (meistens) auch angekommen.

Der Wind hat etwas nachgelassen und die Wellenberge sind jetzt nicht mehr sechs Meter hoch, sondern nur drei. Trotz der Wellen segle ich recht trocken, es kommt sehr selten Spritzwasser über und die Maui hat gezeigt, dass sie wirklich ein sehr seetüchtiges Schiff ist. Die Schwächen liegen nur im Menschen. Noch habe ich einen weiten Weg vor mir, so ungefähr 2000 Seemeilen. Hoffentlich bricht nicht auch noch der Autopilot, denn ohne den wäre ich als Einhandsegler restlos aufgeschmissen.

Der Wind hat nachgelassen, die Wellenberge sind nicht mehr so hoch

Segeln in schwerer See im Nordatlantik

Nachts kommt der Klabautermann

10. Tag, noch nicht einmal die Hälfte der Strecke ist geschafft. Seitdem ich die Passatbesegelung aufgezogen habe, schlingert das Boot heftig hin und her. Diese stetigen Bewegungen machen mir körperlich sehr zu schaffen. Bis Mittag geht es einigermaßen, aber dann stellen sich Kopfschmerzen ein, dazu kommt noch die Seekrankheit. Jeden Tag muss ich Tabletten schlucken, was das allgemeine Wohlbefinden auch nicht besonders fördert. Die heftigen Schlingerbewegungen haben schon mein Sehvermögen getrübt. Wenn ich mich in der Kabine aufhalte, sehe ich alles unklar und mir wird schwindlig. Draußen im Cockpit ist es nicht so arg. Durch diesen Zustand versinke ich langsam in eine Art Lethargie. Nichts freut mich mehr, jeder Handgriff an Bord ist beschwerlich. Habe ich mir vielleicht doch zu viel zugemutet?

Immer häufiger höre ich Stimmen. Es sind eindeutig Stimmen, doch ich verstehe nicht, was diese Stimmen zu mir sagen. Wenn ich dann nachfrage: „Was hast Du gesagt?", kommt keine Antwort. Auch glaube ich manchmal, es sei noch jemand an Bord. Wenn ich in der Nacht aufwache, habe ich das Gefühl, draußen in der Kabine krame jemand herum. Ich kann nun gut verstehen, dass die alten Seeleute alle abergläubisch waren. Das Gefühl der Einsamkeit habe ich bisher merkwürdigerweise noch nicht gehabt. Aber die Segelei mit nur Wasser, Wasser, Wasser rundherum, reicht mir schön langsam. Mittlerweile hat auch mein Radarwarngerät den Geist aufgegeben. Wie soll ich jetzt in der Nacht merken, dass sich vielleicht ein großes Schiff nähert, ein Tanker oder Passagierdampfer? Der Versuch, das Gerät zu reparieren, scheiterte bisher an dem starken Geschaukel und meinen Se(e)hstörungen. In den letzten acht Tagen auf See, habe ich zwar kein einziges Schiff gesehen, aber das schließt ja nicht aus, dass doch einmal eines meinen Kurs kreuzt.

Vor einer Stunde habe ich die Segel gewechselt und den Kurs etwas geändert, weil ich jetzt schon fast auf der Höhe des Breitengrades von St. Lucia bin. Durch dieses Manöver liegt die Maui jetzt wesentlich ruhiger. Allerdings bin ich dadurch um zirka 20 Prozent langsamer geworden. Vielleicht hat der Wind auch etwas nachgelassen. Nun ja, morgen werde ich sehen, ob diese Segelstellung ein angenehmeres Segeln vermittelt.

16. Tag

Der Weihnachtsmonat ist angebrochen, heute ist der 1. Dezember. Mal sehen, wie Weihnachten, 8000 Kilometer von zu Hause entfernt, werden wird. In den letzten paar Tagen hat der Wind langsam aber beständig abgenommen und weht jetzt nur noch sehr schwach. Der Himmel hat sich ebenfalls von Tag zu Tag mehr verzogen, manchmal regnet es für kurze Zeit leicht, aber es ist natürlich immer sehr warm, nicht heiß aber eben warm. 26 Grad beträgt die gleichmäßige Tagestemperatur, nachts wird es dann um zwei bis drei Grad kühler. Die Wassertemperatur zwischen 26 und 28 Grad Celsius, also auch sehr warm. Überhaupt empfinde ich das Klima auf See als sehr angenehm. Mein Befinden hat sich nicht wesentlich verbessert, eigentlich warte ich nur mehr auf das Ankommen. Das endlose Segeln mit den ständigen Wellen zählt sicherlich nicht zu den schönsten Momenten des Fahrtensegelns. Heute ist mir zum sechsten Mal hintereinander ein Fisch vom Angelhaken gesprungen. Aber das macht mir nichts aus. Derzeit bin ich ohnehin nicht so heißhungrig auf Fisch.

Durch den Kurs Richtung Westen fahre ich der Zeit entgegen, jeden Tag um zirka acht Minuten. Das bedeutet, in zehn Tagen geht die Sonne um 80 Minuten später unter. Zwischen St. Lucia und Europa beträgt die Zeitverschiebung fünf Stunden. Nach meinen Berechnungen müsste ich in neun Tagen ankommen. Hoffentlich, denn das Frischgemüse neigt sich langsam dem Ende zu, die Gurken sind aus, die Tomaten verlieren sehr stark an Qualität und dürften in vier Tagen auch zu Ende gehen. Zwiebeln habe ich noch genügend, Bohnen (Schnittfisolen) sind noch zwei Dosen da, von Mais und Ananas je eine Dose. Bisher habe ich mir jeden Tag anstatt eines warmen Mittagessens eine Schüssel frischen Salat auf verschiedene Arten zubereitet. Mit den Gemüsesorten habe ich variiert. Am Anfang war die Auswahl noch sehr groß, ich konnte wählen aus: Paprikaschoten, Gurken, Zwiebeln, Tomaten, Spargel, Mais, Fisolen, Champignons und dazu gab ich immer mal wieder eine Dose Thunfisch in Olivenöl oder Oliven aus der Dose. Aber wie gesagt, die Auswahl ist nunmehr schon sehr viel kleiner geworden.

17. Tag

Heute ist ein wunderschöner Tag. Blauer Himmel, tiefblaues Wasser und leichter Wind. Das Meer ist ruhig. Zwei Tage schon habe ich keine Tabletten gegen Seekrankheit mehr eingenommen, denn es geht mir gut. Nur die Nächte sind nach wie vor viel zu lang. Ein richtiges Zeitgefühl hat man nicht auf See, denn es gibt so viele verschiedene Zeiten an Bord. Zum Ersten die Weltzeit GMT, die für die Navigation gebraucht wird. Nach der ist es zum Beispiel jetzt, wo die Sonne den höchsten Stand erreicht hat, 14.50 Uhr. Dann die MEZ Winterzeit. In Mitteleuropa zeigen jetzt die Zeiger 16.50 Uhr an. Dann die Ortszeit in der Karibik, dort ist es soeben 12.50 Uhr. Und hier an Bord die tatsächliche Zeit nach dem Sonnenstand: 12 Uhr Mittag.

Ich habe mir angewöhnt, eine halbe Stunde nach Sonnenaufgang aufzustehen, sechs Stunden später Mittag zu essen und etwa eine Stunde nach dem Dunkelwerden zu Bett zu gehen. Dann lese ich noch ein bis zwei Stunden und schlafe danach zwar ein, habe aber immer eine unruhige Nacht. Wenn der Wind weiterhin so schwach bläst, wird es einen oder zwei Tage länger dauern, bis ich die Karibik erreiche. Als Besegelung habe ich nach wie vor die Doppelfock (Passatbesegelung) gewählt. Das Großsegel ist mittschiffs festgezurrt und dient als Stützsegel gegen das Schlingern.

In den letzten drei Tagen haben sich negative Ereignisse gehäuft, aber noch lebe ich. Zurückblickend fasse ich zusammen:

1. Der Beschlag vom Großbaum zum Mast (Lümmelbeschlag heißt der Fachausdruck) ist gebrochen.
2. Der Beschlag vom neuen Spinnakerbaum ist ebenfalls gebrochen. Weil er aus Alu-Spritzguß gefertigt ist, ist er unreparierbar.
3. Kaffekanne zerbrochen.
4. Winschenkurbel über Bord gegangen.
5. SATNAV funktioniert nur zeitweise.
6. Radarwarner geht nicht mehr. Den werde ich, wenn die See ruhiger wird, zu reparieren versuchen.
7. Elektronischer Autopilot (Autohelm 3000) ohne Funktion. Eine Überprüfung hat ergeben, dass die Kohlebürsten vom Antriebsmotor abgenutzt sind. Mit neuen Kohlebürsten ginge er wieder, die habe ich aber nicht.
8. Zweiter Autopilot (der mit der Windfahne) ist auch defekt. Ein Bolzen hat sich gelockert und ist ins Wasser gefallen. Ohne diesen Spezialbolzen geht nichts mehr. Ich werde dennoch versuchen, eine notdürftige Reparatur durchzuführen, denn ganz ohne Autopilot kann ich nicht einmal aufs Klo gehen, geschweige denn schlafen.
9. Der Süßwassertank ist leer. Ich habe aber noch das Trinkwasser, welches ich extra in Plastikflaschen mitgenommen habe. Aber duschen kann ich nicht mehr, auch das Geschirr muss ich mit Salzwasser abwaschen.
10. Heute habe ich mein letztes Frühstücksei gegessen.
11. Das normale Vollkornbrot ist aufgebraucht, nur mehr Pumpernikel für etwa zwei Tage ist an Bord.
12. Das Wetter hat gestern Flaute mit Regen gebracht. Heute befinde ich mich in einer Gewitterfront mit stark wechselnden Winden.
13. Einen großen Fisch an der Angel gehabt und auch auf dem Deck, dann hat er sich losgezappelt und fiel wieder ins Wasser. Macht nichts, der war sowieso zu groß.

Noch sind es 720 Seemeilen bis St. Lucia. Das bedeutet, noch sechs oder sieben Tage auf See, je nach Stärke des Windes. Vielmehr kann nicht kaputt gehen, also werde ich die letzte Woche auch noch herumkriegen.

18. Tag

Die Segel zerreißen. Gott sei Dank habe ich gestern den Windfahnen-Autopiloten reparieren können. Mit Hilfe meines Bordwerkzeuges habe ich einen annähernd passenden Ersatzbolzen anfertigen können. Nun steuert die „Hydrovane" wieder selbsttätig. Dafür ist ein neuer Defekt aufgetreten, die Navigationsbeleuchtung auf der Mastspitze brennt nicht mehr, eine echte Tragik! Gestern am Abend, als es dunkel wurde, schaltete ich wie immer die Beleuchtung für den Kompass, den Geschwindigkeitsmesser und eben die Schiffsbeleuchtung ein. Steuerbord ein grünes Licht, backbord ein rotes und ein weißes nach achtern. Diese drei Lichter sind in einer Lampe auf der Mastspitze zusammengefasst, und werden - um Strom zu sparen - mit nur einer Glühbirne versorgt. Die scheint ausgebrannt zu sein. Wenn diese Beleuchtung ausfällt, ist die Gefahr einer Kollision mit einem anderen Schiff sehr groß, da die Maui ja nicht gesehen werden kann. Heute nachmittag habe ich deshalb den Versuch unternommen, auf die Mastspitze zu klettern, musste jedoch zwei Meter vor dem Ziel aufgeben, denn je höher man kommt, umso stärker wirkt sich das Schlingern des Schiffes aus. Jetzt beleuchte ich nachts das Deck mit einer weißen Lampe. Eine Notmaßnahme. An eine Reparatur ist erst im nächsten Hafen zu denken. Wind-, Wellen-, und Segelbedingungen waren in den letzten Tagen gut, deshalb auch wieder einmal ein Etmal von 140 Seemeilen.

19. Tag

Nächster Defekt: Vorsegel zerrissen. Aber nicht vom Starkwind, sondern von der Flaute letzte Nacht. Bei schwachem Wind schlagen die Segel fürchterlich, manchmal knallt es wie ein Pistolenschuss. Durch das Schlingern des Bootes in den Wellen bei wenig Fahrt, wenn kein Wind die Segel bläht, geht jede dieser ruckartigen Belastungen auf den Stoff und die Nähte über. Ergebnis: siehe oben. Den ganzen Tag habe ich mit der Nähmaschine gearbeitet, keine leichte Sache auf dem wackeligen Schiff. Jetzt ist das Segel aber wieder oben.

Der Wind ändert sich ständig. Nach Flauten frischt er plötzlich bis zu fünf Windstärken auf, dazwischen gibt es Regenschauer. Windrichtung stark drehend, das ist sehr mühsam. Und noch 440 Seemeilen bis St. Lucia, also vier Tage, so hoffe ich. Ein riesiger Fisch hat angebissen, aber wie schon mehrmals in den vergangenen Tagen, habe ich auch diesen Kerl nicht an Bord ziehen können. Nächste Hiobsbotschaft: Die Tankanzeige für den Diesel geht auch nicht mehr. Da muss ein Draht oxydiert sein. Schön langsam freue ich mich schon darauf, endlich wieder Land zu sehen. Das Segeln reicht mir jetzt schon! Heute früh ist durch ein Missgeschick meine Zahnbürste über Bord gegangen, eine zweite habe ich nicht. Aber das ist derzeit wohl mein geringstes Problem. Mittags habe ich mir Sauerkraut und Bohnen gekocht. Und jetzt habe ich stechende Bauchschmerzen.

20. Tag

Der Wind dreht den ganzen Tag aus allen Richtungen, ständig müssen die Segel gewechselt werden. Schwerstarbeit. Jetzt ist es 21.45 Uhr Weltzeit, 17.45 Uhr St.-Lucia-Zeit. Es wird gerade dunkel. Weder habe ich ein Mittagessen noch ein Abendessen im Bauch, den ganzen Tag über hatte ich einfach keine Zeit zum Kochen. Gestern, irgendwann in der Nacht, bin ich aufgewacht, weil es stürmisch wurde. Unbemerkt war ein Gewitter herangezogen. Als ich es bemerkte, war der Druck auf die Segel schon sehr groß und ich getraute mich nicht mehr, die Schoten loszuwerfen. Und so rauschte die Maui mit fast vollen Segeln, mächtiger Schräglage und überschäumender Gischt eineinhalb Stunden durch die Nacht. Mit Bangen habe ich das Rigg beobachtet, ob alles gehalten hat. Doch jetzt, am Vormittag, herrscht zeitweise Flaute, durch das Schlagen ist wieder das Vorsegel zerrissen. Dafür funktioniert endlich die Anzeige vom Dieseltank, ich konnte sie reparieren.

Noch 313 Seemeilen bis St. Lucia. Ich werde alles daran setzen, in drei Tagen dort zu sein. Allerdings muss ich meine Ankunftszeit so berechnen, dass ich unbedingt bei Helligkeit in den Hafen der „Rodney Bay" einlaufe. Die Häfen in der Karibik sind nachts nicht beleuchtet, und wenn es bewölkt ist und kein Mond scheint, sind die Nächte hier schwarz wie ein Tintenfass. Noch immer habe ich kein einziges fremdes Schiff zu sehen bekommen, auch nicht irgendwo am Horizont. Vergeblich versuche ich täglich über UKW-Funk Verbindung zu anderen Lebewesen aufzunehmen, aber niemand meldet sich.

21. Tag

Ein windschwacher Tag, eigentlich schon mehr Flaute. Das Meer ist ruhig, und so verwende ich den Tag für verschiedene Reinigungsarbeiten und Reparaturen. Eigentlich der erste angenehme Tag, wenn man davon absieht, dass man bei so schwachen Winden kaum voran kommt. Aber vielleicht frischt der Wind in der Nacht auf, und ich kann ein paar verlorene Meilen aufholen. Noch 210 Seemeilen bis St. Lucia. Aber was ist denn das?! Zum ersten Mal empfange ich Radio St.Lucia, auf Mittelwelle 840 kHz. Möwen und andere Seevögel zeigen sich auch immer öfter, ein Zeichen, dass das Land nicht mehr allzu fern sein kann.

22. Tag

9.30 Uhr, St.-Lucia-Zeit. Nachdem es in der Nacht ordentlich aufgebrist hat, ist der nächste Defekt angesagt. Das Log geht nicht mehr, die Elektronik ist „hinüber". Das ist schlimm, denn für die Navigation in Landnähe ist ein Log unerlässlich. Irgendwo im Schiff verkramt muss noch ein „Walker Log" sein. Das habe ich jetzt am Heckkorb angeschraubt und schleppe es nach. Es zählt zwar die Meilen, zeigt allerdings keine Geschwindigkeit an. In der Nacht ist das Vorsegel wieder zerrissen, der Stoff ist doch schon recht mürbe. Mit der Schere schneide ich die herunterhängenden Streifen ab. Wenn der erste Hafen erreicht ist, werde ich dieses Segel noch einmal sorgfältig flicken.

Der erste Ankerplatz in der Karibik: die Rodney Bay auf St. Lucia

23. Tag

Nach einer Nacht, in der ich in Zwei-Stunden-Intervallen recht gut geschlafen habe, kommt meine morgendliche Salzwasserdusche am Heck der Maui. Da entdecke ich zum ersten Mal seit meiner Atlantiküberquerung zwei kleine Motorboote. Fischer sind an Bord. Da kann Land nicht mehr fern sein, denke ich. Ich blicke nach vorne über den Bug und siehe da: Land in Sicht! Land in Sicht! 28 Seemeilen vor St. Lucia sehe ich zum ersten Mal seit 23 Tagen auf See wieder Land. Das Frühstück schmeckt gleich doppelt so gut, vergessen ist der Ärger über die Flaute vom Vortag, alles geht auf einmal wesentlich besser. Radio St. Lucia bringt rhythmische Musik mit einem Guten-Morgen-Gruß. Aufräumen, Geschirr waschen, Zoll und Gastflagge hissen, all das muss vor dem Landfall noch erledigt werden. Aber nur keine Eile, es wird noch sechs Stunden dauern, bis ich den Anker fallen lassen kann.

Jetzt bin ich da! Genau vor 23 Tagen (auf die Stunde genau) am 18. November um 18 Uhr bin ich vom Hafen Pasito Blanco auf Gran Canaria ausgelaufen. Jetzt, um 17.40 Uhr, ankert die brave Maui in der Rodney Bay auf St. Lucia, etwa 300 Meter vor der Einfahrt in den Yachthafen. Ein kräftiger Gewitterregen mit stürmischen Böen hat verhindert, gleich in den Hafen einzulaufen. Aber der starke Regen war insofern ideal, weil er gleich die Maui und mich kräftig mit Süßwasser abgespült hat. Die Bucht liegt wunderschön, Palmen reichen bis zum Sandstrand. Weiter zurück erheben sich malerisch braun und grün gefärbte Hügel, die dann in steile Berge übergehen. Die Nacht kommt plötzlich. Um 17.45 Uhr wird es dunkel und um 18 Uhr ist es Nacht. Die kommenden zwei Wochen werden wohl mondlos sein, weil sich jetzt schon der Mond nur mehr als kleine Sichel zeigt. Morgen möchte ich erst einmal mit dem Beiboot an Land gehen und erkunden, wo die Zoll- und Einreisebehörden sind. Dann werde ich den Hafen besichtigen, zu Hause anrufen, frische Lebensmittel kaufen und darüber nachdenken, ob ich mit der Maui überhaupt einlaufen soll. Die Bucht liegt nämlich so schön, dass ich wirklich überlege, hier zu bleiben.

Während am Herd die Teigwaren (Hörnchen) weichgekocht werden, klingen wunderschöne Weihnachtslieder durch das Schiff. Radio St. Lucia sendet sogar „Stille Nacht". Heute muss wohl Weihnachten sein. Leider habe ich tatsächlich keinen Alkohol an Bord, um zu feiern. Eine Flasche Sekt wäre jetzt das Richtige. Aber auch alle anderen Getränke sind aufgebraucht. Nur mehr Mineralwasser ohne Kohlensäure ist vorrätig. Mein Festtagsessen (immerhin sind die erfolgreiche Atlantiküberquerung und Weihnachten gleichzeitig zu feiern) besteht aus Hörnchen mit Ketchup und hineingeschnittenem Dosenfleisch. Dazu erhebe ich ein Glas mit klarem Wasser und proste mir selber zu. Ich fühle mich außerordentlich glücklich. Und etwas empfinde ich wie ein Wunder, wie ein Weihnachtswunder: Nichts rutscht mehr in der Kajüte herum, nichts fliegt mehr durch die Gegend, man kann etwas auf den Tisch stellen und es bleibt stehen. Welch herrliches Geschenk an diesem Heiligen Abend.

Endlich in der Karibik!

Der erste Tag auf St.Lucia! In der „Rodney Bay" weht immer ablandiger Wind, man liegt sicher und ruhig und hat pausenlos das wunderschöne Panorama vor Augen. Ich muß jetzt einklarieren. Gleich nach dem Frühstück lasse ich das Beiboot zu Wasser und weil es bis zum Hafen zirka drei Kilometer sein werden, montiere ich auch den Außenborder. Meine Startversuche sind vergebens, der Motor springt nicht an. Ein Blick in den Tank zeigt, warum: kein Tropfen Sprit drinnen. Komisch, in Spanien war der Tank noch halbvoll. Wie auch immer, jetzt ist er leer. Also muss ich mich in die Riemen legen und gegen den Wind anrudern, was meinem Kreislauf spürbar gut tut. Ein hübsches Häuschen mit der Aufschrift „Customs and Immigration - Welcome to St. Lucia" kommt in Sicht. Das ist die Behörde, die ich brauche. Alles funktioniert reibungslos und kostet nichts. Dann frage ich im Hafen, ob ein Liegeplatz frei sei. Die Nr. 37 wird mir zugewiesen. Ich rudere weiter zur Tankstelle, dann geht's mit dem Außenborder zurück zur Maui. Anker auf, rein in die Marina. Auf dem Weg zum Liegeplatz wird bei einem kurzen Stopp auch der Dieseltank der Maui aufgefüllt. 32 Gallonen (147 Liter) rinnen hinein. Umgerechnet zahle ich dafür 1513 Schilling. Billig kommt mir das nicht vor.

Zum ersten Mal in meinem Leben verbringe ich Weihnachten unter Palmen. Die Marina in der Marigot Bay ist wohl landschaftlich eine der schönsten Buchten in der Karibik. Und dann noch der Weihnachtsmonat - Herz, was willst du mehr. Auf dem Gemüsemarkt von Castris werden Grapefruits, Bananen, Kokosnüsse und vieles andere mehr angeboten. Alles in einer Qualität, die ich in Europa noch nie erlebt habe. Oder kommt mir in meiner Euphorie alles so großartig vor?

Den Jahreswechsel erlebe ich auf der kleinen Insel Sandy Island - mit meiner Frau und meiner Tochter. Sie sind mir hierher nachgeflogen und genießen mit mir diese wunderbare Gegend, in der sich die Palmen sanft im Passatwind wiegen, das Wasser kristallklar ist und ständig der unverkennbare Rhythmus einer Steel Band in der Luft liegt. Einen glücklichen Monat lang verbringen wir in diesem Inselgebiet, dann heißt es Abschied nehmen. Ehefrau und Tochter fliegen wieder nach Hause und ich segle allein weiter.

Die Marina in der Marigot Bay (St. Lucia), eine der schönsten Buchten in der Karibik

Ein Rasta auf dem Gemüsemarkt in Castris

Nachts, wenn die Räuber kommen...

St. Georges. 18. Februar. Nachts um 2.25 Uhr. Ein sehr, sehr leises Rascheln lässt mich wach werden, als würde eine Maus über Papier laufen. Ich überlege, ohne mich zu rühren, was ich tun soll. Wenn jemand auf dem Schiff ist, so müsste ich ihn atmen hören, denn rundherum herrscht Totenstille. Also halte den Atem an und lausche. Und tatsächlich: Ich höre ein leises Ein- und Ausatmen. Was jetzt? Ruhig verhalten und nichts tun oder aufstehen und nachsehen? Keine von beiden Möglichkeiten erscheint mir richtig. Die Signalpistole liegt in Griffweite, aber ungeladen, jedoch abgeknickt mit offenem Lauf, daneben eine Patrone und ebenso daneben ein starker Hand-Scheinwerfer. Das Laden der Pistole macht unweigerlich Geräusche, dennoch versuche ich es, so leise als möglich. Mit der einen Hand spanne ich den Hahn, mit der anderen ertaste ich vorsichtig die Halogenlampe, schalte sie plötzlich ein. „Don't kill me", erklingt eine ängstliche Stimme. Im Scheinwerferlicht erscheint das Gesicht eines Schwarzen. Mit erhobenen Händen kommt er aus dem Waschraum hervor, er hat das Laden der Pistole gehört und sich hier versteckt.

Warum eine Waffe ladebereit neben meinem Kopfpolster lag und eine entsprechend starke Handlampe dazu, hat eine Vorgeschichte. Eine deutsche Yacht mit dem Namen „Pipu" ankerte nicht weit von mir entfernt. Eines morgens ruderte der Eigner des Bootes zu mir heran und erzählte mir, in der letzten Nacht sei sein Kartentisch durchsucht worden und 100 Dollar in Scheinen und eine kleine Geldbörse entwendet worden. Er selbst - so erzählte er - habe nur einen Meter vom Kartentisch entfernt geschlafen, habe aber nichts bemerkt. Ich hielt diese Geschichte für sehr unwahrscheinlich. Wahrscheinlich hat er das Geld verlegt oder verloren, dachte ich mir damals. Zwei Tage später winkt mir der Eigner von der Yacht „Mira" zu und erzählt mir eine andere merkwürdige Geschichte. Seine Frau sei erkältet und konnte daher letzte Nacht nicht schlafen. Sie hat deshalb zwischen zwei und fünf Uhr früh gelesen. Plötzlich glaubte sie ein leises Geräusch zu hören, hat dem jedoch keine besondere Bedeutung beigemessen. Am nächsten Tag bemerkte sie, dass ebenfalls ihr Kartentisch durchsucht worden war und 150 Dollar fehlten. Diese beiden Ereignisse haben mich dann doch veranlasst, Waffe und Scheinwerfer neben meinem Kopfpolster zu deponieren.

Der junge Kreole erweist sich mit allen Wassern gewaschen, lediglich der vier Zentimeter dicke Lauf der Signalpistole hat ihn zunächst eingeschüchtert. Durch lautes Rufen wecke ich die Mannschaft vom Nachbarboot. Inzwischen versucht der Eindringling, flink wie ein Wiesel, auf einem gestohlenen Surfbrett zu entkommen. Nach kurzem Kampf - der Schwarze ist wendig wie ein Aal - habe ich den Räuber wieder an Bord. Seine Ausrede, er hätte nur mein WC benützen wollen, glaubte er bald selber nicht mehr. Dann versucht er es mit der Mitleidsmasche. Er sei hungrig gewesen, hätte seit Tagen schon nichts mehr gegessen. Doch wieso ist er dann so kräftig und sehnig. Nein, an Essen mangelte es dem sicher nicht. Mit viel Mühe werden ihm die Hände auf den Rücken gefesselt, dabei behauptet er jetzt und jammert in allen Tönen, wir hätten ihm ein Bein gebrochen. Nur kurz drehe ich mich weg, um per Funkgerät die „Security Guard" zu rufen, da hat sich dieser Entfesselungskünstler schon wieder befreit. Erneut wird er eingefangen, gefesselt und am Großbaum angebunden. Doch jetzt beschließt der junge Schwarze endgültig zu sterben. So scheint es wenigstens. Rasch lockere ich die Fesseln und - schwuppdiwupp - springt der Sterbende davon. Doch ich kann ihn nochmals einfangen. Nach einem Funkgespräch mit der Security Guard bringen wir, mein Freund Hans vom Nachbarboot und ich, den kleinen Einbrecher mit dem Beiboot zur Wache. Ein Verhör ergibt nicht sehr viel, denn der junge Mann zieht es nun vor, seine Augen zu schließen und zu schlafen. Soviel Kaltschnäuzigkeit und schauspielerisches Talent muß man erst einmal gesehen haben. Der Polizei liegt schon eine längere Liste von Einschleichdiebstählen vor, immer nach derselben Methode. Immer kommen die Diebe an Bord, wenn die Besatzung schläft, denn da sind Türen und Luken offen, um die Kühle der Nacht hereinzulassen.

Diese ganze Bucht wird jetzt erst einmal aufatmen, denn der Dieb ist gefasst. Diese Geschichte sagt noch, dass die, die bisher bestohlen wurden, nichts davon bemerkt haben. Nur der Alleinsegler ist es gewohnt, besonders aufmerksam zu sein, denn er hat niemanden, auf dessen Hilfe er zählen könnte. Auch ich habe mit der Zeit einen besonders feinen Spürsinn für alle Geräusche, die mir nicht vertraut sind, entwickelt.

Sehnsucht nach der Heimat

Der zweite Teil der Weltumsegelung beginnt eigentlich wieder in Linz. Denn von dort geht es nach einem dreimonatigen Heimaturlaub wieder zurück in die Karibik. Die Maui liegt derzeit in Venezuela, aufgebockt in der Werft von Puerto de la Cruz und wartet dort auf mich. Während des achtstündigen Fluges über den Atlantik schweifen meine Gedanken zurück an den Abschied von Österreich. Dieses Mal war es anders als sonst, eigentlich wäre ich lieber geblieben, ich verspürte diesmal überhaupt keine Lust auf die Ferne. Schon beim Wegfahren vom Hauptbahnhof in Linz hatte ich zum ersten Mal Tränen in den Augen, ich fühlte mich elend. Bis Hamburg sprach ich mit den Mitreisenden kein Wort. Irgendetwas bedrückte mich, irgendetwas in meinem Innersten signalisierte mir, dass der zweite Teil der Weltumsegelung scheitern würde, dass ich vielleicht sogar sterben könnte. Hoffentlich sind diese Empfindungen falsch und bewahrheiten sich nicht.

Eigentlich gibt es gar keinen Grund für einen Zukunftspessimismus. Etliche Ausrüstungsgegenstände auf der Maui habe ich erneuert oder verbessert. So habe ich ein neues Vorsegel aus extra starkem Tuch in England anfertigen lassen. Zwei Funkgeräte bringe ich von Europa mit, denn bisher war die Maui nicht mit Funk ausgestattet. Ein zusätzliches Wetteranzeigegerät (ein Meteoliner von der Firma Sprecher Energie) wird mir verlässlich die zu erwartenden Winde voraussagen. Ein neues Lenkgetriebe mit einer Kugelumlauflenkung ersetzt das ausgeleierte alte. Das Sonnendach aus extra UV-beständigem Material wird für einen angenehmen und nicht zu heißen Aufenthalt an Deck sorgen. Eine neue Nähmaschine wird Raparaturen an Bord erleichtern. 270 Seekarten aus Amerika werden mich über jede Untiefe und über jedes Riff informieren. Frau Dr. Karin Brandtner, Gemeindeärztin aus Kefermarkt, hat mich mit allen notwendigen Impfungen und Medikamenten versorgt. Gute österreichische Marmelade und Kaffee befinden sich in meinem Gepäck. Etliche andere Dinge, wie ein Teleobjektiv für den Fotoapparat, ein neues Vielfach-Messinstrument, eine Dieselpumpe und Schrauben haben das Gewicht meines Gepäcks auf 55 Kilo anwachsen lassen. Alles ist eigentlich zum Besten. Trotzdem sitze ich im Flugzeug auf dem Weg nach Caracas und weine still vor mich hin, ohne so richtig einen Grund dafür zu haben. Der Mensch ist doch ein sehr schwaches zerbrechliches Individuum.

Schwere Grippe oder Malaria?

Venezuela kennt eigentlich keine Jahreszeiten. Es ist immer gleichmäßig sehr warm an der Küste und heiß und schwül im Landesinneren. Die Temperaturen steigen tagsüber an der Küste bis 29 Grad, nachts fallen sie auf 24 bis 26 Grad. Bei solch gleichmäßiger Wärme - so dachte ich - kann man keine Grippe bekommen. Ein Irrtum! Die ärgste Halsentzündung meines Lebens, inklusive Nebenerscheinungen, habe ich hier bekommen. Gegen Abend verschlechtert sich mein Zustand derart, dass ich nicht mehr an Grippe denke, sondern an Malaria. Immerhin gibt es hier eine Menge Stechmücken um diese Jahreszeit. Ich krabble in der Nacht aus meiner Koje, hin zum großen Medizinschrank, suche die Schachtel mit den Malariatabletten und lese im Beipackzettel von Lebensgefahr und anderen entsetzlichen Dingen. Darüber hinaus steht in der Gebrauchsanleitung, bei einem akuten Malariaanfall soll man sofort drei Tabletten schlucken, sechs bis acht Stunden später nochmals zwei, und nach weiteren acht Stunden nochmals eine Tablette. Also schlucke ich sofort drei Tabletten. Mein Zustand verschlechtert sich bis in die Morgenstunden weiter, dazu ist jetzt auch noch schwerer Husten gekommen. Ein Auswurfgemisch von Blut und stinkendem Eiter verlässt meine Lunge. Das Fieber stieg auf 39 Grad, aber der für die Malaria so typische Schüttelfrost bleibt aus. So tausche ich die Malariatabletten gegen Antibiotika aus. Langsam sinkt das Fieber. Ich lege mich in die Koje, trinke viel Flüssigkeit, langsam geht es mir besser. Morgen - so nehme ich mir vor - werde ich die letzte Antibiotika-Tablette schlucken und die Arbeit am Schiff wieder aufnehmen. Trotz dieser scheußlichen Erfahrung mit meiner Krankheit, sehe ich auch einen Vorteil: ich habe einige Kilo an Körpergewicht verloren.

Willkommen in der Fremde

Heute, am 26. Juli, ist wieder einmal ein Freudentag. Soeben habe ich die Nachricht bekommen, dass aus England das bestellte neue Segel eingetroffen ist. Es liegt abholbereit in der Hauptstadt Caracas beim Zoll. Also setze ich mich sofort ins Flugzeug und jette von Puerto la Cruz nach Caracas. Ich weiß längst, dass Behördengänge in Venezuela immer eine haarige Angelegenheit sind. Vorsichtshalber plane ich daher einen ganzen Tag ein, um in Besitz meines neuen Segels zu kommen. Alles beginnt so, wie ich es befürchtet habe. Zunächst durchlaufe ich zwei Stunden lang mehrere Stationen, wobei ich eine Unzahl sehr freundlicher Menschen kennenlerne, die mich von einem Büro ins nächste weiterreichen. Nochmals sind einige Vorzimmer zu überwinden, dann stehe ich endlich im Hauptbüro von „Universal Cargo". Der Präsident persönlich, Herr Jose Alvarez Rubin, bietet mir sogar einen Sessel an, was ich sehr begrüße, denn eigentlich bin ich schon etwas erschöpft. Der Herr Präsident ist mit einer Deutschen verheiratet und spricht auch Deutsch. Welch eine Wohltat. Inzwischen habe ich mir schon ein paar Geldscheine für eine eventuell notwendige „Aufmerksamkeit" in die linke Hosentasche gesteckt. Ich erzähle Herrn Rubin, worum es geht. Also: Ich sei hier, um das Frachtgut in Gestalt eines Segels abzuholen aber das stehe ohnehin im Frachtbrief. Der Herr Präsident wiegt den Kopf hin und her, dann erklärt er mir, wie kompliziert diese Situation sei. Das Paket liege beim Zoll und müsse daher verzollt werden. Das mache umgerechnet 6000 Schilling aus, dazu kämen noch einige Gebühren und Spesen u.s.w. Mühsam versuche ich zu erklären, dass sich das Segel eigentlich nur auf der Durchreise befände. Es wird auf eine österreichische Yacht montiert und die Yacht verlasse ja in absehbarer Zeit wieder Venezuela, samt Segel. Nach einigem Hin und Her telefoniert Herr Alvarez Rubin mit dem zweiten Chef der Zollbehörde. Nein, telefonisch könne man so eine komplizierte Situation nicht klären. Der Vize-Chef der Zollbehörde - so wird mir ausgerichtet - wird sich in seinen Dienstwagen setzen und persönlich vorbeischauen. Nach zwanzig Minuten ist er da. Erneut beginnt eine schwierige Diskussion, die aber kein Ergebnis bringt. Inzwischen ist es 12.30 Uhr geworden, was insofern unerfreulich ist, weil die Dienstzeit der beiden Herren eigentlich um 12 Uhr endet. Um die verzweifelte Situation zu retten, starte ich einen letzten Versuch: Ich lade die beiden hohen Herren in ein Restaurant zum Mittagessen ein. Erstaunlicherweise sind sie damit sofort einverstanden. Also steigen wir in den dunkelblauen Dienstwagen der Zollbehörde und der Chauffeur steuert uns treffsicher in das teuerste Spezialitätenlokal der Stadt. Das Mittagessen zieht sich dahin. Eine Stunde ist schon vergangen und wir sind noch immer nicht über die Vorspeisen hinausgekommen. Ich nütze die Zeit und erzähle pausenlos über mich und meine Weltumsegelung. Das scheint die Herren immer mehr zu interessieren. Plötzlich ist alles anders. Die Zollbehörde erklärt mir, ich sei natürlich zu diesem Mittagessen eingeladen, die Zollgebühr für mein Segel falle selbstverständlich flach, denn ein Segel sei ja nichts anderes als ein Ersatzteil für eine Yacht, außerdem sei an der ganzen Misere die englische Firma schuld, die den Zollbrief falsch ausgefüllt habe. Und: Das Paket werde mir in den nächsten Tagen kostenlos bis zu meinem Boot im Hafen zugestellt. Als ich dann noch in das Notizbuch des Zollbeamten eine handschriftliche Widmung schreibe („...herzlichst, Ihr Weltumsegler Claus Gintner") ist die tiefe Freundschaft perfekt. Bei der herzlichen Verabschiedung äußern die beiden Herren noch einen kleinen Wunsch: Ob es nicht möglich sei, das Zuvorkommen der venezuelanischen Behörden in den österreichischen Tageszeitungen zu würdigen. Sie würden sich sehr darüber freuen, überhaupt, wenn auch ihr Name in dem Artikel vorkommen würde. Na also! Jetzt liegt die schier übermenschliche Leistung der Zollbehörde von Caracas sogar in Buchform vor.

Hunger und Brot

Gerne möchte ich jetzt schnell zwei kleine Erlebnisse schildern, weil sie die gesellschaftliche Situation in Venzuela so deutlich machen.

Erlebnis Nummer eins: Ich sitze in einem hübschen Restaurant in Puerto la Cruz zum Mittagessen. Unter dem orangefarbenen Sonnendach bestelle ich mir eine Pizza mit gemischtem Salat. Dazu werden immer automatisch ein Glas Wasser und ein Körbchen mit einigen Scheiben Weißbrot sowie ein Würfel Butter serviert. Ich habe mich gerade über meine Pizza gestürzt, da kommen zwei kleine Buben an meinen Tisch, so acht bis neun Jahre alt. Schüchtern fragen sie mich, ob ich denn das restliche Weißbrot nicht aufessen würde. Kaum habe ich verneint, da greifen blitzschnell vier kleine Hände in den Brotkorb. Und dann - ebenso blitzschnell - greift einer der beiden Bürschchen nach den Butterresten und stopft sie sich ebenfalls in den Mund. Armut und Hunger, wie wir es uns in Europa gar nicht vorstellen können. Jetzt begreife ich erst, warum in den Lebensmittelgeschäften der Armenviertel alles mit dicken Eisenstäben gesichert ist. Die Verkäufer rücken die Ware erst heraus, wenn man sie bezahlt hat. Dann erst schieben sie Brot, Mehl oder Obst durch ein kleines Türchen dem Käufer zu. Armut und Hunger erzeugen Kriminalität. Kein Wunder, dass in Venezuela Diebstahl an der Tagesordnung steht.

Erlebnis Nummer zwei: Ich fahre mit dem Bus von Puerto la Cruz zur Marina Oriente, wo meine Maui am Steg festgemacht ist. Weil ich kein Kleingeld bei mir habe, reiche ich dem Busfahrer einen Schein, der umgerechnet 20 Schilling wert ist. Der Fahrer schaut mich ganz entgeistert an. Nein, so einen hohen Betrag könne er nicht wechseln. Er gibt mir den Geldschein zurück, fragt nach meinem Fahrziel und setzt mich eine halbe Stunde später gratis vor den Schranken der Marina ab…

Hitze und 1000 Mücken

Die grauenvoll heiße Zeit nimmt kein Ende, zudem machen mir tausend Mücken pro Tag das Leben schwer. Die Vorräte an Getränken haben sich in den letzten Wochen dramatisch verringert. Zum Glück sind am Trockendock die Ausbesserungsarbeiten an der Maui beendet und so lichte ich den Anker und nehme Kurs auf die Insel Margerita. In diesem Einkaufsparadies mit europäischem Standard soll alles zollfrei und daher viel billiger zu haben sein. Unter diesen Umständen nimmt man eine Zweitagesreise gerne in Kauf.

Erstmals bei meiner Weltumsegelung muss ich die „Gegenrichtung" nehmen, nach Osten. Und weil genau aus Osten der Wind weht, bleiben die Segel eingerollt und der Motor wird gestartet. Kenner der Gegend wissen, dass man zunächst die Küste entlang „motoren" muss, bis die Salzhügel von Araya in Sicht kommen, dann hält man auf eine Halbinsel zu. Meist bläst es hier hart von den Bergen herunter, daher sind die letzten Meilen eine mühsame Angelegenheit.

Nahe der Küste ankere ich in ruhigem Wasser, nur der Wind, der durchs Rigg heult, erinnert daran, dass dies keine windarme Gegend ist. Ab Mitternacht flaut dann der Wind ab und am Morgen wirkt alles paradiesisch ruhig. Doch der Schein trügt. Mit dem Motor geht es weiter Richtung Margarita. Kaum komme ich um die weit ins Meer hinausragende sandige Landzunge von Araya herum, legen Wind und Wellen wieder zu, das Boot stampft schwer in der rauhen See und Wasser kommt ständig über. Doch die Insel kann nicht mehr weit sein. Hat der Segler die Insel Margarita erst einmal erreicht, so braucht er noch fünf Stunden bis zur Stadt Porlamar. Bei mir ist es nicht anders. Die letzte Wegstrecke versuche ich so nahe als möglich unter Abdeckung des Landes zu bleiben, um der rauhen See auszuweichen. Da passiert es: Der Tiefenmesser zeigt zwei Meter, 1,5 Meter und rums, der Kiel schlägt hart auf einen Felsen auf. Noch einmal das scheußliche Krachen. Ich reiße das Ruder herum, um ins tiefe Wasser zu gelangen, doch die Untiefe gibt mich erst frei, nachdem die Maui ein drittes Mal auf den Felsen gekracht ist. Am Ankerplatz von Porlamar springe ich sofort mit der Taucherbrille ins Wasser und untersuche den Schaden am Kiel. Doch zu meinem Erstaunen sind außer ein paar tiefen Kratzern im Polyester keine weiteren Schäden zu entdecken - ist doch ein gutes Schiff, die Maui!

Die Insel Margarita gefällt mir nicht besonders. Das Wasser ist nicht klar und durchsichtig, der Strand nicht schön und sauber. Aber das Einkaufen hier ist ein Erlebnis. Alles, was das Herz begehrt, gibt es hier zollfrei, und in jedem Geschäft wundere ich mich über die niedrigen Preise. Ich fülle die Maui mit Waren aller Art an, und am übernächsten Tag geht's mit dem Wind und den Wellen im Rücken zurück nach Puerto la Cruz. Dort lasse ich vorsichtshalber die Maui nochmals aufs Trockendock heben, um die Schäden am Kiel zu besichtigen. Es ist wirklich nicht viel defekt. Innerhalb von zwei Tagen sind die kleinen Kratzer ausgebessert, aber das Aufkranen war eben wieder einmal sehr teuer.

Der Albtraum eines jeden Seglers

Am 27. Oktober verlassen die Maui und ich endgültig Puerto la Cruz. Es geht Richtung Panamakanal, mit eingeplanten Stops in Caracas, auf den Inseln Los Ruques, Aves, Bonaire, Curacao, Aruba, San Blas und dann eben Panama. Nach Caracas werden es 30 Segelstunden sein. Am Vormittag, gleich nach einem ausgiebigen Frühstück, geht der Anker auf und mit Kurs 270 Grad, bei ruhiger See und leichtem Wind, gleiten wir ins offene Meer hinaus. Um die gewünschte Reisegeschwindigkeit von fünf bis sechs Knoten zu erreichen, helfe ich mit dem Motor etwas nach. Bald beißt eine schöne und schmackhafte Dorade an meine Schleppangel, gut gelaunt sitze ich bei Einbruch der Nacht im Cockpit, die automatische Steuerung hält verlässlich den Kurs.

Gegen Mitternacht überprüfe ich noch einmal die Position, zwei Stunden sind es noch bis Cabo Codera. Wenn dieses Kap hinter mir liegt, kann ich mich für einige Stunden schlafen legen, dann werde ich alle Riffe passiert haben. Das Tuckern des Motors macht mich müde. Ich schlafe ein, bevor Cabo Codera umrundet ist. Krachen, Schrecken, Grauen, Entsetzen - es ist passiert! Das Schlimmste, was einem Segler widerfahren kann! Strandung auf einem Riff! Für viele, die mit den Gewalten des Meeres nicht vertraut sind, ist es nicht ganz verständlich, warum eine Strandung auf einem Riff eigentlich immer den Verlust des Schiffes bedeutet, manchmal auch den Verlust des eigenen Lebens. Die See ist unerbittlich - wie mit einer gewaltigen Faust greift sie nach allem, was sie bekommen kann, schmettert es gegen Felsen und Riffe. Und jetzt ist das mir passiert! Das furchtbare Krachen hat mich in Sekundenschnelle aus meinem Schlummer gerissen. In kurzen Abständen wird die Maui wieder und wieder - gleich einem Spielball - gegen das Riff geschleudert. Ich bin starr und bewegungsunfähig vor Angst und Entsetzen. Alles im Schiff fliegt durch die Gegend. Endlich reagiere ich. Ich reiße das Ruder herum und gebe Vollgas. Die Maui legt sich auf die Seite, macht eine Viertelumdrehung nach rechts und kracht erneut gegen Riff und Felsen. Mein ganzer Körper zittert vor Angst. „Das Schiff ist verloren!", denke ich. In der mondlosen dunklen Nacht kann ich nur die weiße Brandung sehen, sie ist nur einen Steinwurf entfernt. Oh Gott, bloß nicht näher dorthin! Weiter versuche ich, mit Vollgas die Yacht freizukommen, doch es nützt nichts. Immer wieder heben die Wellen das Schiff ein wenig an, um es erneut mit Gedonner auf das Riff zu werfen. „Nur die Ruhe bewahren, nicht die Nerven verlieren", spreche ich laut mit mir selbst. Noch ist nichts verloren, die Maui schwimmt und kein Wasser dringt ein, also bis jetzt ist der Rumpf noch dicht. „Du mußt mit dem Schlauchboot den Anker ausbringen, um zu verhindern, dass das Schiff mehr und mehr auf das Riff geworfen wird", spreche ich weiter mit mir selbst, nein, ich schreie diese Anweisungen in die Nacht hinaus. Zittrig und nervös wuchte ich den schweren Anker mit der 40 m langen Kette ins Schlauchboot. Draußen, im tiefen Wasser, schmeiße ich den Anker über Bord, gebe Kette bis zum Schiff und versuche, die Maui freizubekommen. Doch vergebens, es geht nicht. Langsam spüre ich, wie mich meine Kräfte verlassen. Was ich nicht bemerke, sind die vielen Schürf- und Schnittwunden an Händen und Füßen. „Nicht aufgeben, Du darfst nicht aufgeben", rede ich mir ein. Mit Taucherbrille, Schnorchel und Taucherlampe springe ich in die schwarze See, um mir das Dilemma anzusehen. Der Kiel sitzt in einem Meter Wassertiefe auf, links und rechts versperren Felsen und Korallen den Weg, nach hinten wird es noch flacher und vorne schlägt der Kiel gegen einen großen Stein. Die Situation scheint aussichtslos. Aber dann entdecke ich im Schein der Taucherlampe links vorne eine schmale Rinne, die ins tiefe Wasser führt. Doch verdammt, ich habe den Anker nach rechts vorne ausgebracht! Es gibt nur eine Möglichkeit: Ich muss den zweiten Anker aus dem Stauraum holen und das schwere Eisen an der richtigen Position versenken.

Zwei Stunden dauert nun schon die schwere Arbeit in der schwarzen Nacht, und ständig heben die Wellen das Boot ein wenig an, um es erneut auf den Felsen krachen zu lassen. Keuchend versuche ich nun, mit Hilfe der Ankerwinde, den Bug durch die schmale Rinne ins tiefe Wasser zu ziehen. Doch es geht nicht - zu fest sitzt der Kiel auf dem Felsen. Noch immer läuft der Motor mit Vollgas und schiebt die Maui nach vorne. Da kommt mir ein Gedanke: Wenn der Motor nicht mehr schiebt und eine Welle die Yacht ein wenig anhebt und zurückdrückt, kann ich vielleicht den gewünschten Ruck nach links mit der Ankerwinde bewirken. Also, Motor in den Leerlauf und noch einmal mit aller Kraft am Hebel der Ankerwinde ziehen. Es rührt sich was, zwar nur einen Zentimeter, doch wenn ein Zentimeter geht, dann schaffe ich auch noch weitere. Stück für Stück kommt meine geliebte Yacht frei, nach drei Stunden Plackerei schwimmt die Maui wieder im tiefen Wasser. Der Morgen beginnt zu grauen. Nachdem alle Anker, Leinen und Ketten wieder an Bord verstaut sind, sinke ich erschöpft ins Cockpit. Doch für Erholung ist jetzt keine Zeit. Ich muss schleunigst zurück nach Puerto la Cruz, um den Schaden am Schiff zu untersuchen.

Glück im Unglück

Acht Stunden später kommt erneut die Marina in Sicht. Gleich nach dem Einlaufen spreche ich mit dem Hafenmeister und erzähle von meinem Unglück. Das Schiff wird herausgehoben und auf Böcke gestellt. Der Kielboden ist schwer beschädigt, die Ruderaufhängung verbogen, das Steuergestänge kann ich vergessen, es muss wohl ausgetauscht werden. Mich trifft fast der Schlag, als mir die Werft den Kostenvoranschlag überreicht. Gleichzeitig wird mir mitgeteilt, dass es nicht erlaubt ist, selbst am Schiff zu arbeiten. Eine Woche soll die Behebung der Schäden dauern. Es bleibt mir nichts anderes übrig, ich ergebe mich in mein Schicksal.

Eine Woche nur tatenlos herumzusitzen erscheint mir sinnlos. Ein Münchner namens Hermann lebt seit zehn Jahren hier und veranstaltet mit seinen drei Geländewagen Tagesausflüge in den Urwald. So einen buche ich. Es wird ein phantastisches Abenteuer, durch Flüsse und unwegsames Urwaldgebiet. Ich entdecke dabei ein ganz anderes Venezuela. Zwei Tage später rät mir Hermann schon zur nächsten Besichtigungstour - die tosenden Wasserfälle von Canaima seien einen Besuch wert. 500 Kilometer düsen wir mit einem modernen Jet ins Landesinnere. Canaima entpuppt sich als ein Camp mitten im Urwald. Dort kann man in einfachen Unterkünften übernachten, um am nächsten Morgen an Bord eines LKW-ähnlichen Gefährts bis zu den Wasserfällen durchgeschüttelt zu werden. Ein Führer geleitet die kleinen Gruppen dann über einen glitschigen und steilen Pfad zum Phantastischsten, was ich an Wasserfällen je gesehen habe. Jetzt werden die mitgebrachten Badehosen angezogen und weiter geht es, Hand in Hand mit dem Führer, direkt unter die brausende und tosende Gischt. Selbstverständlich ist der Pfad völlig ungesichert. Schon beim kleinsten Fehltritt würde man von den tosenden Wassermassen unweigerlich in die Tiefe gerissen werden. Das ist insofern von geringer Bedeutung, weil der Veranstalter das Honorar für diese Tour schon vorher kassiert hat.

Am nächsten Tag geht es mit einer kleinen viersitzigen Cessna zum Angel Fall, dem höchsten Wasserfall der Welt. Mehr als 1000 Meter stürzt das Wasser von einem Hochplateau in die Tiefe. Der Pilot des kleinen Sportflugzeuges zeigt Anzeichen von Lebensmüdigkeit. Um uns den Wasserfall besser präsentieren zu können, schraubt er sich in einer Spirale gefährlich nahe an der senkrechten Felswand hoch. Verstreute Trümmer im Talgrund zeugen davon, dass immer wieder so ein kleiner Flieger mit Touristen abstürzt.

Als ich nach ein paar Tagen wieder in der Marina erscheine, ist noch kein Handgriff an der Maui erledigt. Auf meine Frage, warum mit den Arbeiten noch nicht begonnen wurde, kommt die übliche Antwort: Manjana. Manjana heißt eigentlich morgen, doch wenn jemand in Venezuela Manjana sagt, so meint er nicht wirklich den nächsten Tag, sondern irgendwann in nächster Zeit. So beginne ich - trotz des Verbotes - selbst mit den Reparaturarbeiten. Zehn Lagen Glasfibergewebe werden mit Polyester getränkt und Lage für Lage auf den beschädigten Kielboden aufgebracht. Alles in allem benötige ich vier Tage, um die Maui wieder in den Normalzustand zu bringen. Bezahlen muss ich allerdings die Rechnung, als wären die Arbeiten von der Werft durchgeführt worden. Das erscheint unglaubwürdig, ist aber so. Wird nicht bezahlt, heben sie das Schiff einfach nicht ins Wasser. Ein Ausländer hat keine Chance, sich mit Erfolg gegen diese gemeine Praktik zu wehren.

Am 27. Oktober habe ich Puerto la Cruz verlassen, am 28. Oktober passierte die Strandung am Riff, am 29. Oktober kommt das Boot zur Reparatur aus dem Wasser, am 30. Oktober erhöhen sich die Wellen in der Hafeneinfahrt und in der Marina ohne ersichtlichen Grund. Einen Tag späten türmen sich riesige Wellenberge vor der

Hafenmole, ohne dass der Wind stärker geworden wäre. Am folgenden Tag werden einige Liegenplätze an der Mole frei, denn in der Nacht haben sich drei Yachten, die nicht gut genug vertaut waren, losgerissen. Überall Hafenbecken schwimmen die Trümmer der zerschlagenen Yachten herum. Was war geschehen? Kein Starkwind, kein Sturm und trotzdem Wellen höher als je zuvor? Ich erfahre es aus der Zeitung. 2000 Kilometer entfernt hat im Norden der Karibik ein Wirbelsturm gewütet. Der verursachte hohe, langgezogene Wellen, die auf dem offenen Meer überhaupt nicht zu sehen und zu spüren waren. Nach mehreren Tagen erreichten die Wellengebirge die Küste von Venezuela und verwandelten sich im flachen Wasser zu steilen, hohen Grundseen. Vor acht Jahren, so erzählten mir Einheimische, war etwas Ähnliches passiert. Auslöser war damals der Wirbelsturm Hugo. Und auch damals wurden viele Yachten von den großen Wellen an der Kaimauer zerschlagen. So gesehen habe ich wieder einmal Glück im Unglück gehabt. Was wäre wohl passiert, wenn meine vom Riff schwer ramponierte Maui nicht im sicheren Trockendock gelegen hätte, als die Riesenwellen kamen?

Letzte Vorbereitungen auf Curacau

Durch die Karibik Richtung Panama

Die Maui in der hufeisenförmigen Saltwistle Bay

Die tosenden Wasserfälle von Canaima, Venezuela

Heute, am 5. November, ist wieder einmal großer Einkaufstag. Ein Kleinbus voll mit Lebensmitteln - frisch und in Dosen - werden zur Maui gekarrt und dort an allen erdenklichen Plätzen verstaut. Wenn der Frischwasser- und Dieseltank voll gefüllt sind, wiegt meine kleine Yacht gleich um 600 Kilo mehr und liegt dann viel tiefer im Wasser als normalerweise. Aber wenn es hinausgeht auf die offene See, hin zu entfernten Inseln ohne Supermarkt und Tankstellen, muss man eben vorsorgen.

Los Roques ist so eine Inselgruppe inmitten der Karibik. Dort findet der Segler kristallklares Wasser, Fischreichtum, Einsamkeit und ruhige geschützte Ankerplätze. Die Schönheiten von Los Roques kann man nicht beschreiben und auch nicht mit Bildern belegen. Los Roques muss man fühlen, riechen, einfach erleben. Viel zu schnell lichte ich dort wieder den Anker, weiter geht's zu den Aves-Inseln und von dort zur Insel Bonaire, einem Paradies für Taucher. Doch mich hält es derzeit nirgends lange, zuviel Zeit habe ich schon verloren, zuviel habe ich noch vor.

Curacau ist mein nächstes Ziel. Ich mache in der großen Lagune fest, die bei allen Seglern sehr beliebt ist und den klingenden Namen Spanish Water trägt. In Curacau trennt sich die Spreu vom Weizen. Wer nach Curacao geht, hat auch vor, durch den Panamakanal in den Pazifik zu segeln. Wer in der Karibik bleiben will, geht bis auf wenige Ausnahmen nicht nach Curacau. Die Insel gehört zur Gruppe der Niederländischen Antillen, die Landessprache ist Papiamento und klingt ausgesprochen lustig, denn sie ist ein Gemisch aus Spanisch, Holländisch, Englisch und Portugiesisch. Auf Curacau möchte ich länger bleiben und am Boot nochmals alles überholen und überprüfen, bevor ich den Pazifischen Ozean in Angriff nehme. Später wird sich erweisen, dass meine Entscheidung richtig war.

Als ich vor fast zwei Jahren im Mittelmeer startete und Richtung Westen segelte, war die elektronische Ausrüstung der Maui noch sehr bescheiden. Stück für Stück kam hinzu. So verfüge ich jetzt über zwei Funkgeräte, eines davon ist ein UKW-Sprechfunk, das andere ein Kurzwellen-Seefunk, mit dem es möglich ist, über große Entfernungen Kontakt mit anderen Empfangsstationen zu halten. Zwei neue Satelliten-Navigationsgeräte sind an Bord und noch viele andere Kleinigkeiten. Jetzt ist es wirklich auch dringend nötig, ein neues Instrumentenpult zu entwerfen, zu bauen und zu installieren. Nun freue ich mich täglich über diese Errungenschaft. Die zweite wirkliche Großtat ist der Kauf und der Einbau eines Kühlschrankes, der von 12V-Spezialkompressoren gespeist wird. Der Strom dazu kommt aus den drei Solarpaneelen, die ich auf einer speziell von mir konstruierten Halterung in der Backbordkiste befestige. Fünf Meter lange Kupferleitungen müssen bis zur Eisbox verlegt werden und das alles sehr sorgfältig, damit es auf hoher See keinen Kurzschluss gibt. Ich weiß, der heiße Äquator kommt immer näher und ich werde froh sein, einen kühlen Platz an Bord zu haben. Endlich zerrinnt mir nicht mehr die Butter an Bord, endlich bleiben die Eier frisch, endlich sind die Getränke nicht mehr lauwarm. Eine weitere wichtige Entscheidung ist die Anschaffung eines zweiten Schlauchbootes, nachdem das bisherige drei Mal verlorengegangen ist, aber Gott sei Dank immer wiedergefunden wurde. Doch zuviel Glück und Zufall soll man nicht herausfordern. Die teuerste Investition ist das neue GPS (Global Position System). Mein Satelliten-Navigationssystem vollbringt wahre Wunder. Ja und dann überhole ich noch die komplette Ruderanlage, die am Riff von Cabo Codera sehr gelitten hat. All diese Dinge sollen und müssen sehr sorgfältig getan werden, bevor der Bug der Maui den Pazifischen Ozean durchpflügt. Curacau ist der letzte Platz, wo das alles erledigt werden kann. Eines Tages ist es soweit: alles ist montiert, alles ist bezahlt. Mir wird ganz schlecht bei der Vorstellung, wie mein heimatliches Bankkonto wohl derzeit aussehen wird. Es lebe meine Kreditkartenfirma!

In der Bucht „Bahia Ingleses" genießt Claus Gintner die Abgeschiedenheit auf Isla Blancia

Das Böse kommt in der Nacht

Noch immer habe ich Curacao nicht verlassen, denn die Seekarten für den Pazifischen Ozean sind noch immer nicht eingetroffen, obwohl ich sie schon zwei Mal bezahlt habe. Die Karten sind aber für mich sehr wichtig. Ohne nautische Unterlagen ist ein Weg durch den Panamakanal und weiter Richtung Marquesas-Inseln nicht ratsam. In Venezuela sind überhaupt keine Seekarten zu bekommen, denn die Militärs erlauben nicht, dass so etwas auf dem Markt frei gehandelt wird. Ich könnte mir allerdings Kopien besorgen, obwohl das ebenfalls verboten ist. Aber soll ich deshalb zurück nach Venezuela segeln?

Endlich! Heute, am 18. Februar, ist das Paket aus den USA angekommen. Es sind sogar die richtigen Karten drinnen. Gleich am nächsten Vormittag wird der Anker aus dem schlammigen Grund gezogen und es geht los Richtung Panama. Die Maui ist besser ausgestattet als je zuvor und so bin ich guten Mutes für die nächste Wegstrecke von 1200 Kilometern bis zu den San-Blas-Inseln. Gestern, am Abend vor dem Auslaufen, haben mich Freunde zwar vor dem starken Wind gewarnt, ich möge doch noch einige Tage in der Bucht von Spanish Water bleiben. Doch ich denke nicht daran, nochmals abzuwarten. Kaum ist die Yacht draußen aus der geschützten Bucht, greift eine harte Windböe in das gereffte Großsegel. „Rrraaatsch" und schon ist es eingerissen. Soll ich nun doch wieder umkehren? Nein, ich gebe noch ein Reff mehr und fahre weiter, mit viel Wind, rauhem Seegang und der üblichen Seekrankheit im Magen. Die Insel Aruba liegt auf dem Weg und ist bei meiner schnellen Fahrt in zehn bis elf Stunden zu erreichen. Kurz vor Einbruch der Dunkelheit kommt sie in Sicht und ich finde sogar einen ruhigen Ankerplatz auf der Leeseite.

Am nächsten Tag wird die Nähmaschine hervorgekramt und nach einigen Stunden mühsamer Handarbeit ist das Großsegel wieder in Ordnung. Der Wind bläst weiterhin hart, mit sechs bis sieben Windstärken. So beschließe ich, noch ein paar Tage abzuwarten, bis ruhigeres Wetter kommt. Ein Einheimischer prophezeiht mir, dass nach dem Vollmond der Wind nachlassen wird. Nach einer Woche wird der Wind wirklich etwas schwächer, es kann weitergehen, Richtung Panama. Aber ich wähle nicht den direkten Kurs, sondern segle erst Richtung Nordwesten, denn in dem Buch von Jimmy Cornell („Routen der Weltumsegelung") wird die Wegstrecke von Curacao nach Panama als besonders hart und schwierig beschrieben. Die hohen und steilen Wellen haben hier schon manche Yacht zum Kentern gebracht, Schiffe wurden hier auch schon entmastet und Besatzungen sind über Bord geflogen. Dem möchte ich gerne entgehen. Jimmy Cornell rät in seinem Buch, erst nach Nordwesten zu segeln und dann, ab einem Punkt X, erst Kurs Richtung Panama zu nehmen. Diese Empfehlung nehme ich gerne an, doch sie hat mir nichts genützt. 15 Kilometer von Aruba entfernt, segle ich bei fünf Windstärken noch relativ komfortabel und schnell. Doch plötzlich werden die Wellen immer höher und steiler. Das Boot beginnt gefährlich zu schlingern, es gelingt mir gerade noch, die Luken zu schließen und den Sicherheitsgurt anzulegen. Ich blicke schräg nach hinten: riesige, haushohe Brecher rollen heran. Wasser und Gischt kommt über das ganze Boot, das Cockpit wird angefüllt. Schon stürzt die nächste Wasserwand über die Maui. Verzweifelt versuche ich, das Schiff mit dem Steuerrad auf Kurs zu halten, aber schon wieder überrollt ein Brecher das Schiff. Angst kommt auf, denn ich glaube nicht, dass ich das Boot noch lange beherrschen kann. Soll ich versuchen, umzukehren? Während meiner von Angst geplagten Überlegungen wird wie von Zauberhand die See auf einmal ruhig und das Schiff gleitet wieder völlig normal durch die immer kleiner werdenden Wellen. Der ganze Spuk hat nur 15 Minuten gedauert. Was war geschehen? Höchstwahrscheinlich hat eine unterirdische Meeresströmung das Tosen verursacht.

Obwohl sich Wind und Wellen wieder normalisiert haben, geraten die kommenden vier Tage und Nächte zu den San Blas Inseln zur Schwerstarbeit. In der Nacht schreckt mich ein ohrenbetäubendes Krachen auf: Der sieben Zentimeter dicke Aluminium-Spinnakerbaum, an dem das Vorsegel ausgebaumt war, ist gebrochen wie ein Zündholz. Eine große Welle war in das Segel gestiegen und hat diesen Schaden verursacht. Natürlich, alles Böse kommt in der Nacht, wenn es viel mühsamer und schwieriger ist, Schäden zu beheben. Während der ganzen Wegstrecke geht der Wind nicht unter sechs bis sieben Windstärken, Spritzwasser kommt ständig über. Alles ist salzverkrustet und klebrig. Trotz dieser widrigen Umstände fange ich zwei sehr große Doraden, eine davon 1,2 Meter lang. Übermüdet und seekrank erreichen wir, die Maui und ich, nach einhundert Stunden rauhester See den paradiesischen Archipel von San Blas.

Auf den San-Blas-Inseln: Riffe, Haie und ein Toter

In Einbäumen mit selbstgenähten Segeln kreuzen die Indios zwischen den Inseln von San Blas

Coco Bandero Cayos, so heißt die Inselgruppe, auf der ich mich jetzt befinde. Sie ist ein Teil des Archipels von San Blas, der zur Republik von Panama gehört. Morgen ist mein Geburtstag und ich befinde mich, wie auch im vorigen Jahr, auf einem wunderschönen Inselarchipel in der Karibik. Ein Archipel ist keine Inselgruppe, sondern ein Gebiet mit langgezogenen Riffketten, an denen sich die großen Wellen mit gewaltigem Getöse brechen. Dahinter liegen einzelne Inseln. Sie können sehr unterschiedlich gestaltet sein. Im Fall von San Blas sind es flache Sandinseln, auf denen eine Menge Kokospalmen wachsen. Die Eilande sind zwischen 100 und 1000 Meter lang und oval. Der gesamte Archipel misst etwa hundert Kilometer im Durchmesser. Was ich hier vorfinde ist für mich das Schönste, was ich bisher auf meiner 20.000 Kilometer langen Segelreise gefunden habe. Die Maui wird mit einer Leine an einer Kokospalme festgebunden und liegt 20 Meter entfernt vom weißgelben Sandstrand im türkisfarbigen Wasser. Der Passatwind schüttelt ständig Kokosnüsse von den Palmen. Ich genieße die herrlich erfrischende Kokosmilch und auch das weiße Fleisch der Früchte, das Kopra, schmeckt delikat.

Die meisten Inseln sind unbewohnt. Die 50.000 Indios, die den gesamten Archipel bevölkern, verteilen sich auf die wenigen größeren Eilande. Wie vor hundert Jahren benutzen die meisten Kuna-Indios ihren selbstgezimmerten Einbaum mit Segel als Transportmittel. Wenn es gegen den Wind geht, greifen sie zum Paddel. So besuchen sie die Nachbarinseln, sammeln Kokosnüsse oder fangen Fische. Die Mädchen und Frauen widmen sich der Schneiderei und fertigen herrlich farbige Kleidungsstücke an. Gewohnt wird in sogenannten „Molas", Hütten, die mit Palmblättern gedeckt sind.

Die Maui vor Anker am Archipel von San Blas

Es ist für mich eine angenehme Abwechslung, wenn mich die freundlichen Eingeborenen immer wieder bei der Maui besuchen. Sie sprechen Spanisch und so klappt auch halbwegs die Verständigung.

Das klare Wasser lädt mich zum Schnorcheln oder auch zum Tauchen mit dem Atemluftgerät ein. An den Riffen findet man in Höhlen versteckt Langusten in allen Größen. Leider ist es nicht einfach, an diese schmackhaften Leckerbissen heranzukommen. Die Langusten verstecken

Auf San Blas lassen sich sogar nahe am Ankerplatz schöne Langusten fangen.

sich in kleinen Höhlen, in bis zu fünf Metern Wassertiefe. Ich muss schon ganz genau hinschauen, um diese Schalentiere mit ihren langen Fühlern zu entdecken. Dabei muss ich mich mit den Händen am Felsen oder an den Korallen festhalten, um in Ruhe die Höhle inspizieren zu können. Wegen der vielen Feuerkorallen trage ich dabei immer Handschuhe, andernfalls würde ich mir arge Nesselverbrennungen zuziehen. Wichtig ist auch, eine starke Taucherlampe mitzunehmen, mit der man die dunklen Löcher ausleuchten kann. Zirka in jeder zehnten Höhle wird man fündig, doch dann kommt die nächste Schwierigkeit. Wie kriege ich nur die lieben Tierchen aus ihrem Versteck? Das funktioniert eigentlich nur mit der Harpune. Aber man muss die Langusten gleich beim ersten Mal treffen, sonst verabschieden sie sich auf Nimmerwiedersehen. Bei einem Tauchgang von etwa eineinhalb Stunden gelingt es mir meist, ein bis drei Langusten zu fangen, manchmal geht man

auch leer aus. Viele Segler können gar nicht oder sehr schlecht tauchen und müssen daher auf diese Leckerbissen verzichten. Ich tauche und schnorchle für mein Leben gern. Im klaren Wasser, mit Sichtweiten bis zu 30 Metern, bietet die Unterwasserwelt eine unglaubliche Vielfalt. Bunte Schnecken, Muscheln und Korallen wecken immer wieder meine Sammelleidenschaft. Doch die Unterwasserwelt birgt auch Gefahren. Starke Strömungen können leicht den Taucher hinaus aufs offene Meer treiben, und auch das Beiboot muss immer sicher verankert werden. So fanden wir (drei Yachten lagen dort vor Anker) zwischen zwei Inseln der San-Blas-Gruppe ein dahintreibendes kleines Fischerboot. Es war vollgeschlagen mit Wasser, drinnen lagen die sterblichen Überreste eines Menschen, zerfressen vom Salzwasser. Nachforschungen haben ergeben, dass dieses tadellos schwimmfähige, mit einem Außenbordmotor ausgestattete kleine Boot, von der 1500 Kilometer entfernt liegenden Insel St. Lucia stammte. Wahrscheinlich hatte es Motorschaden und wurde deshalb von Wind und Strömung über die gesamte Karibische See getrieben, bis es von uns Fahrtenseglern gefunden wurde. Dieser makabere Fund zeigt deutlich, wie verheerend sich ein kleiner Motorschaden auf dem Meer auswirken kann. Schon etliche Segler sind von ihren kurzen Ausflügen mit dem Dingi nicht mehr zu ihrer Yacht zurückgekehrt.

Beinahe hätte mich ein ähnliches Schicksal ereilt, damals, vor der Leeküste von Aruba. Ich wartete, im ruhigen Wasser vor Anker liegend, auf ein Abflauen des Windes, um zu den San-Blas-Inseln aufbrechen zu können. Einen Kilometer hinter meinem Ankerplatz ragte ein Riff aus dem Wasser. Da ich nicht wußte, ob ich am Tage oder in der Nacht auslaufen werde, beschloß ich, mit dem Schlauchboot eine kurze Entdeckungsfahrt zu unternehmen. Ich wollte nämlich wissen, wie breit diese gefährliche Untiefe ist. Mit dem Wind und den kleinen Wellen, die rasch höher wurden, ging es zügig Richtung Riff. Brav sprudelte mein 4-PS-Außenborder dahin. Nach wenigen Minuten surfte das Dingi auf den mittlerweile ein Meter hohen Wellen Umkehren? Oder doch das Riff erkunden? Nein, so nahe vor dem Ziel wollte ich nicht umkehren, das Riff wurde inspiziert. Ergebnis: Kein Problem für meine Yacht, ich musste nur 100 Meter links oder rechts vorbeisegeln. Untiefen entdeckte ich keine. Alles okay, also zurück. Die Wellen, die mich rasch zum Riff getragen hatten, standen nun gegenan und auch der Wind kam von vorne. Und plötzlich bemerkte ich, dass mich die Strömung aufs offene Meer hinaustrug. Immer mehr Wasser kam über und füllte rasch das kleine Schlauchboot. Die Sonne ging unter und es wurde langsam dunkel. Nur zwei Kilometer trennten mich von der Küste, doch mein Dingi schlug ständig voll. Manchmal wurde sogar der Motor völlig unter Wasser gesetzt, doch zum Glück lief er unbeirrt weiter. Angst kam in mir auf. Wenn der Motor abstirbt, gab es für mich keine Rettung mehr, kein Mensch würde mein kleines Boot vom Ufer aus sehen können. Doch der Motor lief und irgendwie schaffte ich es, zur Maui zurückzukehren.

Gefährliche Abenteuer kann man auch beim Tauchen erleben. Zum Beispiel mit Haifischen. Riffhaien bin ich schon oft begegnet. Die Haiart ist ein bis zwei Meter lang und gilt als nicht sehr angriffslustig. Aber so genau weiß man das nie.

Ich bin also auf den San-Blas-Inseln mit Schnorchel und Harpune unterwegs, um mir ein Abendessen zu besorgen. Nach etwa einer Stunde entdecke ich endlich eine kleine Gruppe von Kingfischen. Langsam schwimme ich näher. Endlich in Schussweite, lasse ich mich zu Boden sinken und verharre bewegungslos. Der Zeigefinger krümmt sich, die Harpunenspitze trifft den Fisch, der wie wild um sich zappelt. Das haben offenbar zwei Riffhaie bemerkt. Die werden sich nun auf meinen Kingfisch stürzen und ihn auffressen, denke ich. Doch weit gefehlt. Das erste der beiden Monster kommt auf mich zu, beißt in den Aluminiumschaft meiner Harpune und beutelt sie wie wild. Ich reiße ihm meine Jagdwaffe aus dem Maul, da macht der zweite Hai Anstalten, mich anzugreifen. Mir fällt in dieser Situation nichts besseres ein, ich schlage dem Meeresräuber mit der Harpune kräftig auf die Nase. Am ganzen Körper zitternd vor Angst, schwimme ich schleunigst zum Dingi zurück. Die Lust auf Tauchgänge ist mir - wenigstens für diesen Tag - gründlich vergangen.

Durch den Panama-Kanal

Von den San-Blas-Inseln ist es nur noch ein Tages-Trip bis zum Panamakanal. Zunächst kommt man in die ziemlich kriminelle Hafenstadt Colon. Das einst idyllische Städtchen hat sich zum lebensgefährlichen Drogenumschlagplatz entwickelt. Täglich wird jemand ermordet, die ganze Nacht heulen die Sirenen der Polizeifahrzeuge. Vor jedem Geschäft und vor jeder Bank sind Wachposten mit schussbereiter Maschinenpistole postiert. Wie ich erfahre, sind allein in der vergangenen Woche drei Segler überfallen worden. Einem hat man ein Messer ins Gesäß gestochen, einen Tag später wurde einer amerikanischen Skipperin der Bauchgurt mit den Wertsachen vom Leib gerissen, und wieder zwei Tage später hat man einem Freund von mir die Brieftasche aus der Hosentasche entwendet. Aber nicht heimlich. Der Räuber ist herangesprungen, schnappte sich einfach das Portemonnee und schlenderte wieder davon. Wer in solchen Fällen dem Räuber folgt, bringt sich in Lebensgefahr, weil die jeweiligen Komplizen schnell mit dem Messer zur Hand sind. Und dann wird es lebensgefährlich. So muss ich jeden Einkauf vom streng bewachten Yachthafen aus starten, ins Taxi steigen, zum (bewachten) Supermarkt fahren und dann schnell wieder retour. Wenigstens bei Tag werden die Taxis nicht überfallen.

Leider beginnt das Abenteuer Panamakanal mit vielen Behördengängen:
1. Immigration
2. Zoll
3. Hafenkapitän
4. Navigationspermit (US-Dollar 40,-)
5. Bootsvermesser bestellen
6. Bootsvermesser kommt an Bord und misst
7. Mit Beleg vom Bootsvermesser wieder zu einer anderen Behörde, kostet US-Dollar 130,-.
8. Mit dem Zahlungsbeleg wieder zum Hafenkapitän
9. Die Kanalbehörde gibt einen Termin für die Passage
10. Einen Tag vorher Besprechung über den Verlauf der Passage und erneute Überprüfung des Bootes.

Damit aber noch nicht genug. Es müssen vier Leinen mit je 40 Meter Länge an Bord sein, zudem müssen außer dem Kapitän, in meinem Fall also ich, noch vier weitere Personen an Bord kommen, um die vier Leinen zu bedienen. Vorgeschrieben sind auch sechs Fender pro Yacht. Schließlich kommt noch ein Lotse an Bord. Als es dann endlich zeitig in der Früh losgeht, drängen sich insgesamt sechs Menschen an Bord der kleinen Maui, und diese sechs Personen werde ich in den nächsten zwei Tagen noch dazu voll verköstigen müssen. Ein grauenhafter Gedanke.

Sechs Schleusenstufen sind zu überwinden, drei hinauf und drei hinunter bis Panama City. Mehrmals am Tag rinnt mir der Schweiß in Bächen vom Gesicht.

In der Schleuse des Panama-Kanals; mit einem Lotsen und der vorgeschriebenen Crew an Bord

Kochen, abwaschen, kochen, abwaschen. Abends Betten bereiten, morgens wieder wegräumen. Und zwischendurch ständig Drinks reichen. Insgesamt versickern 60 Dosen Bier in den Gurgeln meiner Gäste. Durch den Kanal geht nicht jede Yacht einzeln, sondern es wird gewartet, bis sechs oder neun beisammen sind. Diese werden dann in Dreiergruppen zusammengebunden und so durch die riesigen Schleusen gesteuert. Trotz aller Mühen, Kosten und Anstrengungen ist das Passieren des Panamakanals ein Abenteuer, das kein Segler missen möchte.

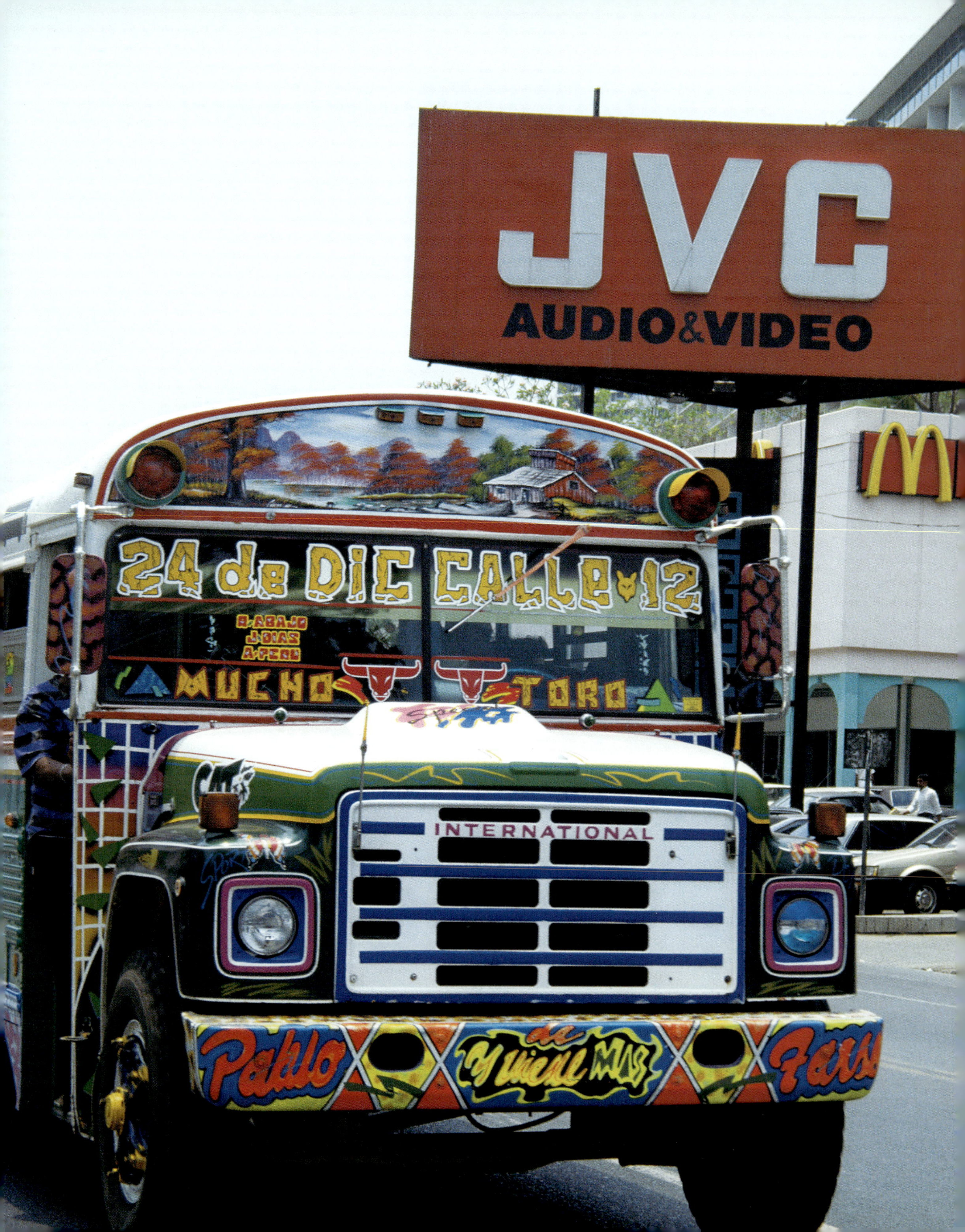
JVC
AUDIO&VIDEO
24 de DIC CALLE 12
MUCHO
TORO
INTERNATIONAL

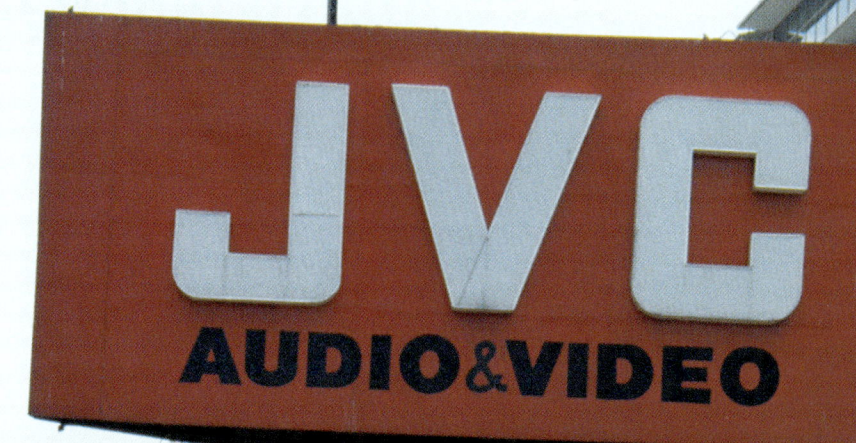

Start in den Stillen Ozean

25. März. Der Panamakanal liegt hinter mir, der Pazifik vor mir. Es kommt die Zeit des Alleinseins, zwei Monate Einsamkeit auf hoher See liegen vor mir, nur unterbrochen von einem eventuellen Stop auf den Galapagosinseln. Ich werde nur mit Fischen und Vögeln reden können - die einzigen Freunde, die man auf See hat. Na ja, ich habe ja auch noch mein Radio und den CD-Player... Heute ist der Spätaufsteher Claus schon um sechs Uhr wach, zehn Minuten später stehe ich unter der Dusche und brülle durch das Luk hinaus: „Hurra, ich segle weiter um die Welt!" Um 7.30 Uhr werfe ich die Leinen los und es geht hinaus in den Stillen Ozean. Der macht seinem Namen gleich alle Ehre: kein Wind, kaum Wellen, nichts fliegt oder fällt durchs Cockpit. Ich werfe den Dreizylinder-Dieselmotor an. Mit 5,5 Knoten durchpflügt die Maui das schmutziggrüne Wasser. Mein geliebtes Schiff ist randvoll mit Vorräten aller Art - insgesamt zweieinhalb Tonnen habe ich zugeladen, 280 Liter Wasser sind im Tank, dazu hundert Liter Mineralwasser in Plastikflaschen. Allein bis zu den Galapagosinseln sind es 1200 Kilometer, wahrscheinlich meist ohne Wind. Deshalb ist auch der Dieseltank randvoll (260 Liter), an Deck verzurrt lagert noch ein zusätzlicher Gummitank mit hundert Liter extra. Diese Menge sollte etwa für tausend Kilometer reichen, bleiben also noch 600 Kilometer zum Segeln. Wie lange werde ich brauchen? Eine Woche? Drei Wochen? Der Wind sei mir gnädig.

Am Nachmittag erreiche ich den Archipel der Perlas-Insel, 40 Kilometer westlich von Panama. In einer ruhigen Bucht fällt der Anker. Am nächsten Morgen, nach einem üppigen Frühstück, tauche ich noch einmal rund um den Bauch der Maui, schmirgle noch einmal den Propeller mit wasserfestem Schleifpapier ab, um die volle Motorleistung auch wirklich in volle Fahrt umsetzen zu können. Dann, kurz vor der Abfahrt, kontrolliere ich noch schnell die Ölstände von Motor und Getriebe. Oh Schreck! Das Getriebe ist vollkommen trocken!

Die Busfahrer in Panama lieben es, ihre Fahrzeuge bunt zu bemalen

Galapagos: Der Weg ins Vogelparadies

Kein Öl im Getriebe, das ist eine bittere Pille an diesem Morgen. Einige hundert Meter von meinem Ankerplatz entfernt, legt ein Fischer seine Netze aus. Ich versuche, den Pescador mit meinem bisschen Spanisch zu fragen: Wo kann man hier Getriebeöl bekommen? Oh Wunder, er versteht mich: „20 Meilen weiter nördlich gibt es eine kleine Insel, dort treffen sich am Wochenende oft Motorbootfahrer, die von Panama City kommen." Motorboote brauchen immer Öl, so besteht eine gute Chance, dort ein paar Liter zu bekommen. Doch wie soll ich zu der Insel kommen? Es weht kein Wind, aber ohne Getriebeöl kann ich den Motor nicht starten. Noch einmal klettere ich hinunter in den Motorenraum und leuchte mit der Taschenlampe durch das kleine Loch ins Innere des Getriebes. Ein bis zwei Zentimeter hoch über dem Boden schimmert doch noch etwas Öl. Aber ob das reichen wird? Ich muss es riskieren. So tuckere ich vorsichtig und mit niedrigster Drehzahl Richtung Norden. Vier Stunden später bin ich nahe der Insel. Dort ankert eine 50 Meter lange schneeweiße Luxusmotoryacht. „Kusica" steht außen darauf. Auf Rufweite heran, frage ich ein Besatzungsmitglied, ob man mir helfen könnte, ich hätte Schwierigkeiten mit dem Getriebe. Zehn Minuten später kommt das Beiboot mit dem Schiffsingenieur der Motoryacht zu mir. Er ist Chinese und offensichtlich ein Fachmann für Motoren aller Art. Gleich erkennt er, dass ich ein spezielles Hydrauliköl brauchen würde. Wir steigen dann gemeinsam ins Beiboot und fahren hinüber zur Kusica. Kapitän Yoso, ebenfalls ein Chinese, heißt mich herzlich willkommen und lässt erst einmal einen Drink servieren. Frisch gestärkt durchstöbern wir dann gemeinsam den Maschinenraum und werden fündig. Eine Gallone Hydraulik-Fluid ist genug, um viermal nachzufüllen. Die Besatzung und ich sitzen dann noch eine Weile beisammen und jeder erzählt, woher er kommt und wohin die Reise gehen soll.

Immer wieder sind die Leute erstaunt, dass ich alleine und mit einem so kleinen Schiff die großen Ozeane überquere. Wieder an Bord der Maui untersuche ich dann noch einmal das Getriebe genau, um die Ursache des Ölverlustes herauszufinden. Eine Mutter am Getriebeflansch zum Motor hat sich gelockert, dort ist das Öl herausgetropft. Nach ein paar Stunden Arbeit im engen Motorenraum ist alles getan, was notwendig erschien. Dem endgültigen Start Richtung Galapagos steht nichts mehr im Wege.

30. März, acht Uhr früh. Die Maui durchpflügt die Wellen des Pazifiks Richtung Südwesten. Schwacher Wind veranlasst mich, mit dem Motor noch nachzuschieben. Einige Stunden später verschwindet hinter mir das Land am Horizont. Ich bin alleine, Wasser und nichts als Wasser rundherum. Da treibt doch etwas Steuerbord voraus, das gar nicht so klein aussieht! Also, Kurs ändern und darauf zuhalten. Das Etwas entpuppt sich als ein schöner großer stabiler Einbaum, wie ihn die Indios für ihre Fischzüge zwischen den Inseln benutzen. Doch das Boot ist menschenleer. In einem Jutesack finde ich einige Schnüre und etwas Draht, ein gelber Plastikeimer - halbvoll mit Wasser - steht auf dem Boden, sonst nichts. Umgerechnet 5000 Schilling bekommt man für so ein Holzboot, deshalb nehme ich es in Schlepp, doch es wiegt schwerer und verringert meine Fahrt um mindestens zehn Prozent. Trotzdem versuche ich es. Einige Stunden später nimmt der Wind zu, die Wellen werden höher und der Einbaum zerrt mit seinen 150 Kilogramm Gewicht fürchterlich an der blauen Nylonleine und droht sogar, querzuschlagen. Schweren Herzens kappe ich die Leine und übergebe das Boot wieder der See.

Der weitere Weg nach Galapagos gestaltet sich so, wie es in allen Büchern nachzulesen ist: windarm. Streckenweise kann ich segeln, dann muss wieder der Motor angeworfen werden. An die

Die Galapagos-Inseln;
das Vogelparadies

58

Schleppangel beißt ein prächtiger Thunfisch und versorgt mich für drei Tage mit guten Fischgerichten. Am vierten Tag bringe ich die Schleppangel wieder aus und einige Stunden später surrt die Ratsche und zeigt einen Biß an. Ich tippe auf einen kleinen Fisch, doch während des Herandrillens merke ich einen gewaltigen Ruck an der Angel und die Rolle surrt erneut ab. Sollte ich mich geirrt haben und es ist doch ein mächtiger Bursche? Einige Minuten kämpfen wir. Plötzlich ist der Zug weg und es geht leicht zu kurbeln. Den habe ich verloren, denke ich. Nein, es ist doch noch etwas dran! Der Thunfisch lässt sich ohne Gegenwehr an das Schiff heranbringen, da sehe ich des Rätsels Lösung: Zuerst hat ein Thunfisch angebissen und dann hat ein Haifisch versucht, den Thunfisch zu fressen. Deutlich sind die halbmondförmigen Bißspuren in der Mitte des Fisches zu sehen. Ich befinde mich also in einer haiverseuchten Gegend. Ab sofort sind die Badeausflüge vom Boot aus gestrichen.

6. April. Die erste Insel des Galapagos-Archipels liegt 1,5 Meilen vor mir - Isla Genovesa. Ja, ich nähere mich offensichtlich wirklich einem Paradies. Hunderte Vögel umkreisen die Maui, setzen sich auf das Schiff, sind überhaupt nicht scheu. Leider habe ich keine Genehmigung für den Aufenthalt auf Galapagos bekommen, doch Freunde haben mir erzählt, man darf für einen oder zwei Tage ankern, nur an Land darf man nicht gehen. So lasse ich im Kratersee der Insel Genovesa für einen Tag den Anker fallen. Genovesa ist die Vogelinsel. Tausende und Abertausende Vögel leben und nisten auf diesem Vulkangebilde, mit seinen steil ins Meer fallenden schwarzen Felsen. Mein Anker findet Halt auf sandigem Grund, etwa 30 Meter vom Ufer entfernt, wo gerade zwei Seebären ihren Mittagsschlaf halten. Auch ich schlafe mich erst einmal richtig aus. Die vielen Nächte auf See sind ja immer unterbrochen mit Ausschauhalten nach anderen Schiffen, die eventuell meinen Weg kreuzen. Auf der 1800 Kilometer langen Strecke zwischen Panama und Galapagos kreuzen sich einige Hauptschifffahrtsrouten und da ist es überlebenswichtig, aufmerksam zu sein.

Ein Fregatt-Vogel auf den Galapagos-Inseln

Der Felsen St. Bartolomä auf den Galapagos-Inseln

Am nächsten Morgen, ich sitze gerade beim Frühstück, kommt ein Boot längsseits. Freundlich begrüße ich die vier Wildhüter, die alle weiße Leibchen mit der Aufschrift „National Park Guard" tragen. Höflich teilen sie mir mit, dass ich zwar hier ankern dürfe, um mich auszuruhen, das Betreten der Insel sei aber streng verboten. Darf ich die Herren auf ein Bier einladen? Dankend wird die Einladung angenommen und wir plaudern ein wenig, woher und wohin die Reise gehen soll. Nach der zweiten Runde Bier lasse ich durchblicken, ein kleiner kurzer Landgang zum Fotografieren würde mir große Freude bereiten. Es täte ihnen leid aber das sei strengstens verboten. Ich serviere die dritte Runde und siege, einem Landgang steht nichts mehr im Wege.

Alle erdenklichen See- und Landvögel brüten hier oder pflegen ihre Jungen. Ich brauche gar nicht das Teleobjektiv auspacken, denn jeder dieser gefiederten Freunde lässt mich nahe an sich herankommen. Nur manchmal picken sie mit dem Schnabel nach meiner Hand, um anzuzeigen, dass Streicheln nicht erwünscht ist.

Zwei Tage später lichte ich ausgeruht und gestärkt den Anker, um zum Haupthafen Porto Ayora auf der Insel Santa Cruz zu gelangen. Nur dort gibt es Diesel und Wasser. Beides muss unbedingt aufgefüllt werden, bevor die lange Reise über den Stillen Ozean zu den Marquesas angetreten werden kann. Doch bevor noch Santa Cruz in Sicht kommt, tritt schon wieder ein Getriebeschaden auf. Ich muss die kleinere Insel St. Bartolome anlaufen, werfe den Anker vor der bezaubernd daliegenden Pinguinbucht um den Schaden zu beheben. Am nächsten Tag starte ich dann wieder den Motor, doch ich komme nicht weit, der Schaden tritt schon wieder auf. Erneut muss ich mir einen Ankerplatz suchen und finde ihn hinter der kleinen Insel mit dem zutreffenden Namen Sombrero Cino (Chinesenhut) ein verstecktes Plätzchen, das an ein Seeräubernest erinnert. Den ganzen Tag schufte ich im engen Motorraum. Nach der harten Arbeit am Getriebe, falle ich abends todmüde in die Koje. Am nächsten Tag hält die Technik wenigstens einmal bis Porto Ayora. Der Hafenkapitän, Lt. Galo Arregui Mestanza, zeigt sich äußerst hilfsbereit. Persönlich bringt er mich mit seinem Dienstwagen zu der einige Kilometer entfernt liegenden Wasserfabrik, bei der ich 200 Liter Süßwasser, in Plastiksäckchen abgepackt, kaufen kann. Auch um meine Treibstoffvorräte kümmert sich der Herr Kapitän, so dass die Tanks der Maui bald wieder voll gefüllt sind.

Einige Tage später habe ich auch reichlich Proviant, vor allem Frischgemüse, aufgenommen. Jetzt kann es endlich hinausgehen auf den großen weiten Ozean. Doch diesmal streikt die Schiffsschraube samt Welle, also laufe ich den herzigen Naturhafen mit dem Namen Seelöwen-Bucht auf der Insel Floriana an. Gleich zwei Nächte muss ich dort bleiben und immer wieder mit Taucherbrille und Schnorchel den Propeller unter Wasser überprüfen. Die Seelöwen helfen mir bei meiner Unterwasserarbeit, ständig stupsen sie mich aufmunternd mit ihren Nasen an. Einer versucht sogar an Deck zu springen. Wahrscheinlich will mir das nette Tierchen die Schraubenschlüssel reichen, damit ich schneller fertig werde. Und dann kommt endlich die Stunde, in der ich das Werkzeug wieder einpacken kann. Ich verabschiede mich artig von meinen Seehunden und nehme den Kurs nach Süden.

Im Bereich der Galapagos-Inseln und in einem Umkreis von 200 Seemeilen ist jede Berufsfischerei verboten. Durchsegelnde Yachten dürfen aber eine Schleppangel benutzen, um sich mit frischem Fisch zu versorgen. Ich fange immer nur so viel, wie ich an einem Tag essen kann. Erst wenn der Kühlschrank wieder leer ist, schleppe ich am Heck wieder mein Plastiktintenfischchen nach. Das Spannende daran ist, dass man nie weiß, was da anbeißen wird. So wie am 18. April. Wieder gleitet der täuschend echte Plastiktintenfisch, an dem transparenten Solin hängend, etwa 60 Meter hinter der Maui durchs Wasser. Das kreischende Geräusch der Ratsche zeigt einen Biß an. Rasch rolle ich die Genua (Vorsegel) ein, um die Fahrt meines Schiffes zu verringern, doch die Rolle spult und spult ab. Ich ziehe die Bremskupplung fester und fester an, doch es kreischt weiter. 200 Meter der dicken Angelleine mit einer Reißfestigkeit von 60 Kilogramm sind auf der Rolle, fast alles ist schon abgespult. Endlich stoppt die Rolle, doch nur für Sekunden, dann wieder „rrr-rrr". Den kriege ich nicht, denke ich, der nimmt mein ganzes Angelzeug mit auf den Meeresgrund. Buchstäblich in letzter Sekunde, bevor die Leine endgültig zu Ende ist, lässt der Zug etwas nach. Mühsam, Stück für Stück, drille ich den Fisch heran. Ein schwerer Brocken, das merkt man gleich beim Kurbeln. Immer wieder zerrt der kräftige Fisch an der Rolle und spult einen Teil der mühsam aufgerollten Leine wieder ab. Nach eineinhalb Stunden sind meine Kräfte erlahmt, doch auch die des unbekannten Fisches lassen nach. Was wird dran sein? Da kommt ein grauer Körper aus dem tiefblauen Wasser in Sicht. Ein Hai, ein einziges Muskelpaket ist dieser Räuber der Meere. Nie kriege ich dieses Ungetüm nur mit Leine und Bergehaken an Bord. So spanne ich die Harpune, um das Raubtier zu schießen. Der Speer saust los und trifft. Die See scheint an dieser Stelle zu kochen, so schlägt der Hai um sich, doch dann gibt der Grauhai auf, noch einmal muss ich schießen, bis die Harpune fest in seinem Körper steckt. Dann versuche ich mit Hilfe des stabilen Bootshakens den fast bewegungslosen Hai an Bord zu bekommen. Zu schwer, es geht nicht. Vielleicht mit einer Leine um den Schwanz und dann mit dem Großbaum hochheben? Gelingt auch nicht. Noch einmal sammle ich alle verbliebenen Kräfte und endlich habe ich den Burschen an Bord. Die Muskelzerrung in der linken Schulter werde ich noch tagelang spüren. Entgegen den weitverbreiteten Erzählungen schmeckt mir das Fleisch dieses 50 kg schweren und 1,80 m langen Haifisches

Nach kräftezehrendem Ringen ist das Ungetüm endlich an Bord

Mühsam zerrt Claus Gintner einen 2-Meter-Hai an Deck

recht gut. Allerdings habe ich nur die besten Fleischstücke herausgeschnitten und den Rest wieder dem Meer übergeben.

Weiter geht es Kurs Richtung Süd. Nach Süden deshalb, weil ich hoffe, in dieser Richtung bald auf Passatwinde zu treffen. Die Winde im Bereich von Galapagos sind unstet und drehen ständig. Dennoch habe ich heute 160 Seemeilen geschafft. Für den Pazifik eine großartige Leistung. In manchen Nächten schlafe ich sogar richtig gut, nur natürlich unterbrochen von meinem üblichen, zweistündigen Kontrollgang nach draußen, wobei immer die Segel, der Autopilot und auch der Horizont nach anderen Schiffen inspiziert wird. Dann in dieser Nacht, es hat ja fast kommen müssen, wache ich auf vom ungewöhnlich starken Rollen des Schiffes und dem lautem Schlagen der Segel. Hastig eile ich ins Cockpit - und da ist die Bescherung. Der Autopilot arbeitet nicht mehr. Die elektronische Steuerung scheint noch zu funktionieren aber der Motor, der das Steuerrad antreibt, macht keinen Muckser. Schon gewarnt von meiner Atlantiküberquerung mit denselben Problemen, ist diesmal ein Ersatzmotor an Bord und der ist schnell eingebaut. Mit Motor plus Segelunterstützung tuckert die Maui mit fünf Knoten dahin. Es beginnt zu regnen, dann zu gießen und so ist die Nacht gezeichnet von Gewitterschauern, stürmischen Winden, schlechter Sicht und schwieriger Navigation. Ich befinde mich schon zwischen den letzten beiden Inseln des Galapagos-Archipels. Hier herrschen ständig wechselnde, starke Strömungen. Ich sehne die Stunde herbei, in der ich endgültig ins offene Meer hinaussteuern kann.

Alltag auf See

Das Wetter narrt mich nun schon seit Tagen. Einmal ist es schön, dann rauscht wieder Regen vom Himmel. Einmal regelmäßige Winde, dann Flaute oder Starkwind. Was soll's. Der Tagesablauf wird mir zur Routine. Etwa eine Stunde nach Sonnenaufgang stehe ich auf, tappe schlaftrunken in die Dusche, wasche mir die Müdigkeit aus den Augen. Etwas erfrischt wird dann Wasser für Kaffee und das obligate Frühstücksei heißgemacht. Währenddessen lausche ich im Kurzwellenradio auf SSB, was es so an Klatsch und Wissenswertem bei anderen Seglern gibt. Das KW-Funkgerät ist eine Neuanschaffung, den Atlantik habe ich noch ohne dieses wunderbare technische Instrument überquert. Es erleichtert das Alleinsegeln von langen Strecken ganz wesentlich. Morgens und abends kann über Tausende von Kilometern mit anderen Seglern geplaudert werden. Bei sehr guten atmosphärischen Bedingungen ist es sogar möglich, über die Küstenfunkstelle von Norddeich Radio mit der Heimat richtig zu telefonieren. Während das Kaffeewasser langsam heiß wird, bringe ich wieder einmal die Angel mit einem Plastiktintenfisch als Köder aus. In der letzten Woche war ja noch Haifischfleisch in Hülle und Fülle da, doch länger als fünf bis sieben Tage ist auch im Kühlschrank der Fisch nicht haltbar. Ich bin wirklich ein leidenschaftlicher Fischesser, doch Haifischfilet kann ich nun nicht mehr sehen und riechen.

Wenn die Sonne ihren höchsten Stand erreicht hat, wird die jeweilige Position auf der Seekarte eingetragen. Mit dem neuen modernen Satelliten-Navigationssystem ist das Bestimmen der Position ein Kinderspiel. Die Genauigkeit ist phantastisch: bis auf 150 Meter genau wird jede Sekunde der Standort im Display angezeigt. Nach dieser einfachen Kartenarbeit steht die Zubereitung des Mittagessens auf dem Programm. Eine große Schüssel voll Salat (wobei die Zutaten täglich geändert werden) mit einer guten Marinade mit Zitronensaft macht diesen Vitaminspender zum unverzichtbaren Genuss. Im schattigen Cockpit unter dem Sonnenschirm fallen mir dann bald die Augen zum Mittagsschläfchen zu. „Rrr-rrr-rrr", das Geräusch der Angelrolle reißt mich aus der Siesta. Wieder hat ein Fisch angebissen, die Fahrt der Maui muss schnell verringert werden, mit sechs Knoten bin ich viel zu schnell, um meine Beute herandrillen zu können. Rasch starte ich trotz voller Fahrt voraus den Motor und lege den Rückwärtsgang ein, das vermindert erst einmal die Geschwindigkeit um bis zu zwei Knoten. Währenddessen rollt die Angelschnur weiter ab, die Rutschkupplung muss etwas fester gezogen werden. Dann schnell noch weg mit der Genua. Dazu muss der Spinnakerbaum ausgeklinkt und verstaut werden. Das ist bei stärkerem Wind Schwerstarbeit, denn der Druck der vollgeblähten Genua ist gewaltig und gefährlich dazu. Alles muss schnell gehen, sonst ist der Fisch samt meinem Angelzeug weg. Noch immer surrt die Angelrolle in Intervallen, ein Zeichen, dass der Fisch noch dran ist. Jetzt heißt es, geschickt drillen. Sehr bald bekommt man ein Gefühl dafür, ob ein großer oder kleiner Fisch angebissen hat. Diesmal ist es wieder ein schwerer Brocken, das steht bald fest. Bitte nicht wieder ein Hai, flehe ich. Eine Stunde später ist der silbrig blau schimmernde Körper des Thunfisches neben dem Schiffsrumpf. Zu groß, um ihn nur mit dem Angelhaken an Bord zu bekommen. Wieder greife ich zur Harpune. Ruckzuck mit Schwung ins Cockpit und dann kann ich nur noch fliehen, denn der zirka 20 Kilogramm schwere Thunfisch zappelt und schlägt im Cockpit um sich, so dass an ein Töten mit dem Messer vorerst nicht zu denken ist.

Das obligate Foto von mir und dem prächtigen Thun ist mühsam wie immer. Wer hat nur diese verdammten Selbstauslöser erfunden? Zuerst muss ich das Stativ sorgfältig festbinden. Dann die Kamera einstellen, den Bildausschnitt wählen, die Beleuchtung berücksichtigen und dann endlich den Selbstauslöser betätigen. Dann

„Kaffeesegeln" im Pazifischen Ozean - immer mit dem Wind nach Westen

Endlich, das Thunfisch-Foto ist im Kasten!

rasch zum Fisch, lächeln und locker die Beute anheben. Natürlich klickt der Selbstauslöser wie immer viel zu früh. Also das ganze Manöver nochmals von vorne. Thunfischfleisch in Hülle und Fülle. Das bedeutet morgens, mittags und abends Thunfisch, bis er zu den Ohren herauskommt. Nein, so schlimm ist es nicht. Im Laufe der Zeit habe ich gelernt, Fisch in vielen Variationen zuzubereiten. Ich habe sogar ein Rezept erfunden, bei dem der Fisch gar nicht mehr nach Fisch schmeckt. Dennoch: Angeln steht für die nächste Woche nicht mehr auf meinem Programm.

Der Stille oder Große Ozean zeigt sich von seiner besten Seite, die Winde sind gut und wechseln zwischen drei und fünf, auch die Richtung ändert sich nur wenig zwischen Ost und Süd. Das ist auch der Grund, warum bei der Besegelung und am Rigg bisher noch nichts gebrochen ist, lediglich ein Klampe am Mast hat sich verabschiedet aber die war ohnehin nicht so wichtig. Der Glaskrug, in dem der Morgenkaffee zubereitet wird, ist wieder einmal in Scherben gegangen aber das kommt bei täglichen Gebrauchsgegenständen eben vor. Mein Allgemeinzustand ist sehr gut, nur zwei Tage war ich seekrank, weil die See etwas rauher als sonst war. Doch im Vergleich zur Atlantiküberquerung ist dieser Trip hier als ein Kaffeesegeln zu bezeichnen. Nichts fliegt durch die Gegend, das Meer ist tiefblau und die Wellen erreichen nur eine Höhe von zwei Metern. Wollte ich ein Foto von Wellen und rauher See machen, es ginge auf dieser Strecke gar nicht. Keinen Tag fühle ich mich einsam. Im KW-Radio kann ich die Deutsche Welle gut empfangen. Mit dem CD-Player spiele ich mir meine Lieblingsmusik und dank Sprechfunkgerät kann ich immer wieder mit anderen Seglern ein Plauderstündchen halten. Das Solarpaneel (es sind drei Stück mit je 45 Watt zusammengeschaltet) liefert den Strom für meinen Kühlschrank, der seit Curacao, also seit vier Monaten, installiert ist. Nie hätte ich vorher geglaubt, wieviel Komfort ein Kühlschrank bringen kann. Butter, Käse, Wurst, Fisch, Gemüse, Früchte, Getränke - all das bleibt nun haltbar und schmeckt ungleich besser. Auch ein gut gekühltes Bier zwischendurch vermittelt mir das Gefühl einer Ferienreise. Ich kann es nicht oft genug betonen, alles funktioniert, alles

Die Maui mit ausgebaumten Genuas

hält, nichts bricht, kein oder fast kein Spritzwasser kommt über, die Navigation ist mit dem Satellitennavigationsgerät ein Kinderspiel.

Noch sind es 700 Meilen bis zur Insel Iva Oa auf den Marquesas, ich werde also in etwa einer Woche dort sein. Langsam geht das Frischgemüse und das Obst zur Neige. Nur noch ein paar Grapefruits, Kartoffeln und Zwiebeln sind vorhanden. Weiterhin ruhiges Segeln mit achterlichem Wind. Zwei Genuas mit je 35 Quadratmeter Segelfläche habe ich links und rechts ausgebaumt, das Großsegel mit einem Reff mittschiffs festgezurrt, um ein Schlingern nach beiden Seiten zu verhindern. Trotz des nicht allzu starken Windes fahre ich Geschwindigkeiten bis zu 6,5 Knoten. In drei oder vier Tagen wird die erste der Inseln in Sicht kommen. Meine Lebensmittel und Trinkwasservorräte würden für noch einmal dieselbe Strecke reichen. Nichts ist diesmal knapp geworden. Tagsüber mache ich am Schiff die vielen kleinen Reparaturarbeiten, die schon lange fällig waren, wie zum Beispiel eine Halterung für die Taschenlampe, damit sie am Eingang immer griffbereit ist. Der Tisch im Cockpit bekommt eine neue Umrandung, die Polster werden geflickt und Wäschestücke, die zerrissen sind, werden genäht. Aus Stoffresten schneidere ich neue Geschirrtücher. Faul in der Sonne oder im Schatten herumliegen, das kommt so gut wie nie vor, dazu bin ich ein viel zu unruhiger Geist. Um die Mittagszeit hole ich meist den guten alten Sextanten aus dem Kasten und nehme eine Mittagsbreite. Ich möchte ja die Arbeit mit diesem Navigationsgerät nicht ganz verlernen.

10. Mai. Ein Blick auf die Seekarte zeigt mir: Morgen, am späten Nachmittag oder Abend, wird Hiva Oh, die größte der Marquesas-Inseln, mir gehören. Viertausend Seemeilen oder 7200 Kilometer liegen hinter mir. Seit gestern abend hat sich das Bild des angenehmen und leichten Segelns gewandelt. Eine Gewitterfront nach der anderen zieht über mich hinweg, mit Winden in Sturmstärke. Wieder einmal muss ich Schwerstarbeit leisten. Beim Bergen des Spinnakerbaumes hätte mich fast die überkommende Genua über Bord geschleudert, nur der Sicherheitsgurt hat

mich gerettet. Ein verrenktes Kreuz ist die Folge. Es wird wohl länger dauern, bis ich wieder schmerzfrei arbeiten kann. Noch vor ein paar Tagen habe ich gedacht, diese Reise könnte ruhig einige Tage länger dauern. Doch jetzt, wo das Meer mir die Zähne zeigt, bin ich froh, fast am Ziel zu sein.

Es zeigen sich nun doch schon wieder einige Mängel am Boot. Der Ersatzmotor vom Autopiloten ist schon wieder ausgefallen, zum Glück konnte ich ihn reparieren. Mir ist unverständlich, warum die Erzeuger von solchen Spezialteilen für Yachten nicht ein Maschinchen konstruieren können, das länger als 30 Tage Dauereinsatz aushält. Spätestens nach einem Monat sind die Kohlebürsten des Elektromotors abgenutzt und müssen erneuert werden. Doch nicht einmal so simple Ersatzteile wie Kohlebürsten sind in diesen Inselstaaten zu bekommen. Schön langsam reißen auch die Nähte der Genua auf. Schuld daran ist das stete Schlagen der Segel, das ich aber bei diesem Vorwind-Kurs nicht verhindern kann. Der nächst erreichbare Segelmacher hat seine Werkstatt in Papeete (Tahiti) und bis dahin sind es leider noch 1500 km. Also muss ich wieder selbst nähen. In Venezuela habe ich mir noch eine zweite Nähmaschine gekauft, die mit Handbetrieb funktioniert. Rumpf und Rigg der Maui haben sich zum Glück bis jetzt als äußerst stabil und zuverlässig gezeigt. Auch tagelanges Segeln bei sieben Windstärken haben meinem Schiff nichts anhaben können. Nicht einmal die Inneneinrichtung fängt bei solcher Dauerbeanspruchung zu ächzen und zu stöhnen an, wie ich das bei viel größeren und teureren Yachten schon erlebt habe.

Kleiner Nachtrag zur Verpflegung an Bord: Brot muß selbst gebacken werden, weil in diesen Ländern nur Weißbrot gekauft werden kann, das aber nach spätestens einer Woche an Bord zu schimmeln beginnt. Das Rezept zum Brotbacken ist einfach: Mehl, Hefe, Wasser, Zucker und Salz mischen, gut kneten und dann ins Backrohr schieben. Leider muss ich vorher das Mehl immer sorgfältig sieben. Mehl ohne Raupen und Würmer scheint es nur in Europa zu geben.

Das Brot muss an Bord selbst gebacken werden

Horror in der Teufelsbucht

11. Mai. Land in Sicht! Hiva Oa mit seinen hohen Bergen steigt 20 Seemeilen vor dem Landfall aus dem Dunst des Horizonts. 3520 Meter misst der höchste Berg dieser 40 Kilometer langen Insel. Sie muss nach der Bezwingung des Stillen Ozeans von jedem Segler angelaufen werden, um dort die Einreiseformalitäten für Französisch Polynesien erledigen zu können. Es gibt eine kleine Stadt mit einem Gendarmerieposten, der mit viel Aufwand aber zunächst kostenlos, ein kleines Büchlein ausstellt. Das muss dann ständig mitgeführt werden, weil es von all den anderen Inselbehörden ständig auf seine Richtigkeit überprüft wird. In der Baie Vipihai, einer schmalen langgezogenen Bucht, soll geankert werden. Hiva Oa kommt näher und näher, dicht bewachsen mit einer üppigen Vegetation. Die Berge sind in dunkle Wolken gehüllt, denn die Passatwinde tragen die warm-feuchte Luft bis in 3500 Meter Höhe hinauf, dort oben kühlt sie wieder ab und verwandelt sich in schwarze Regenwolken. Die See wird in Landnähe rauher, die Wellen steil und die Maui wackelt kräftig Richtung Ankerbucht. Dort wird mich ruhiges klares Wasser mit einem schönen Sandstrand erwarten, denke ich. Ich passiere die Felsenlandspitze, um in die Bucht zu gelangen. Die Maui wackelt noch immer, das Wasser wird grau, die Bucht liegt vor mir. Etwa 20 Yachten schlingern entsetzlich im dunkelbraunen schmutzigen Wasser. Wo soll ich da noch ankern können? Ein fürchterlicher Schwall steht in der Bucht und erzeugt meterhohe Wellen. Aber ich muss hinein, um Einreisen zu können. Mit dem Motor, mich krampfhaft am Steuerrad festhaltend, kurve ich zwischen den bereits hier ankernden Yachten hindurch, um eine Lücke für meine Maui zu finden. Kein Platz. So entschließe ich mich, ganz am Ende der Bucht, nahe einer Flussmündung, den Anker fallen zu lassen. Doch auch hier ist alles so eng, dass ich zusätz-

Die Bucht auf Hiva Oa, die Claus Gintner „Rache des Teufels" genannt hat

lich noch unbedingt einen Heckanker anbringen muss, um ein Schwojen des Bootes zu verhindern. Gott sei Dank hilft mir dabei ein junger Mann von einer kalifornischen Yacht mit seinem Schlauchboot. Ich nehme das schwerste Ankergeschirr, das ich habe, denn die Bucht scheint mir nichts Gutes zu verheißen. Bald wird sich herausstellen, dass meine Bedenken richtig waren. Ich habe diese Stelle später in „Rache des Teufels" umbenannt. Denn hier hätte ich fast mein Schiff und mein Leben verloren.

Doch lassen Sie mich zunächst von dem Horror der ersten Nacht erzählen. Nach den doch anstrengenden Wochen auf See habe ich mich so sehr auf eine ruhige Nacht in einer sicheren Ankerbucht gefreut. Aber diese Bucht kommt mir weder ruhig noch sicher vor. Ich schlafe zwar ein, doch unruhig und nicht fest. Gegen vier Uhr früh ruft jemand: „Hallo, hallo, Sie rammen gleich mein Schiff!" Gilt das mir? Verstört klettere ich hinaus ins Cockpit. Windböen peitschen mir Wasser ins Gesicht, es regnet in Strömen, große Wellen stehen in der Bucht. Wenige Zentimeter vor meinem Bug treibt eine andere Yacht und jeden Augenblick kann es zur Kollision kommen. Ihr Heckanker ist ausgerissen. Ich stehe verschreckt da und weiß nicht, was ich tun soll. Zunächst versuche ich, mich in dieser rabenschwarzen Nacht zu orientieren. Die Kette meines Bugankers geht schräg über die Kette meines Nachbarbootes. Nach rückwärts kann ich auch nicht, da ist das Ufer gefährlich nahe. Ich würde jetzt zehn Hände brauchen, müsste vorne und hinten und am Motor und am Steuerad gleichzeitig sein. Wieder einmal kommt Angst und Verzweiflung auf. Da taucht aus dem Dunkel ein kleines weißes Ruderboot auf. Es sind Joe und Hillary. Du brauchst Hilfe? Ja, bei Gott, die brauche ich! Hillary kommt an Bord, übernimmt das Steuerrad und den Motor, Joe sucht mit dem Ruderboot die Leine meines Heckankers und achtet darauf, dass diese nicht in die Schraube kommt. Ich eile nach vorne und übernehme den Buganker. Alle möglichen Kommandos werden durch die Nacht geschrien. Dunkle Nacht, strömender Regen, Sprachschwierigkeiten und die Gefahr, dass die nächste große Welle die Maui nimmt und auf den schwarzen Sandstrand schleudert, macht alles nicht einfacher. Eineinhalb Stunden schuften wir, bis die Maui zwischen den anderen Yachten in einer halbwegs sicheren Position ist. Aber ich kann nicht mehr schlafen. Ich möchte warten, bis es Tag wird.

Im Morgengrauen sortiere ich zunächst alle Leinen, um etwas Übersicht zu bekommen. Eine Stunde später kommen Hillary und Joe wieder, um weiter beim Ankern zu helfen. Acht Stunden, ja es war wirklich acht Stunden später, liegt die Yacht in vorderster Reihe mit zwei vermurten (Spezialvariation, um die Haltekraft der Anker zu erhöhen) Ankern sicher und fest. Erschöpft, doch voller Zuversicht, blicke ich der nächsten Nacht entgegen. Am Abend gehe ich noch mit anderen Seglern Langusten essen und trinke eine gute Flasche französischen Wein, denn nun ist ja alles sicher und eine ruhige Nacht steht bevor. Das Restaurant, umgeben von Blumen und üppigen Vegetation, die Tische mit bunten Tischtüchern gedeckt, ist im typischen Südseestil gebaut und strahlt eine lockere Atmosphäre aus. Beim Plaudern mit anderen Seglern vergesse ich die Probleme der vergangenen Nacht. Gegen 22 Uhr wandern wir alle den vier Kilometer langen Fußweg zur Ankerbucht. Alles ist friedlich und scheint in Ordnung. So schlafe ich, auch dank des guten Weines, schnell ein. Wenige Stunden später wecken mich laute Schreie. „Achtung, Achtung, Achtung, mein Anker hat nicht gehalten", ruft der Eigner einer anderen Yacht. Wieder haste ich hinaus ins Cockpit und wieder schwarze Nacht und strömender Regen. Nein, nicht strömender Regen, vom Himmel fallen unvorstellbare Wassermassen. Dicht neben mir treibt eine andere Yacht auf mich zu, ich versuche noch, sie mit den Händen abzuhalten, doch vergebens, die Schiffe krachen zusammen. Polyester knirscht, erneut schlagen die Rümpfe zusammen, die ins Treiben gekommene Yacht versucht, mit Motor von mir wegzukommen, doch vergebens. Alles hat sich in Sekundenschnelle verhakt und verknotet. So bleibt mir keine andere Wahl: Um der Zerstörung ein Ende zu bereiten, schneide ich meine Ankerleine durch. Die andere Yacht treibt weiter, rammt noch einige andere Schiffe und zerstört deren Bug und Heckkorb. Für mich gilt es nun, die Maui wieder neu festzumachen. Mit dem noch vorhandenen Reserveanker an Bord beginnt wieder eine stundenlange Arbeit bei Nacht und Regen und rauhen Wellen.

Am Nachmittag beginnt die Suche nach meinem verlorenen Buganker. Zum Glück war wenigstens der Heckanker mit einer Boje versehen, so weiß ich, wo er liegt, doch Leine und Kette haben sich auf Grund heillos verwickelt. In dem schmutzigbraunen Wasser sehe ich keine zehn Meter weit. So versuche ich zunächst, den Anker mit der Bogenleine zu bergen. Doch er ruckt und rührt sich nicht, vermutlich ist er mit anderen Ankern verhakt. Es gibt nur zwei Möglichkeiten. Entweder ich tauche wieder hinunter in die Drecksuppe oder ich verzichte auf das ganze teure Ankergeschirr. Also starte ich einen neuen Bergeversuch, ausgerüstet mit Taucherbrille, Schnorchel, Handschuhen, Turnschuhen, einem Leibchen und einer Halogentaucherlampe, damit ich vielleicht doch in dem braunen schmutzigen Wasser etwas sehen kann. An der Ankerbojenleine ziehe ich mich Hand über Hand in die Tiefe, fühle die Kette, taste mich an ihr entlang bis ich den Anker erreicht habe. Er hat sich etwa 40 Zentimeter in den schlammigen Boden eingegraben. Mit beiden Händen ziehe und drehe und wende ich das schwere Eisen, das langsam nachgibt. Aber jetzt wird mir die Luft schon knapp, ich muss auftauchen. Rasch strebe ich der Oberfläche zu, doch eine unsichtbare Hand hält meinen linken Fuß nahe am Grund fest. Panik ergreift mich, ich strample mit beiden Beinen und komme ein Stück näher der Oberfläche, doch es reicht nicht. Ich strample und strample und strample, doch der Zug am Fuß gibt nicht nach. Noch ein oder zwei Sekunden, und ich muss Wasser schlucken. Ertrinken hier in der Bucht, in nur vier Metern Wassertiefe - ein entsetzlicher Gedanke. Plötzlich, in einem großen Wellental, taucht mein Kopf für Sekunden aus dem Wasser, um dann aber gleich wieder überspült zu werden. Doch die Zeit reicht aus, um einmal kurz Luft zu holen. Erneut tauche ich hinunter und sehe, dass sich um die Fessel des linken Fußes die Leine der Ankerboje gewickelt hat. Ich kann mich befreien und wieder auftauchen. Im Beiboot sitzend atme ich erst einmal tief durch. Tauche nie alleine, diese oberste Regel kommt mir jetzt wieder in den Sinn. Nachdem ich den Schock halbwegs überwunden habe, Geht's erneut an die Bergung des Ankergeschirrs. Nachdem das Eisentrumm am Grund schon gelockert ist, geht die Arbeit vom Dingi aus gut voran, und kann schließlich erfolgreich abgeschlossen werden.

Nun möchte ich kurz erläutern, warum in dieser Bucht immer wieder große Probleme mit ankernden Yachten entstehen. Einmal entsteht bei Südwind ein starker Schwell in der Bucht. Das alleine wäre zwar ungemütlich aber noch nicht gefährlich. Doch das zweite Problem ist, dass immer zu viele Yachten in dieser schmalen Bucht liegen. Drittens und das ist das Hauptübel, verursachen die wolkenbruchartigen Regenfälle ein Anschwellen des Flüsschens zu einem reißenden Strom. Die ungeheuren Wassermassen drängen gegen den Schwell des Meeres und machen die ganze Bucht zur Hölle. Der Fluß bringt nicht nur Wassermassen mit sich, sondern auch entwurzelte Urwaldriesen, die als Treibgut in die Bucht gelangen. All das verhängt sich in die Ankerketten und Leinen, was zwangsweise ein Ausbrechen der Heckanker zur Folge hat. Dann ist das Chaos ist perfekt.

Wieder habe ich umgeankert und glaube, letztendlich einen guten Platz gefunden zu haben. Doch zwei französische Segler entdecken ebenfalls dieses gute Plätzchen und werfen ihre Anker vor mir. Somit ist mir der Weg ins freie Wasser versperrt. Missmutig gehe ich bei Einbruch der Nacht zu Bett. Wieder öffnet der Himmel alle Schleusen, wieder stehe ich mehrmals auf und überprüfe Leinen und Ketten. Und tatsächlich, gegen Morgen kommt eines der beiden französischen Boote gefährlich nahe, denn der Bergeanker hat nachgegeben. Diesmal gibt es zwar keine Kollision, doch meine Moral ist am Tiefpunkt. Fluchtartig verlasse ich trotz strömenden Regens und ohne Frühstück die Bucht. Ein paar Stunden überlege ich noch, eine andere Insel der Marquesas-Gruppe anzulaufen, doch schließlich nehmen wir, die Maui und ich, Kurs zu dem 1500 Kilometer entfernt liegenden Archipel der Toutamotus-Atolle. Eine Erholung nach dem wochenlangen Segeln über den Pazifik muss auf später verschoben werden.

Unterwasser am Atoll Toutamotus

Mein erstes Südsee-Atoll

Vier Tage später, nach traumhaft schönem Segeln bei ruhiger See, tiefblauem Wasser und erfolgreichem Fischen, liege ich nun zum ersten Mal in meinem Leben in einem Südsee-Atoll. Es heißt Manihi. Alles ist völlig anders, als ich es erwartet hatte. Aus Büchern wußte ich, ein Riffgürtel umgibt eine Lagune. Doch dieser Riffgürtel hier ist voller Palmen und bis zu 500 Meter breit. Darüber hinaus haben diese Lagunen eine Größe zwischen Attersee und Bodensee. Bei den meisten Atollen findet sich an irgendeiner Stelle eine Unterbrechung im Riffgürtel, sodass eine Einfahrt durch den „Pass" möglich ist. Diese Einfahrten sind aber sehr unterschiedlich geartet und keineswegs immer leicht und ungefährlich. Überhaupt wurden die Toutamotus früher von Seglern gemieden, denn diese niedrigen Inseln (höchste Erhebung = Palme) sind von See aus schwer und spät auszumachen. Hier den Pass zu finden ist schwierig und die Einfahrt gefährlich. Aus meinen Unterlagen geht hervor, dass die Einfahrt in die Lagune von Manihi sehr schmal ist und ich mit starker Strömung zu rechnen habe. Um die Untiefen und Korallenköpfe gut ausmachen zu können, ist eine Einfahrt bei hohem Sonnenstand erforderlich. Um diese Zeit ist wiederum die Strömung nicht gerade schwach. Ich versuche es trotzdem. Und siehe, ein guter Motor, ein guter Kapitän, so geht es gut. Seit Wochen werde ich die erste Nacht in ruhigem Wasser verbringen, ohne Angst haben zu müssen, dass eine Ankerkette reißt. Dieses Ereignis muss gebührend gefeiert werden. Ich bereite mir abends ein schmackhaftes Fischgericht und öffne eine Flasche Sekt. Auch die brave Maui bekommt ein bisschen davon auf den Rumpf geträufelt.

2. Juni. Nun sind es schon wieder fast zwei Wochen, dass Manihi mein Zuhause ist. Das Wasser hat zwischen 26 und 27°C, zeigt sich in einem wunderschönen Türkis und macht das Schwimmen, Schnorcheln und Tauchen zu einem unvergesslichen Erlebnis. In diesem Atoll gedeihen wegen des ruhigen Wassers die Schwarzlippen-Austern besonders gut, nur diese eignen sich zur Zucht von schwarzen Perlen. Daneben gibt es hier noch eine Vielzahl von anderen Muschelsorten, in allen Farben und Größen. Täglich verbringe ich mehrere Stunden damit, zu tauchen oder am Außenriff entlangzuwandern, um nach diesen hübschen bunten Schneckengehäusen Ausschau zu halten. Die kleinsten haben die schönsten Farben und Formen, sie eignen sich gut zur Schmuckverarbeitung. Perlen habe ich keine gefunden. Die Chance, eine Auster mit einer Naturperle zu finden, ist gering. Etwa 1000 bis 2000 Austern müssten geöffnet werden, bis man möglicherweise auf eine Perle stößt. Wenigstens eine dieser kleinen schwarzgrünen, seidenmatt glänzenden Kugel möchte ich von hier mitnehmen. So statte ich am letzten Tag auf Mahini einer nahen Perlenzuchtstation einen Besuch ab, um so ein Kleinod zu erwerben. Morgen mittag, wenn die Gezeiten günstig sind, wird die Maui durch den schmalen Kanal wieder hinaus aufs offene Meer gelangen und Kurs Richtung Tahiti nehmen.

Papeete - das Mekka aller Segler

5. Juni. Tahiti, die Perle der Südsee ist erreicht. Um zwei Uhr nachts laufe ich in den Hafen von Papeete ein, die Lichter der Stadt waren schon fünf Stunden vor dem Landfall zu erkennen. All diese Inseln hier sind von einem Riffgürtel umgeben, der die großen Wellen bricht. Also sind ruhige Ankerplätze zu erwarten. Papeete erweist sich als eine umtriebige Stadt und mutet fast europäisch an. Der französische Einschlag ist nicht zu übersehen, die Versorgung ist ausgezeichnet, doch nicht gerade billig. Irgendwie vermisse ich hier die richtige Südseeatmosphäre. Blumen im Haar, das sieht man schon oft aber Mädchen mit Baströckchen gibt es nur auf den Postkarten. Etwa eine Woche werde ich an der Hafenmole von Papeete bleiben, um noch die restlichen Reparaturen an der Maui fertigzustellen, dann möchte ich langsam um die Insel herumsegeln. Im Hafen von Papeete trifft man Segler aus aller Welt. Es gibt wohl keine Yacht, die nicht dieses Zentrum der Südsee anläuft. Im Westteil des Hafens beginnt, geschützt von dem Coral Barrier Riff, der vier Seemeilen lange Kanal De Faaa (im Polynesischen wird jeder Vokal einzeln ausgesprochen, Faaa klingt dann wie Fa a a). Nach etwa drei Seemeilen tut sich links eine von Palmen umsäumte Bucht auf. Hinter Hunderten dieser Palmen versteckt, befindet sich das Beachcomber Hotel. Obwohl es eines der besten Hotels von Tahiti ist, wirkt es völlig verlassen und einsam. In dieser Bucht ist die Maui nun verankert. Es ist 20 Uhr abends, kein Lüftchen rührt sich. Das Wasser ist spiegelglatt. Man kann eine Münze vertikal auf den Tisch stellen und sie fällt nicht um, so ruhig liegt die Yacht hier. Die Totenstille ist nur unterbrochen vom fernen Tosen der Brandung am Riff. Der Vollmond lässt das glatte Meer und die Konturen der zehn Meilen entfernten Insel Moorea, mit ihren bis zu 2000 Meter hohen Bergen, gespenstisch schimmern. Alles scheint unwirklich. Ich bin mir nicht sicher, ob dies nur ein Traum ist oder doch Wirklichkeit. Mein Herz klopft nervös und unsicher. In den letzen Nächten habe ich viel wirres Zeug geträumt. Ist nun alles wieder Traum oder Wirklichkeit? Ich glaube, es ist Wirklichkeit, denn meine Hände stinken noch nach Zwiebel von dem Salat, den ich zum Abendessen bereitet habe. Und von Zwiebelgeruch habe ich noch nie geträumt. Doch Spaß beiseite, es ist wirklich eine unverständliche Nervosität in mir, morgen wird wohl alles anders aussehen. Doch heute habe ich wieder eine lange, lange Nacht vor mir. Diese 12-Stunden-Nächte sind nach wie vor ein großes Problem für mich, denn nach Einbruch der Dunkelheit um 18 Uhr kann man außer Lesen oder Kochen kaum etwas anderes unternehmen. Schreiben, so wie heute, funktioniert nur bei glatter See, die eben selten ist.

19. Juni. Über eine Woche bin ich nun in Tahiti, alles ist eigentlich bestens, doch ich bin unzufrieden, unglücklich, habe einen Moralischen, gehe mit bösem, verbittertem Gesicht durch Papeete. Nichts ist gelöst in mir. Nervös und fahrig versuche ich einige Arbeiten an Bord zu erledigen, doch es gelingt nicht. Die frisch gewaschene Wäsche liegt seit einer Woche im Schiff herum und wird nicht weggeräumt. Dabei habe ich wirklich einen wundervollen Ankerplatz, mit Blick auf die Insel Moorea, vor einem gepflegten Hotel mit Sandstrand und täglichem Tahititanz, mit Bar und allem Drum und Dran. Heute habe ich versucht, um 20 Uhr zur Bar zu gehen und einen Drink zu nehmen, doch verklemmt bin ich dreimal um die Theke geschlichen und dann doch zur Maui zurückgekehrt. Nun versuche ich, bei wirklich rhythmischer Radiomusik mit einem Drink meine unverständliche Situation zu bessern. Ich glaube, das lange Alleinsein tut mir nicht gut. Heute habe ich ein Fax von Herrn Unger von den Oberösterreichischen Nachrichten bekommen, das hat mich für ein paar Stunden richtig aufgebaut. Es fehlt der Kontakt zur Hei-

Der Sitztanz ist in der Südsee stark verbreitet

mat, vielleicht ist es auch Heimweh und ich weiß es nur nicht. Wie dem auch sei, es kommen sicher wieder Tage, an denen die Wellen des Glücks und der Freude größer bis riesengroß werden. Wer mich kennt, wird jetzt erstaunt den Kopf schütteln, denn normalerweise bin ich eine geballte Ladung von Lebensfreude und Unternehmungsgeist.

In Französisch Polynesien gibt es einmal im Jahr „Olympische Spiele". Es ist ein sportlicher Wettkampf der besten Tamure-Tänzer und Tanzgruppen. Ebenso wichtig für die Polynesier sind die Wettkämpfe mit den Pirogen, den Auslegerkanus. Die Gewinner genießen hohes Ansehen. Eingeleitet wird das Fest des Jahres mit der Wahl von drei wichtigen Missen. Die „Miss Maeva" muss anschließend für alle wichtigen Veranstaltungen auf der Insel den Ehrenschutz übernehmen. Die „Miss Tahiti" muss sich wie eine Modepuppe herumreichen lassen. Und welche Aufgaben die dritte Miss hat, weiß ich nicht mehr so genau. Jedenfalls sind die Miss-Wahlen auf Tahiti immer ein großes Spektakel. Erfreulicherweise bin ich eingeladen und darf als Juror mitbestimmen, wer zur schönsten

Einmal im Jahr wird die „Miss Maeva" gewählt, die schönste Frau der Südsee

Frau (Vahine) der Südsee gewählt wird. Das anschließende Gala-Diner und der Tanzabend haben meine seelische Labilität etwas ins Gleichgewicht gebracht. Doch insgesamt ist Tahiti für mich, der einsame Buchten liebt, nicht der beste Platz. So segle ich oft die drei Stunden nach Moorea, mit seinen wunderschönen Ankerbuchten. Innerhalb des Saumriffs kann die Insel mit kristallklarem Wasser aufwarten. Bei Vollmond ist das Wasser so klar, dass man sogar in der Nacht glaubt, die Sandkörner auf dem Meeresgrund zählen zu können. Tagsüber streife ich durch die Palmenhaine von Moorea. Kokosnüsse liegen auf dem Boden, und ich entdecke eine Stelle, wo aus einer Felsritze ein kleiner Wasserfall sprudelt, der sich in einen Süßwasserteich ergießt. Überall absolute Stille. Schöneres kann es auf der Welt nicht geben, denke ich. Aber damals wußte ich noch nicht, welch herrliche Paradiese ich noch entdecken sollte.

Der Orkan von Bora Bora

Tahiti ist längst hinter dem Horizont verschwunden, doch schon tauchen die nächsten Perlen der Südsee vor mir auf. Zuerst Huahine, dann Raritea, dann Taaa. Überall wird ein kurzer Landgang eingeplant, denn ich weiß ja: Ein zweites Mal in meinem Leben werde ich wohl nie wieder hierherkommen. Als Bora Bora in Sicht kommt, ist schon die Nacht angebrochen. Die Maui gleitet durch die breite, beleuchtete Einfahrt zwischen den Riffen. Bei Dunkelheit durch eine Lagune zu steuern, ist nie ganz ungefährlich. Zu leicht kann man eine Untiefe übersehen. Da fällt mir ein, dass mein Freund Harald schon seit zwei Wochen irgendwo hier vor der Hauptstadt Vaitape ankern müsste. Ich greife zum UKW-Sprechfunkgerät: „Claus ruft Harald, hörst du mich?" Ich habe Glück. „Hier ist Harald", tönt es aus dem Funk, „ich gebe dir Blinkzeichen, dann findest du den Weg leicht." Doch ich sehe keine Blinkzeichen, nur ein rotes Licht und halte darauf zu. Oh Schreck! Im letzten Augenblick bemerke ich, dass das rote Signalzeichen eine Untiefe markiert. Ich reiße das Steuer herum und entdecke im nächsten Moment das weiße Blinklicht von Haralds Yacht. Wenig später liege ich an einem sicheren Ankerplatz.

Am nächsten Vormittag werden im Supermarkt die wichtigsten Lebensmittel ergänzt und auf der Yacht verstaut. Dann wechsle ich den Ankerplatz. Zwei Seemeilen weiter, hinter einem mit Kokospalmen bewachsenen Motu (Sandinseln innerhalb des Saumriffes werden Motu genannt) findet sich ein gut geschützter Platz. Drei Tage bleibe ich dort. Paradiesische Tage nehmen ihren Lauf: Schwimmen, Schnorcheln, Spaziergänge am Sandstrand des Motus, Kokosnüsse werden gesammelt. Langsam fühle ich mich wieder besser, das psychische Tief auf Tahiti scheint überwunden.

Weiter geht es unter Motor durch die große Lagune von Bora Bora. Zwischen zwei kleinen Inseln finde ich wieder einen wunderschön gelegenen Platz, mit Blick auf die hohen Felsen von Bora Bora. Der Berg mit den sieben Gesichtern gilt als verwunschen, noch immer soll er von Geistern bewohnt sein. Keinem Polynesier würde es einfallen, je dort hinaufzusteigen.

Zwei Schiffslängen vom felsigen Ufer entfernt, ankert die Maui. Ich glaube, das ist ein guter Platz. Vom Wetter kann keine Gefahr drohen, denn die Hurrikanzeit ist noch weit entfernt. Erst im Dezember, also

Die Maui ankert vor Bora Bora

in drei Monaten, werden die Wirbelstürme hier vorbeibrausen. Glutrot versinkt am Abend die Sonne im Meer. Doch dann bedeckt sich plötzlich der Himmel, wie von Zauberhand verschwinden die Sterne und eine absolut schwarze Nacht bricht an. Was in den folgenden Stunden passiert ist, habe ich gleich am nächsten Tag aufgeschrieben. Und dabei haben noch immer meine Hände gezittert. Ganz allein ankere ich hier, keine andere Yacht ist in Sichtweite. Früh am Abend lege ich mich hin, allzuviel kann man hier nach Einbruch der Dunkelheit in der Inselwelt nicht unternehmen. Die Stadt Vaitape (16 Häuser, eine Kirche) ist zu weit entfernt, um mit dem Schlauchboot hinzufahren. Gegen 10 Uhr wecken mich Regentropfen, die auf das Sonnendach klopfen. Ich drehe mich um und will weiterschlafen. Wind kommt auf, greift unter das zeltartig aufgespannte Sonnendach, ich muss es bergen. Draußen bläst es ziemlich stark, wo kommt bloß der Wind her? 30 Minuten später heult es bereits schwer in der Takelage der Maui, es regnet in Strömen. Einzelne Wellen kommen über das Außenriff, der Zug auf die Ankerkette erhöht sich bedenklich. Ich krabble nach vorne zur Ankerwinde, gebe noch mehr Kette und sichere diese noch zusätzlich mit einer elastischen Nylonleine. Pitschnass und frierend klettere ich zurück ins Cockpit. Dort noch nicht einmal richtig angekommen, fegen Sturmböen durchs Rigg. Erneut möchte ich nach vorne zum Anker, um alles besser zu sichern, doch der Wind bläst so hart, dass ich nur auf allen Vieren zum Bug kriechen kann. Mit zitternden Händen will ich eine zweite Sicherheitsleine an der Ankerkette anbringen, doch der Knoten, den ich tausendfach geübt habe, gelingt mir in der Aufregung nicht. Fünf Mal setze ich neu an, während der Bug der Maui schwer in den Wellen schaufelt. Die Brecher gelangen nun schon donnernd über das Außenriff in die Lagune. Ich habe Angst, fürchterliche Angst. Schwarze Nacht, der Sturm muss bereits die Windstärke 11 erreicht haben. Das ist der stärkste Wind, den ich in meinem bisherigen Seglerdasein erlebt habe. Eine Schiffslänge hinter der Maui wartet der scharfe zackige Felsen auf sein Opfer. Ein Knall, die Nylonleine ist abgerissen wie ein Zwirnsfaden, die Ankerkette rauscht weit aus, springt über die „Kettennuss", die sie eigentlich sichern sollte. Hastig kämpfe ich mich wieder nach vorne, lege den Sicherungshebel um, der nun die Kettennuss arretiert. Wieder ein Knall! Der Sicherungshebel bricht mitsamt einem Teil des Gehäuses aus und fliegt weg. Die Kette rauscht weiter in die Tiefe, jetzt erst spannt sich die zweite Sicherungsleine, die ich Gott sei Dank vorher mühsam an die Ankerkette geknotet habe. Meine Maui ist nun noch näher an die Felsen gerückt. Wenn auch diese Leine reißt und der Anker ausbricht, ist alles aus. Wie immer in gefährlichen Situationen, beginne ich mit mir selbst zu sprechen: „Du musst zurück ins Cockpit und den Motor starten. Er ist die einzige Rettung, falls die Ankerkette reißt. Vielleicht kannst Du dann mit dem Schiffsdiesel gegen Wellen und Sturm ankämpfen." Vor Angst und Kälte zitternd sitze ich im Cockpit. In die Kabine hinunterzugehen und trockene Kleidung zu holen, wage ich nicht. Stunden vergehen. Noch immer tuckert der Motor im Leerlauf. Der nächste Knall. Die Beibootleine ist gerissen, das kleine Schlauchboot treibt ab und verschwindet in der Dunkelheit.

Der Morgen beginnt zu grauen, doch der Sturm lässt nicht nach. Noch immer schaufelt der Bug der Maui das Wasser der kurzen, steilen Wellen. Am späten Vormittag versuche ich über UKW-Funk Kontakt mit anderen Yachten zu bekommen, die besser geschützt hinter der Sandinsel liegen. Die Nachrichten verheißen nichts Gutes. Einem deutschen Segler hat der Sturm die Windflügel des Stromgenerators weggerissen und das zusammengelegte Vorsegel ins Meer gefegt. Niemand kann mir zu Hilfe kommen. 3 Uhr nachmittags. Der Wind hat etwas nachgelassen, die Wellen sind kleiner geworden, erst jetzt traue ich mich, den Schiffsdiesel auszuschalten. Mit dem Fernglas entdecke ich mein kleines Schlauchboot. Die Wellenberge haben es weit den Strand hinaufgeworfen. Ich schwimme an Land, um es zu bergen. Es ist unbeschädigt, nur die Ruder und die Sitzbank sind verschwunden. Wieder starte ich den Motor, bloß weg von diesem Platz. Langsam kommt der Anker hoch und die Maui entfernt sich von diesem gefährlichen Platz. Mehrere Riffe müssen noch umfahren werden, bis an der windgeschützten Seite der Sandinsel erneut der Anker fällt. Es ist überstanden. Stürme auf Bora Bora um diese Jahreszeit sind selten. Einheimische erzählen mir später, dass diese Südostecke von Bora Bora besonders gefährdet ist, weil die 30 Meilen entfernten Inseln Faaa und Raritea eine spezielle Düsenwirkung erzeugen und den Wind ganz erheblich verstärken. Nach einigen Tagen kehrt die Sonne zurück, alles normalisiert sich. Für Samstag ist in Vaitape ein Tanzabend ausgeschrieben. Natürlich möchte ich hingehen. Vielleicht kann ich dort die nervenaufreibenden Stunden auf Bora Bora schneller vergessen.

Ein Freund aus Österreich hat sich zu einem vierwöchigen Besuch auf Bora Bora angesagt. Der Flughafen ist nur auf dem Wasserweg zu erreichen, denn die Landepiste ist auf einem schmalen, langgezogenen Sand-Motu angelegt. Straßen gibt es hier keine. Alle Passagiere werden mit einem Motor-Katamaran zur vier Kilometer entfernten Hauptstadt Vaitape gebracht. Albert war schon beim Landeanflug begeistert von der Schönheit der Insel. Doch er sollte auch die Schönheit dieses Atolls zu ebener Erde und vom Wasser aus kennenlernen. Deshalb habe ich mir von einem Einheimischen (er heißt Tanee) eine Piroge gemietet. Wir starten zur Inselrundfahrt. Mit dumpfen Brummen schiebt uns der Außenborder Richtung Riffgürtel. Täglich findet dort um 11 Uhr eine Haifischfütterung statt. Als wir ankommen, sind schon zwei andere Auslegerkanus dort und die Kapitäne dieser Wasserfahrzeuge sind damit beschäftigt, zwischen zwei Korallenköpfen ein Unterwasserseil zu spannen. Dann werden die Touristen, so auch wir, mit Taucherbrille und Schnorchel versehen und angewiesen, ins zwei Meter tiefe Wasser zu springen und sich am Seil festzuhalten. Fünf Meter entfernt, auf der anderen Seite des Seiles, werden nun größere und kleinere Fischstücke ins Wasser geworfen. Im Nu sind fünf Haie da, jeder von ihnen zwei Meter lang und verschlingen gierig die im Wasser treibenden Fleischstücke. Ein merkwürdiger Anblick. Auf der einen Seite des Strickes die Touristen, die sich mit den Händen ans Seil klammern, auf der anderen Seite die Haifische, die offenbar ganz genau wissen, dass sie die Seillinie nicht überqueren dürfen. Sobald der letzte Köder gefressen ist, verschwinden die Black-Tip-Haie ebenso schnell, wie sie gekommen sind. Zurück bleiben erstaunte Touristen. Was sie nicht wissen können: Der schlanke Black-Tip-Hai ist eine völlig harmlose Spezies und würde niemals einen Mensch angreifen. Im Gegenteil. Dieser Hai ist sehr scheu und lässt sich nur selten blicken. Nur dort, wo er über längere Zeiträume regelmäßig gefüttert wird, kommt er aus seinem Versteck und traut sich in die Nähe von Menschen.

Weiter geht es durch das flache Wasser zum Motu Otu, einer sehr idyllisch daliegenden Sandinsel mit Palmen in der Mitte. Es ist der meist fotografierte Platz auf Bora Bora. Am frühen Nachmittag erreichen wir das Zuhause von Tanee, ebenfalls ein Sand-Motu, mit Palmen und zwei Hütten. Man muss etwa 15 Meter durch das Wasser waten, um an Land zu kommen. Nicht einmal mit dem Auslegerkanu ist es möglich, heranzufahren. Auf meine Frage, warum er sich denn nicht einen kleinen Holzsteg baut, um nicht jeden Tag durchs Wasser waten zu müssen, gibt Tanee mir zur Antwort: Die Natur hat das Land so geformt, ich verändere es nicht. Die Polynesier sind eben große Naturliebhaber. Tanee bereitet uns ein herrliches Mahl aus Tintenfisch, Kokosmilch und polynesischen Gewürzen. Nach dem Essen führt er uns durch seinen Garten, zeigt, wie Kokosnüsse leicht mit der Machete geöffnet werden können und welche anderen Früchte gut genießbar sind. Dann hebt er warnend den Finger und sagt: „Iss nie Haifischfleisch, denn wenn du den Hai isst, wird auch er dich eines Tages essen."

Von seinem Freund Tanee erfährt Claus Gintner viel über die Sitten und Gebräuche der Südsee

Mit einem etwas dumpfen Gefühl steige ich später wieder in die Piroge, denn ich habe während meiner Fahrt über die Meere schon ziemlich oft Haifische in die Bratpfanne geworfen. Tanee vollendet die Inselumrundung, indem er uns noch einige schöne Stellen zeigt. Gegen 19 Uhr legen wir bei der Maui an. Drei Wochen später verläßt Albert wieder Bora Bora. Und ich bereite das Boot für die Weiterfahrt zu den Cook Inseln vor.

Die Maui segelt von einem traumhaften Ankerplatz zum nächsten

Palmerston - Aitutaki

Aitutaki ist das nächste Ziel, 280 Seemeilen entfernt. Nur sehr wenige Yachten können die Einfahrt in die Lagune wagen, denn schmal und lang ist der Pass, der immer wieder versandet und für Boote mit mehr als 1,7 Meter Tiefgang überhaupt nicht passierbar ist. Bei jedem Landfall auf Inseln, die von einem Korallengürtel umgeben sind, ist die Ankunftszeit besonders wichtig. Nur zwischen 11 Uhr vormittags und 3 Uhr nachmittags, wenn die Sonne noch einen hohen Stand hat, kann die Einfahrt durch das Saumriff leicht gefunden und sicher passiert werden. Dazu sollte man noch unbedingt die Tide berücksichtigen, um den ständigen Strom, der bis heraus ans offene Meer steht, richtig einschätzen zu können. Deshalb berechne ich meine Abfahrtszeit sehr sorgfältig voraus. Bei dieser Berechnung gehe ich davon aus, dass die günstigste Ankunftszeit 12 Uhr mittags ist, kalkuliere die Distanz, den zu erwartenden Wind, die Meeresströmung und bekomme als Ergebnis Tag und Stunde der Abreise. Bis zu fünf Tage dauernde Wegstrecken lassen sich gut vorausberechnen, bei länger dauernden Seereisen sind die Abweichungen von Wind und Meeresströmungen zu groß, um sinnvolle Prognosen erstellen zu können.

3. Oktober. Wie erwartet erreichen wir, die Maui und ich, gegen Mittag Aitutaki. Es herrscht kaum Strömung im Pass. Es ist leicht, diese lange und schmale Einfahrt zu passieren. Wieder einmal bin ich froh, eine Yacht gewählt zu haben, mit nicht mehr als 1,5 Metern Tiefgang. Die Lagune von diesem Südsee-Atoll liegt wunderschön und einsam. Das kristallklare Wasser mit der türkisen Färbung lädt zum Plätschern ein. Immer hat man den weißen Sandstrand vor Augen, der dicht mit Kokospalmen bewachsen ist. Die Lagune, die die drei Hauptinseln umgibt, ist flach und nur zu einem kleinen Teil für Yachten befahrbar. Nur einen einzigen Segler finde ich dort. Es ist die kleine Holzyacht „Verture of Kent". Dieses Boot habe ich bereits vor zwei Jahren in Grenada getroffen. Damals hat der englische Segler die Außenwand gerade mit farblosem Lack gestrichen, jetzt gleicht das Schiff einem Schrotthaufen. Alle Metallteile sind verrostet und sehen so aus, als müssten sie weggeworfen werden. Bei einem Gespräch mit dem 32-jährigen, abgemagerten Segler erfahre ich, dass er bei einem Stopp auf Galapagos von einem Felsen gestürzt ist und völlig zerschürft und zerschnitten und mit einer gebrochenen Schulter von der Galapagos-Polizei aufgefunden wurde. Nach einigen Wochen im Krankenhaus setzte der zähe Bursche seine Weltumsegelung in dem 7,5 Meter kleinen Boot fort, doch die Schulter macht ihm noch immer schwer zu schaffen, so dass viele Arbeiten an Bord nicht getan werden konnten. Nun weiß ich auch, warum seine Yacht in einem so schauerlichen Zustand ist.

Mit meinem kleinen Schlauchboot lassen sich wunderschöne Ausflüge innerhalb der Lagunen zu paradiesisch liegenden Motus unternehmen. Der Wind weht sanft über das flache Wasser und ich genieße die unberührte Natur. Während eines Tagesausfluges durch die sechs Kilometer lange Lagune winkt mir ein Polynesier von seiner Piroge aus zu. Ich erwidere seinen Gruß mit einem Handzeichen, doch der Einheimische fuchtelt weiter wie wild mit seinen Händen herum. Keine Frage, der will was von mir. Ich ändere meinen Kurs und halte mit meinem Beiboot, an dessen Heck sich ein 4 PS starker Außenborder befindet, auf das Auslegerkanu zu. Dann sehe ich, was los ist. Der alte Polynesier ist auf einem Korallenkopf gestrandet, sein Kanu ist schon voller Wasser. Ich übernehme vier große Jutesäcke voller Fische in mein Boot und ziehe den Gestrandeten mit seiner Piroge bis zum zwei Kilometer entfernten Strand. Jeden Tag eine gute Tat, denke ich mir. Als wir uns verabschieden, bietet er mir frisch gefangene Fische als Geschenk an. Ich muss ablehnen, denn

Das Atoll Aitutaki zählt zu den schönsten der Südsee

mein Kühlschrank ist noch voll vom letzten Fang.

Mit dem Fahrrad unternehme ich eine Inselumrundung, die durch Palmenhaine führt. Die angenehmen Temperaturen von Aitutaki ermöglichen solche Ausflüge, ohne dass man ins Schwitzen kommt. Am Strand, unter einem aus Kokospalmen geflochtenen Sonnendach, sitzen einige Einheimische. Ich hocke mich dazu, ersuche einen der Insulaner, ob er nicht ein Foto von mir machen könnte und dann plaudern wir ein wenig über dies und das. Dabei stellt sich heraus, einer der Herren ist der Bürgermeister von Aitutaki. Er klagt über zu viel Touristen auf seiner Insel. Verwundert darüber sage ich, ich sehe keine. Doch, doch, sagt der Bürgermeister. Wir haben zwar gerne Besucher, doch die Insel ist klein und schon 50 Touristen sind zuviel. Sie stören den Einklang mit der Natur. Solche Worte habe ich in Österreich noch nie gehört. Bei uns denkt jeder Bürgermeister nur an Geld, Geld, Geld.

Nur ungern verlasse ich diesen Ankerplatz, doch die Jahreszeit ist mein Terminkalender und der sagt, dass ich etwa in einem Monat den Weg von Tonga nach Neuseeland antreten muss. Wasser und Diesel fülle ich auf, doch es gibt hier keinen Steg, an dem man anlegen könnte. So muss ich von der kleinen Tankstelle in der Stadt (zwölf Häuser) die Kanister an den Strand schleppen, ins Dingi verladen und zur Maui hinüberbringen. Sechs mal muss ich wie ein Fährschiff zwischen Strand und Yacht hin und her fahren, bis der 280 Liter fassende Dieseltank gefüllt ist. Auch den Wassertank kann ich nur auf diese umständliche Art füllen.

Mittags, wenn die Sonne hoch steht und wieder alle Untiefen gut sichtbar sind, geht es hinaus aufs offene Meer. Gute Segelbedingungen veranlassen mich, wieder die Schleppangel anzubringen. Die in Tahiti neu erworbene Angelrute wird in die Halterung gesteckt, dann heißt es warten. Nach Palmerston, einer völlig unberührten Insel, sind es nur zwei Tage. Nie zuvor hatte ich vorher von dieser kleinen Cook-Insel gehört, bis Harald, ein deutscher Segler, mir bei der morgendlichen Funkrunde davon erzählt hat. Von Wind und Wellen begleitet, schweifen meine Gedanken in die Zukunft. „Rrrrr", das Geräusch der Angelrolle erinnert mich daran, dass es wieder etwas zu tun gibt. Die harte Rute biegt sich, ich drille, die Goldmakrele springt aus dem Wasser, der Kampf beginnt. 45 Minuten später liegt der glänzende, eineinhalb Meter lange Körper im Cockpit. Was sich dann in den nächsten Minuten abspielt, schmerzt mich jedes Mal aufs Neue. Der Fisch verändert seine wunderschöne Farbe zunächst in ein Blau, um schließlich, wenn der Tod eingetreten ist, aschgrau zu werden.

15. Oktober. Palmerston kommt in Sicht. Noch ein bis zwei Stunden bis zum Landfall. Auch diese Insel ist von einem Saumriff umgeben, doch es gibt keine Einfahrt in die Lagune. So hoffe ich auf der windabgewandten Seite der Insel einen Ankerplatz zu finden. Zwei Eingeborene, die gerade beim Fischen sind, kommen längsseits an die Maui und fragen, ob sie mir einen Ankerplatz zeigen dürfen. Sehr froh über dieses Angebot folge ich den beiden Polynesiern, bei denen es sich offensichtlich um Vater und Sohn handelt. Die Wasserfärbung ändert sich von dunkelblau in dunkelgrün, ein Zeichen, dass es flacher wird. Das Echolot zeigt acht bis zwölf Meter Wassertiefe, so deutet mir der jüngere, ich kann meinen Anker fallen lassen. Die Kette rauscht aus, erst bei 22 Meter merke ich, der Anker ist auf Grund. Da stimmt doch etwas nicht. Acht Meter zeigt das Echolot, 20 Meter tief ist der Anker gesunken. Mühsam versuche ich, den Anker wieder aufzuziehen, es geht nicht. Er klemmt und rührt sich nicht. Das fängt ja gut an in Palmerston, denke ich etwas missmutig. Anker aufgeben oder bergen, das ist jetzt die Frage. Einen Anker gibt man nicht so leicht auf, so krame ich die Tauchausrüstung mit den Pressluftflaschen hervor und springe ins unbekannte Gewässer. Die Maui befindet sich über einem Riff-Plateau, das aus der Tiefe emporragt und eine Ausdehnung von 50 mal 50 Metern misst. Dieses Plateau ist zerklüftet und voller Spalten. In einer ist mein Anker verschwunden und hat sich verklemmt. Mit etwas mulmigem Gefühl tauche ich in die Tiefe, begleitet von einer Unzahl von Fischen. Besorgt blicke ich ständig um mich, ob nicht irgendwo ein Hai oder großer Barracuda auftaucht. Die Polynesier sind zwar hervorragende Tau-

cher, doch sie wagen es nie, außerhalb des Außenriffes zu tauchen. Deshalb bewundern sie meinen Mut. Doch es ist nicht der Mut, der mich veranlasst, in die unbekannte Tiefe zu tauchen, sondern die Notwendigkeit, meinen Anker zu bergen. Was mir dann auch gelingt. Anschließend verlege ich die Maui auf einen besseren Platz.

Kurz ein Wort zum Ankern. Kein Segler ankert gerne auf Korallengrund, denn der gibt keinen sicheren Halt. Ständig reibt die Kette an den Korallenköpfen, bei Winddrehung verwickelt sie sich leicht, kommt „Kurzstag" und kann dadurch sogar reißen. Dazu kommt, dass bei einem solchen Ankermanöver immer Korallen zerstört werden, was auch niemand gerne tut. Sandgrund, das ist der Wunsch jedes Fahrtenseglers.

Die Maui liegt nun vor Anker, meine beiden Besucher bitten mich in ihr kleines Boot und finden einen schmalen Weg durch das Außenriff ins ruhige Wasser der Lagune. Man lädt mich ein, die Wohnanlagen zu besichtigen. Vier Familien leben auf dieser kleinen Insel, weitab von jeder Versorgung. Nur alle drei bis vier Monate kommt ein Schiff von Rarotonga, der Hauptinsel der Cook-Islands und bringt Nachschub. Die 28 hier lebenden Polynesier erstellen im Laufe der Monate bis zum nächsten Besuch des Versorgungsschiffs eine Liste von Bedarfsartikeln, die dann beim nächsten Mal geliefert werden. Joa, so heißt der Jüngere mit Vornamen, zeigt mir das Wohnareal seiner Familie. Das Haupthaus ist fest gebaut, mit Palmblättern gedeckt, die wiederum mit Seilen festgebunden sind, damit sie nicht vom nächsten Wirbelsturm fortgeblasen werden. Zwei einfache Schlafhütten, eine Versorgungshütte, und - man sehe und staune - in einer Hütte steht sogar ein Stromaggregat, angetrieben von einem alten Schiffsdiesel. „Das ist nun auch dein Zuhause", sagt Joa, „Du bist unser Gast und kannst bleiben, so lange du willst. Alles, was uns gehört, gehört auch dir". Dann lässt er mich alleine und zerlegt weiter seine gefangenen Fische. Bei einem Spaziergang durch die wunderschöne Insel stoße ich auf eine Kirche, die aus Treibholz erbaut ist. Das Gotteshaus mit dem anschließenden Friedhof gibt Aufschluß über die Vergangenheit

Eine Kirche aus Treibgut gebaut, auf dem abgelegenen Atoll Palmerston

Abend, bei einem wunderschönen
nnenuntergang geht es wieder hinaus
den Ozean

dieses Eilandes. Vor zirka 80 Jahren besiedelten Mister und Ms. Masters diese damals noch unbewohnte Südseeinsel. Es kamen 15 Kinder zur Welt. Der alte Masters machte sich Gedanken über die weitere Fortpflanzung seiner Familie, denn niemals kamen Fremde. So erstellte er eine Liste, wer mit wem zusammensein dürfe. Dabei suchte er diejenigen Söhne und Töchter aus, von denen er glaubte, dass sie möglichst unterschiedliche Charakterzüge hätten. Auf dem Friedhof von Palmerston steht deshalb auf jedem Grabstein „Masters". Das System funktionierte. Die jetzt noch hier lebenden Masters, mittlerweile ein bisschen mit Insulanern durchmischt, zeigen alle keine Anzeichen von Inzucht. Viel zu kurz kann ich die Gastfreundschaft auf Palmerston genießen, denn Tonga ruft. Am Abend, mit einem wunderschönen Sonnenuntergang, geht es wieder hinaus in den großen weiten Ozean. 850 Seemeilen liegen vor mir, sieben Tage wird es wohl dauern, bis das Königreich von Tonga erreicht ist.

In den ersten 48 Stunden zeigt sich das Meer milde, mit angenehm schwachen Winden. Langsam wird die Maui nach Westen getragen. Ich sitze im Cockpit, blicke hinaus aufs Wasser, das mit mir zu sprechen scheint. Ständig verändert das Meer sein Gesicht und seine Farbe. Eine tiefe Zufriedenheit durchströmt meinen Körper, wie ich es nie zuvor empfunden habe. Hat die Mentalität der Insulaner auf mich abgefärbt? Die Polynesier kennen weder Neid noch Missgunst. Ist es das, was mich so angenehm berührt hat? Oder ist es die Eigenschaft der Insulaner, dass sie nicht stehlen können, wollen und müssen. Alles, was die Natur bietet, gehört allen, hat der junge Masters zu mir gesagt. Warum soll man sich da fremdes Gut aneignen? Tanee, mein polynesischer Freund von Bora Bora kommt mir in den Sinn. „Du bist blind, taub und lahm zugleich", erklärte er mir eines Tages höflich. „Blind?", frage ich, „ich sehe doch die Schönheit der Natur!" „Nein", sagte Tanee, „Du siehst alles, wie auf einer farbigen Postkarte, doch Du siehst nicht, wie jeder Baum lebt und sich bewegt. Du bist taub, weil Du die Sprache des Windes und der Wellen, der Fische und der Vögel nicht verstehst. Und Du bist lahm, denn wenn Du ohne Schuhe gehst, gleichst Du einem 100-jährigen Krüppel, Du bist lahm, weil Du keine Palme erklettern kannst und ohne technische Hilfsmittel nicht schwimmen und tauchen kannst." All das geht mir durch den Kopf, während der Wind das Segel bläht und der Bug sanft die Wellen des blauen Pazifiks teilt. Es hat sich etwas verändert in mir, ein paar Tränen kollern die Wangen hinunter, obwohl ich nicht traurig bin, ich fühle mich mehr und mehr mit der Natur verbunden.

Das schöne Träumen wird beendet, als der Wind nach Westsüdwest dreht, also jetzt genau von vorne kommt und an Stärke zunimmt. Die Segel müssen gerefft werden, Spritzwasser kommt über, Seekrankheit stellt sich ein. Drei Tage und Nächte kämpft sich die Maui mit Motorunterstützung gegen die rauhe See bei Windstärke über sechs. Am frühen Morgen des siebten Tages kommt endlich Tongatapu, die größte Insel der Tongagruppe, in Sicht. Genaue Navigation ist angesagt, um die schmale Riffeinfahrt auf der Ostseite zu finden. Zahlreiche Wracks zeigen, dass Tonga regelmäßig von Wirbelstürmen heimgesucht wird. Ein kleiner Hafen, zwei Kilometer östlich der Hauptstadt Nuko Alova, bietet hervorragenden Schutz gegen Wind und Wellen. Dunkle Wolken und Regenschauer prägen die nächsten zwei Wochen. Trotz des schlechten Wetters fühle ich mich wohl in dem kleinen Städtchen, bin lustig, gut aufgelegt und rundherum zufrieden. Mit meinem kleinen Klappfahrrad lässt sich leicht die nahe Umgebung erforschen.

Eines Tages kommt ein hübsches Tonga-Mädchen zur Mole, an der die Maui festgemacht ist und fragt mich, ob ich Lust hätte, an einer Kaba-Zeremonie mit anschließendem Folkloretanz teilzunehmen. Gerne sage ich zu. Jede in Tonga lebende Familie hat ihren eigenen Kaba-Baum im Garten und braut nach alter Tradition das wie Abwaschwasser aussehende, bitter schmeckende und leicht narkotisierende Kaba-Getränk. Mehr Kaba für Mr. Gintner, wird man in einer Art Sprechgesang gefragt. Die Antwort erfolgt, indem ich in die Hände klatsche, was „ja" bedeutet. Dann erhebt sich eine Schöne und überreicht in einer Kokosschale das Getränk. Danach wird reichhaltig gegessen, Frauen und Männer tanzen und singen nach alten Tonga-Rhythmen, Gäste oder Besucher werden aufgefordert, mitzumachen. Noch zwei Mal werde ich zu diesem Tanzvergnügen eingeladen und bald kennt man den stets vergnügten und lustigen Mann von der Maui. Freundschaften werden geknüpft und Adressen ausgetauscht, doch es ist das Schicksal jedes Weltenbummlers, dass er nirgends lange bleiben kann.

3. November. Tongatapu mit der Hauptstadt Nuku Alofa. Es ist Zeit, nach Neuseeland aufzubrechen. Nur der Monat November gilt als brauchbar für diesen etwa 2000 Kilometer langen Weg. Vorher toben noch die rauhen Frühjahrsstürme, die die See um Neuseeland herum aufpeitschen und ein Segeln dorthin zum lebensgefährlichen Unternehmen geraten lassen. Später, also im Dezember, beginnt in Tonga bereits die Hurrican-Saison und man läuft Gefahr, von einem der frühen Wirbelstürme hinweggefegt zu werden. 27, meist amerikanische Yachten, warten schon seit Wochen in der kleinen Geschützen Marina von Niku Alofa auf ein Drehen des Windes auf Osten. Doch es ändert sich nicht viel. Es weht Tag für Tag weiter mit fünf bis sieben Windstärken. Heute ist der Wind etwas schwächer als die Tage zuvor und dreht auf Ost-Südost. Deshalb setze ich nach einem traumhaft schönen Sonnenaufgang um 6.30 Uhr die Segel und nehme Kurs Süddost. Das Großsegel ist eingerefft, das Vorsegel auf halbe Größe verkleinert. Alles ist gut verstaut und festgezurrt, so nehmen wir, die Maui und ich, den Pazifik in Angriff. Spritzwasser kommt über, doch man kann einen „Am-Wind-Kurs" segeln. Den Atterseeseglern zuhause würde es kalt über den Rücken laufen, beim bloßen Gedanken, mit solchen Winden eine 2000 Kilometer lange Strecke zu starten. Ich war der erste von den 27 wartenden Yachten, die hinausging. Am nächsten Tag höre ich über Funk, dass mir einen Tag später sieben weitere gefolgt sind. Man dachte wohl, wenn die kleine Maui das kann, werden das die viel größeren Yachten wohl auch wagen können.

Auf diesem Weg nach Südwesten liegen einige Riffe, die beachtet werden müssen. Eines davon heißt Minerva-Riff und soll eine Besonderheit sein, so hat man es mir noch in Tonga erzählt. Mir war es möglich, eine Detailkarte von dieser Untiefe aufzutreiben. Diese kleine Spezialkarte zeigt ein kreisrundes Riff mit einer Untiefe in der Mitte und einer offenen Stelle in Nordwesten. Das Minerva-Riff war in vergangenen Zeiten unbekannt, denn es ist bei Flut überspült, nicht sichtbar und überdies so klein, dass der Punkt einer Bleistiftspitze zu groß wäre, um es in einem Atlas einzutragen. Als noch niemand von der Existenz dieses Riffes wußte, verschwanden immer wieder auf rätselhafte Weise Frachtschiffe und Segler in dieser Gegend, sogar bei gutem Wetter. Mit der Existenz von Seeungeheuern und übernatürlichen Kräften wurde das spurlose Verschwinden der Schiffe erklärt. Man fand auch nie Wrackteile oder Überlebende von den vermissten Booten. Jetzt, wo die Existenz des Minerva-Riffs bekannt ist, weiß man die Ursache. Die Außenkante des Riffs ist zerklüftet und messerscharf, geht fast senkrecht einige hundert Meter in die Tiefe, um dann noch steil weiter auf 1000 Meter Wassertiefe abzufallen. Die auf dem Riff auflaufenden Schiffe zerbarsten sofort an dem steilen Außenriff und sanken binnen weniger Minuten. Nie haben Segler oder andere Schiffe in den vergangenen Jahren versucht, das Riff absichtlich zu besuchen oder gar in den offenen schmalen Kanal einzulaufen. 500 Kilometer von Tonga, 1500 Kilometer von Neuseeland entfernt, ein kleines Riff, das bei Flut überspült wird. Es mit dem Sextanten als Navigationsmittel zu orten, wäre die berühmte Suche nach einer Stecknadel in einem Heuhaufen - ganz zu Schweigen von der Gefahr des Strandens. Doch mit der neuen Satelliten-Navigation GPS (Global Position System) wird der eigene Schiffsort bis auf einige Meter jede Sekunde neu angezeigt. Deshalb wage ich es, Kurs genau auf das Minerva-Riff zu nehmen. Zwei Tage später berge ich vor der schmalen Einfahrt die Segel, starte den Motor und motore klopfenden Herzens hinein in diesen Riffkreis. Ein Naturwunder tut sich auf, kristallklares Wasser, keine Wellen innerhalb, denn die Brandung bricht sich außen. Schneeweißer Sandboden leuchtet durch das türkise Wasser, der Anker fällt auf vier Meter Wassertiefe und findet guten Halt. Es wirkt verrückt: kein Baum, kein Strauch, kein Land! Man ankert mitten im Pazifik, nur umge-

Im einsamen Minerva-Riff liegt die Maui im kristallklaren Wasser vor Anker

ben von Brandungswellen. Es ist das Merkwürdigste, was ich je in meinem Seglerdasein erlebt habe.

Doch wie sieht die Unterwasserwelt hier aus? Also raus mit der Tauchausrüstung. Taucherbrille und Schnorchel werden wohl für den Anfang genügen, denke ich und springe ins klare Wasser. Doch schnell war ich wieder draußen. Kalt, ja fast eiskalt, kein Vergleich mit den Temperaturen, die ich bisher gewöhnt war. An ein längeres Tauchen ist unter diesen Umständen nicht zu denken, einen wärmenden Taucheranzug habe ich nicht an Bord, doch irgendetwas muss angezogen werden. Mit Blue Jeans, einem T-Shirt, Turnschuhen und einer Haube starte ich einen neuen Versuch. Wirklich, ist so die Kälte wesentlich leichter ertragbar, die Kleidung wärmt, man glaubt es kaum. Fische jeder Art und jeder Größe, auch solche, die ich weniger gern habe (Haie), nähern sich neugierig. Ich schwimme langsam, umgeben von Fischschwärmen Richtung Riff. Schildkröten paddeln durch die Gegend, Muränen schauen aus ihren Löchern, Korallenfische in allen Farben tummeln sich zwischen den Felsen. Am Riff wimmelt es nur so von Langusten. Üblicherweise sind diese Schalentiere am Tag tief in ihren dunklen Höhlen versteckt und schwer zu finden. Hier krabbeln sie herum, wie riesige Ameisen, denen noch nicht bekannt ist, dass der Mensch sie gerne isst. Drei davon genügen mir für ein reichhaltiges Dinner. Ich klettere vom Innenriff über den Korallengürtel, der bei Ebbe begehbar ist, ans Außenriff. An einer Stelle, wo die Brandung nicht zu stark ist, tauche ich einige Meter tief hinunter. Bei dem Blick hinunter in die unendliche Tiefe kommt Beklemmung auf. Einige große Haie streichen vorbei und so ziehe ich mich wieder auf das sichere Riff zurück, spaziere im knietiefen Wasser den Riffgürtel entlang, sammle ein paar Muscheln, um dann, nach einigen Stunden, voller Begeisterung über dieses Wasserwunder zur Maui zurückzukehren.

In der Nacht scheint der Mond bis auf den Grund der Lagune. Mutterseelenallein, ein herrliches Gefühl, leise säuselt der Wind im Rigg. Ich ankere hier im größten aller Meere, denke ich noch beim Schlafengehen. Doch das Alleinsein währt nicht lange. Am Abend habe ich über Funk zwei deutschen Yachten (Bon Bini und Capri II), welche in gleicher Richtung unterwegs sind, von meinen phantastischen Eindrücken hier erzählt. 16 Stunden später sind auch sie da und nun sind wir eine gemütliche Dreier-Runde. 8. November. Lothar und Elli von der Yacht Bon Bini, Albert von der Jacht Capri II und ich wollen heute gemeinsam am Außenriff tauchen gehen. Lothar und Elli hatten in Jugoslawien eine Tauchschule, die sie wegen des Bürgerkrieges schließen mussten. So beschlossen sie, mit ihrer Yacht Richtung Westen loszusegeln. Lothar hasst Großstädte und sucht immer wieder einsame Ankerplätze auf. Von der schönen, charmanten, stets lächelnden Elli könnten die Fische schwimmen und tauchen lernen. 30 Meter Tiefe schafft sie ohne Tauchgerät, kann zwei Minuten unter Wasser bleiben, hat den Mut eines Wikingers, schwimmt neugierig in jede Höhle hinein, um nachzusehen, was drinnen ist, jagt Fische mit der Harpune schneller, als diese schwimmen können. Mit den zwei erfahrenen Tauchern in meiner Nähe fühle ich mich am Außenriff sicher. Das Schlauchboot haben wir auf einem Riffplateau verankert. Jeder von uns ist mit Brille, Flossen, Schnorchel und Harpune ausgerüstet. Ich selbst habe als Kälteschutz noch Socken, Jeans, T-Shirt und eine Taucherhaube mit, außerdem meine Kamera, um ein paar Unterwasseraufnahmen zu schießen. Jeder von uns schwimmt in irgendeine Richtung. Das tiefblaue, kristallklare Wasser erlaubt Sichtweiten bis zu 30 Metern. Fasziniert von der unglaublichen Unterwasserwelt, tauche ich an dem zerklüfteten Außenriff entlang, schwimme in eine tief eingeschnittene Felsspalte. Es wimmelt hier nur so von Fischen aller Art. Von den besonders bunten versuche ich schöne Aufnahmen zu machen und beachte daher meine Umgebung nicht. In dieser Felsspalte haben offensichtlich ein paar Grauhaie ihren Mittagsschlaf gehalten. Fünf sind es schließlich, die mich neugierig umzingeln. Ihre weichen, runden, langsamen Bewegungen signalisieren mir, dass sie nicht angriffslustig sind. Begeistert mache ich ein Foto nach dem anderen, von allen Seiten knipse ich diese lieben Tierchen. Hätte ich gewusst, was sich gleichzeitig in 200 Meter Entfernung mit Lothar abspielt, wäre ich sicher nicht so seelenruhig zwischen den Haien herumgeschwommen. Nach etwa einer halben Stunde wird mir kalt und ich schwimme zurück zum Schlauchboot. Lothar und Albert warten dort bereits auf mich. „Gut, dass Du da bist", sagt Lothar und zeigt mir seine Harpune. Der dicke Spanngummi und die Speerleine sind durchgebissen. Nur 20 cm vom Griff entfernt sind tiefe Bissspuren eines Haies zu erkennen. Was war geschehen?

Lothar war ebenso wie ich in der näher des Riffs. Da tauchte, wie bei mir, ein Grauhai aus einer Spalte auf, doch seine Bewegungen deuteten auf Angriff hin. Dann ging alles blitzschnell. Der Körper des Hais krümmte sich und schoss auf Lothar zu. Als einzige mögliche Abwehrbewegung konnte er dem Raubfisch nur mehr die Harpune entgegenhalten. Der Hai biss zu, nur 20 Zentimeter von der Hand entfernt, riss sie Lothar aus der Hand, beutelte sie hin und her, als hätte er ein Stück Fisch im Maul. Schleunigst schwamm Lothar zum Schlauchboot zurück, solange der Hai noch mit der Harpune beschäftigt war. Elli fragte ihn, als er in das Schlauchboot kletterte, wo seine Harpune sei. „Die hat mir ein Hai abgenommen", gab Lothar zur Antwort. „Unsere Harpune bekommt das Biest nicht", sagte Elli und sprangt in das haiverseuchte Wasser. Nach zehn Minuten fand Elli die Harpune in einer Felsspalte.

Für diesen Tag haben wir genug von den Abenteuern unter Wasser. Wir rudern zurück zu unseren Yachten.

Vom Minerva Riff nach Neuseeland

Der Wind nimmt ständig zu, es heult und pfeift im Riff, immer wieder nehme ich den Tidenkalender zur Hand und sehe nach, wie hoch die nächste Flut sein wird. Bei Ebbe liegt man hier wunderbar geschützt, das Riff fällt trocken und die Wellen brechen sich am Außenriff. Doch bei Flut wird das Riff 1,5 bis zwei Meter überflutet und so können große Wellen in das Innere der Lagune gelangen. Vom starken Wind angepeitscht, donnern immer wieder die Brecher gegen den Bug der Maui, die nur von der acht Millimeter starken Ankerkette gehalten wird. Ich beschließe, noch eine Nacht zu bleiben. Ich möchte bei Ebbe noch einen Ausflug auf das wunderbar daliegende Riff unternehmen. Ein paar Langusten für die Weiterreise wären auch ganz gut. Doch Wind und Wellen sind so stark, dass es nicht leicht sein wird, mit dem kleinen Schlauchboot dagegen anzupaddeln. So merkwürdig es auch erscheinen mag, bei meinem für höchstens drei Erwachsene gedachten Schlauchboot, ist man bei starkem Wind und Wellen besser dran, die Paddel zu benutzen, denn der Außenborder drückt das Heck tiefer ins Wasser und man schöpft mit jeder Welle das Boot langsam voll. Doch auch der Benutzung des Dingis mit den Rudern sind bald Grenzen gesetzt, bei zu starkem Wind oder zu großen Wellen geht nichts mehr. Eine Gefahr droht auch von dem hier so kalten Wasser. Sollte es mir nicht gelingen, zurück zum Schiff zu kommen, würde ich unweigerlich innerhalb von 20 Stunden an Unterkühlung sterben. Um mich gegen die Kälte zu schützen, trage ich wieder Socken und hohe, feste Tennisschuhe, eine Jeans und ein Leibchen, eine Taucherhaube, Taucherbrille, Flossen, Harpune und einen kleinen Rucksack. Auch gute Lederhandschuhe sind unbedingt notwendig, um mich gegen Feuerkorallen zu schützen. In dieser Adjustierung sehe ich schließlich aus, wie ein Zirkusclown. Leider gibt es kein Foto davon. Hin zum Riff ist es leicht, die 200 Meter geht es mit Wind und den kleinen Wellen schnell. Doch ich ahne schon, dass der Rückweg beschwerlich werden könnte. Ich verankere das Schlauchboot an einer strategisch günstigen Stelle, von wo aus der Rückweg zwar etwas länger sein wird, doch Wind und Wellen mich nicht exakt von vorne treffen werden. Drei Stunden bleibe ich am Riff, versuche Langusten aus Felsspalten zu holen, doch es gelingt mir nicht. Die See ist zu rauh, der seit Tagen wehende Wind hat die Wellen größer und größer werden lassen. Immer wieder reißt mich die Brandung weg von den Felsspalten, an denen ich mich vergeblich festzuklammern versuche. Ohne meine Bekleidung würde mein Körper fürchterlich aussehen, zerkratzt und zerschnitten von den scharfen Korallen. Nach einigen Stunden gebe ich auf und kehre ohne eine Languste zum Dingi zurück. „Für diesmal habt ihr gewonnen", rufe ich hinaus aufs offene Meer und wate dann mühsam zurück durch das 80 Zentimeter tiefe, vom starken Wind aufgewühlte Wasser. Das Riff ist bereits überspült, denn die Flut kommt. Etwas erschöpft erreiche ich das Schlauchboot, das nun nicht mehr am Trockenen liegt, sondern nervös auf den Wellen tanzt, zum Glück aber vom kleinen Daforth-Anker sicher gehalten wird. Ich hole den Anker auf und schon treibt mich der mittlerweile stürmisch gewordene Wind weiter weg von der Yacht in Richtung Brandung. „Rudere, rudere, lass ja nicht locker, Du schaffst es!", rede ich mir ein. Während ich kräftig rudere, schaue ich durch das glasklare Wasser auf den Grund der Lagune, um zu sehen, ob das kleine Schlauchboot auch vorwärts kommt. Es bewegt sich langsam, sehr langsam. Ich rechne mir aus, dass es mindestens eine halbe Stunde dauern wird, bis die 200 Metern entfernt ankernde Maui erreicht sein wird. Dann endlich: Meine klammen Finger umfassen die Seereeling meiner Yacht und ich ziehe mich erschöpft an Bord.

Morgen Vormittag bei Ebbe möchte ich auslaufen. Es ist zu gefährlich, in dieser Mausefalle weiter zu verweilen. Der Wind legt weiter zu, er hat jetzt annähernd Sturmstärke erreicht. Die Maui wird von den Wellen hin und her geworfen, weil die Brecher nun bei Flut über das Riff kommen. Ich kann nicht schlafen, denn ich male mir in Gedanken aus, was passieren wird, sollte der Anker nicht halten und die Maui auf Drift gehen - dann hätte ich kaum Überlebenschancen. Die Yacht würde am Riff zerschellen, denn in dunkler Nacht und bei rauher See würde es mir kaum gelingen, die Ausfahrt aus diesem kreisrunden Riff zu finden. Doch der Anker hält, der Morgen kommt und mit dem Morgen auch die Ebbe. Die Lagune liegt wieder ruhig da. Nur die Windstärke ist zwischen 6 und 7 geblieben.

Eine windreiche Überfahrt zum 1200 Kilometer entfernten Neuseeland steht bevor. Deshalb klettere ich in den Mast und montiere zum ersten Mal das zweite Vorstag, hole auch erstmals die Sturmfock aus dem Stauraum unter dem Bett hervor, verzurre alles noch fester als sonst, winde den Anker hoch, sichere auch diesen mit einem Stahlbolzen gegen Verrutschen, dann geht es hinaus aus der Lagune, mit gerefftem Großsegel und halb eingerollter Genua. Die Maui nimmt schnell Fahrt auf und rauscht mit sieben und mehr Knoten durchs aufgewühlte Meer Richtung Südwesten. Seekrankheit stellt sich ein, ich nehme Tabletten. Einige Stunden später überprüfe ich die Position. Siedendheiß fährt es mir durch die Glieder: Wie konnte ich vergessen, dass etwa 30 Meilen südwestlich von Nord-Minerva-Riff das Süd-Minerva-Riff liegt und ich laufe genau in diese Richtung. Das Wetter hat sich verschlechtert. Noch mehr Wind und Regenschauer jagen über das Wasser, die Sicht ist gleich Null. Ich danke Gott, dass ich ein GPS habe. Die genaue Position ergibt, dass ich zwei Seemeilen am südlichen Minerva-Riff vorbeilaufen werde. Doch dieser Fehler hätte leicht Schiff und Leben kosten können und zeigt, wie fehlerhaft wir Menschen doch sind. Aber es macht auch deutlich, dass der Mensch Glück im Leben braucht und auch oft hat, als flöge ein Schutzengel mit.

Die Nacht kommt und er ist da, der Sturm! Der Meteoliner, den ich als meine Lebensversicherung bezeichne, piepst seit Stunden und schreibt auf sein digitales Display starken Druckabfall und „Gale" (Sturm). Das Großsegel ist bereits bis zum letzten Reff verkleinert, die Genua weiter eingerollt, doch es steht noch immer zuviel Tuch. Ich schlüpfe in den roten Trockenanzug, denn es ist kalt, es regnet fürchterlich und beinahe jede See kommt über. Dieser rote Overall ist ein Glücksfall für dieses Wetter. Ich friere nicht, bleibe trocken und einsatzfähig. Das Heulen und Pfeifen im Rigg hat sich verstärkt, der Sturm nimmt weiter zu. „Bitte nicht noch mehr", bettel ich, doch es wird noch schlimmer. Blitze leuchten rundherum auf. Einer davon fährt vor mir krachend ins Meer, als ich gerade vorne am Bug die Sturmfock aufziehe. Beidrehen oder weiter Kurs halten, das ist die Frage. Zwei Uhr früh, ich „drehe bei", es kreischt in den Wanten und am Mast, als würden tausend Metallkreissägen daran herumschneiden. Ich hocke im Niedergang auf der Stufe und blicke sorgenvoll hinaus, doch erstaunlicherweise habe ich keine Angst. Viel Wasser kommt über, es läuft aber schnell wieder durch die Lenzrohre ab - und wieder habe ich Glück im Sturm. Die Wellen sind riesig, doch nicht steil, das ist ein Zeichen, dass der Strom mit den Wellen Richtung Südwest läuft. Die Stunden vergehen, der Sturm bläst weiter mit zirka elf Beaufort. Mit meinem kleinen Cassettenrecorder und dem Richtmikrophon versuche ich, das Tosen der See und das Heulen des Sturmes aufzunehmen. Leider stürzt sich die nächste große Welle über mich und die gesamte Elektronik. Der Morgen kommt, der Sturm lässt nach, der Regen bleibt und das Boot geht wieder auf Kurs. Die nächsten Tage sind windreich bis stürmisch, alles ist nass im Boot, einschließlich dem Bett, doch wenn man müde genug ist, schläft man auch im feuchten Bettzeug tief und fest. Erstaunlich, wie gut ein Boot mit dem tagelang anhaltenden schweren Wetter fertig wird. Nichts bricht, alles hält - der Mensch ist der schwächste Punkt in dieser Kette, doch jetzt weiß ich wie gut und wichtig es war, immer alles sorgfältig zu warten und instand zu halten.

Sieben Tage bei schwerem Wetter sind vergangen, die letzte Nacht ist angebrochen. Morgen früh müsste Neuseeland in Sicht kommen. Der Wind lässt nach, die See wird glatt, Windstille, Motor an, es stört mich nicht, wenn die letzten 60 Meilen per Dieselkraft zurückgelegt werden müssen. Bei leichtem Gegenwind erreiche ich am Morgen des 16. November die 20 Seemeilen lange Einfahrt von Whangarei. Neuseeland ist erreicht. Hurra! Die Hälfte der Welt ist umsegelt!

16. November. Der Weg zur Stadt Whangarei ist noch 20 Seemeilen lang, beginnt sehr breit und endet in einem schmalen Flusslauf, in dem die Yachten an vier Pfählen mit runden Schwimmkörpern festgebunden sind und mit der Tide, die dort 2,5 Meter ausmacht, steigen und fallen können. Neuseeland ist das „Land der Segler" und das „Land der Schafe." 250.000 Boote liegen an den beiden langgezogenen Inseln. 65 Millionen Schafe weiden in dem hügeligen Land, was bedeutet, dass auf jeden „Kiwi" (Einwohner Neuseelands) zwanzig Schafe kommen. Entsprechend gut ist die Qualität von Wolle und Fleisch. Per Bus unternehme ich eine mehrere Tage andauernde Reise durch die Landschaften der nördlichen Insel, besichtige eine Schaffarm und besuche die Geysire von Rotorua. Doch die meiste Zeit arbeite ich am Boot, um alles zu überholen was notwendig ist. Die Ankerwinde, die beim Sturm von Bora Bora gebrochen ist, tausche ich gegen eine größere und stärkere aus. Anker, Ankerkette, Ankerleine, entsprechende Schäkel, kurzum alles was zum Ankergeschirr gehört, wird verzinkt, gespleißt, gemarkt und verbunden. Zum ersten Mal gelingt es mir, alles so abzustimmen, dass die Bruchlast von jedem Teilstück gleich ist, also 3,2 Tonnen beträgt. Schlechte Holzteile in der Kabine tausche ich gegen neue aus, säge, schleife, bohre, dichte und klebe an allen Ecken und Enden. Die Beleuchtungskörper in der Achterkajüte, in der Dusche, im Vorschiff werden gegen wunderschöne Messinglampen ausgetauscht. In den Salon kommt ein Halogenstrahler. Ein neuer Gasofen, eine neue Gasflasche, Nähmaschine und Bilgenpumpe werden angeschafft und installiert. Das ganze Boot gleicht einer Werkstatt. Der Platz in Whangarei ist ideal, um Überholungsarbeiten durchzuführen. Man liegt inmitten der Stadt, alles ist rasch und leicht zu erreichen, es gibt alles, wirklich alles, was der Segler braucht: Spezialfilter, Bronzenägel, Kettenglieder, Teakholz in allen Variationen, Lacke, Klebstoffe - die lange Liste, die an der Wand klebt, wird von Tag zu Tag kürzer. Ich habe Freude an der Arbeit. Weihnachen und Silvester verbringe ich alleine auf der Maui, koche mir ein gutes Abendessen mit allem Drum und Dran, trinke ein Fläschchen Sekt und bin zufrieden.

Im „Land der weißen Wolke"; 40 Millionen Schafe weiden in Neuseeland

Zurück in die Heimat

Zwei Monate sind seit meinem Landfall in Neuseeland vergangen, genug, um gut erholt und mit sechs Kilo mehr Gewicht als vorher an die Heimreise nach Österreich zu denken. Die Maui muss aus dem Wasser gehoben werden. Die zwei oder drei Monate meiner Abwesenheit werden genutzt, um die Vibrationen, die beim Betrieb des Dreizylinder-Dieselmotors auftreten, zu beseitigen. Diese Vibrationen sind nicht neu, seit zwei Jahren ist dieses Problem immer wieder aufgetaucht, wenn die Motordrehzahl mehr als 2000 U/min betragen hat, doch niemand auf meinem langen Weg bis Neuseeland war in der Lage, die Sache aus der Welt zu schaffen. Es ist wichtig, dass der Motor vibrationsfrei läuft, denn in einer Notsituation, wo möglicherweise die volle Motorleistung benötigt wird, könnte das Rütteln und Schütteln zum Bruch des Getriebes, des Wellenlagers oder sogar zum Bruch der Antriebswelle führen. Hier in Whangarei, einem Paradies für jeden Segler, der Reparaturen oder Ersatzteile benötigt, gibt es eine Anzahl von ausgezeichneten Spezialwerkstätten, die Probleme jeder Art lösen können. Einer dieser ausgezeichneten Fachwerkstätten habe ich den Auftrag gegeben, Motor, Propeller, Welle, Wellenlager, Stopfbüchse und dergleichen zu überholen. Doch dafür muss die Yacht eben erst aus dem Wasser. Eine Gärtnerei am Ufer des weit ins Landesinnere reichenden Meeresarmes, vermietet auch Strandplätze für Boote, doch man muss alles selbst vorbereiten und organisieren. Einen großen, schweren fahrbaren Kran konnte ich telefonisch auftreiben und in der nahe gelegenen Tischlerei hat man mir die Balken zurechtgesägt, um ein Standgestell für die Maui errichten zu können. Um 8 Uhr früh war es dann soweit: Die „Flut" hat ihren Höchststand erreicht, das Boot kann nahe genug ans Ufer gesteuert werden. Zwei Freunde, Hardy von der „Kompassrose" und Uwe von dem Katamaran „Vahine", helfen mir. Schwere Gurte müssen vorne und hinten unter dem Kiel durchgefädelt werden. Dann kommt das Einhängen in die Krankette. Der Motor des Kranwagens erhöht seine Drehzahl, um den Druck der Hydraulik zu verstärken. Langsam hebt sich die Maui aus dem schmutzigbraunen Wasser. Der Kranwagen wippt mit dem acht Tonnen Gewicht an seinem Auslegearm, mehr Gas muss gegeben werden. Das Boot dreht sich, sobald es aus dem Wasser kommt und natürlich verklemmt sich die Krankette am Achterstag. Nervös rufe ich: „Zurück, zurück, das Achterstag reißt!". Doch es gibt kein Zurück mehr, die Maui schwebt bereits über festem Boden. Hardy arbeitet wie ein Pferd mit seiner Kreissäge, um die vorbereiteten Holzbalken auf Maß zurechtzusägen, während ich mit Bangen auf das noch immer an der Krankette verklemmte Achterstag blicke. Uwe bohrt Löcher in die zurechtgesägten Pfosten. Und um nicht ganz nutzlos dazustehen, verschraube ich diese in großer Eile angefertigten Holzteile. Eine halbe Stunde später steht die Maui sicher und fest unterstützt auf dem Trockenen.

Zwei Tage habe ich noch Zeit, bevor die lange Heimreise nach Europa, an die andere Seite der Welt, beginnt. Vom Reisefieber geplagt, beginne ich viel früher als notwendig mit dem Packen. Alle Schapps werden ausgeräumt und überprüft, ob etwas Mitnehmenswertes drinnen liegt. Unmengen von Andenken kommen zum Vorschein, Muscheln, Korallen, Münzen, Geldscheine, Perlen, Edelsteine, Flaggen, T-Shirts, Postkarten, Briefmarken, Molas (eine besonders feine Handarbeit von den San-Blas-Inseln), Dias, Prospekte und einiges mehr. Nun liegt ein Berg von Dingen vor mir, ein Koffer muss her, keine Frage, also schwinge ich mich aufs klappbare Fahrrad und radle ins Zentrum von Whangarei. Mit dem Rucksack voll mit T-Shirts, auf der Lenkstange einen neuen großen Koffer balancierend, kurve ich durch die Innenstadt zurück zum Boot. Nun ist er voll, der neue Koffer, aber noch kein Stück Kleidung für die Reise ist drinnen, obendrauf gehen noch zwei Hemden, zwei Hosen und etwas Unterwäsche. Der schon sehr abgenutzte Rucksack, den ich in Tonga erworben habe, muss für Waschzeug und den Rest der nötigen Dinge herhalten. Alles ist gepackt, so denke ich, doch ich schlafe die ganze Nacht schlecht. Am Morgen besteige ich den „City Express" zur Fahrt in das 180 Kilometer entfernte Auckland. Dort muss übernachtet werden, denn um 6 Uhr früh beginnt der lange Weg nach Hause: Melbourne (Australien) - Singapur - Frankfurt - Linz. Dann endlich werde ich die geliebte Heimat wiedersehen.

In Melbourne ist eine Übernachtung und eine Stadtrundfahrt vorgesehen, ein kurzer Stopp also. Doch die Stadtrundfahrt ist dennoch ein großes Erlebnis, nun weiß ich, diese beeindruckende Stadt mit viel alter Kultur, ist mehr Zeit wert als nur einen Tag. Der botanische Garten gibt jedem Besucher Zeit und Muße, um seine Gedanken in einem anderen Land zu ordnen. Doch Melbourne ist auch eine Stadt für Segler. Mit einer Visitenkarte vom Manager des Royal Akarana Yacht Club (Auckland) in meiner Tasche und der entsprechenden Empfehlung auf der Rückseite, melde ich mich im Sekretariat des „Königlichen Yacht Clubs". Mit offenen Armen werde ich empfangen und wie ein Weltwunder herumgereicht. Offensichtlich kommt es nicht alle Tage vor, dass ein österreichischer Weltumsegler den Yachtclub betritt. Für den nächsten Tag werde ich zum „Twilight Race" eingeladen, auf die 50 Fuß lange, 40 Jahre alte australische Holz-Sloop. Ich darf am ersten „Rennen" dieses Jahres teilnehmen. Die Crew ist bunt zusammengewürfelt. Das Rennen beginnt. Etwas verspätet überquert die majestätisch durchs Wasser gleitende Yacht die Startlinie. Ein traumhafter Abend mit Blick auf die Skyline von Melbourne. Andere Yachten kreuzen unseren Weg. All diese Erinnerungen nehme ich mit auf meinem Weg nach Singapur, der nächsten Station auf der 20.000 Kilometer langen Heimreise.

Von Neuseeland zu den Fidschi-Inseln

Wieder in Neuseeland. „Lange weiße Wolke" nennen die Maoris ihr Land. Sechs Monate lag die Maui hier auf dem Trockenen, aufgebockt in einer Gärtnerei, denn das war billiger als in einer Werft. Das warme Klima Neuseelands ist der Grund dafür, warum die meisten Segler auf der Nordinsel übersommern. Die lange weiße Wolke besteht aus zwei Inseln, getrennt durch die Cook Street, gefürchtet von Seglern, denn dort weht es ständig mit Sturmstärke. Kaum eine Yacht passiert diese Meerenge ohne Schäden am Rigg. Das Segeln in den Küstengewässern verlangt Härte, Durchhaltevermögen und Können. Kein Wunder, dass alle bedeutenden Regatten der Welt irgendwann einmal von Neuseeländern gewonnen wurden.

Bevor ich weiterreise, muss schnell noch der Bauch der Maui gepflegt werden, das Unterwasserschiff schaut ja schon wirklich grauenhaft aus. Weg mit der alten Giftfarbe! Mit einer Spezial-Atemmaske mache ich mich an die grauenvolle Arbeit. Aussehend wie ein Außerirdischer, rinnen jeden Abend unter der Dusche Bäche von schmutziggrün-giftigem Wasser in den Abfluß, doch auch diese Drecksarbeit muss gemacht werden. Es wird gespachtelt und grundiert und schließlich wird die frische Antifouling-Farbe in drei Schichten aufgewalzt. Endlich schaut meine Maui wieder adrett aus. Der fahrbare Kran kommt und hebt die kleine Yacht spielerisch in den langgezogenen Meeresarm. Mehr als acht Tonnen zeigt der Gewichtsmesser im Führerhaus des Kranes. Wieder zu viel Ausrüstung an Bord der Maui. Sieben Tonnen sollten nicht überschritten werden, denn sonst liegt mein Schiff nicht günstig in den Wellen. Der Mond steht ungünstig, die Flut ist nicht hoch genug, und schon steckt die Maui im verschlammten Grund fest. Der Kran versucht die Yacht noch weiter in den Meeresarm hinauszuschieben, doch bald ist die Reichweite des Anlegers am Ende. Warten, bis der Höchststand der Flut erreicht ist? Eine andere Möglichkeit sehe ich nicht. Wenn die Flut noch zehn Zentimeter steigt, hebt sie das Boot vielleicht sanft aus dem Schlamm. Die Flut kommt aber die Maui sitzt noch immer fest. Ich klettere ins Cockpit, werfe den 34-PS-Schiffsdiesel an und gebe Vollgas. Das Schiff bewegt sich und langsam gleitet es in tieferes Wasser. Geschafft!

Vorräte werden gebunkert, Wasser und Diesel aufgefüllt und dann soll es losgehen in den warmen Norden.

Immer wieder frage ich über Funk die Wettervorhersage ab. „Fahren Sie nicht, es ist noch immer ein Sturmtief im Nordosten von Neuseeland." Immer die gleiche Antwort. So warte ich nun schon eine Woche. Und weil das Wetter nun doch etwas besser ist, werfe ich - der ewig Ungeduldige - die Leinen los. Zwanzig Kilometer lang ist die gewundene Flußausfahrt von Whangerei zum offenen Meer. Am Weg nach draußen überprüfe ich noch einmal alle technischen Systeme an Bord. Echolot, Fahrtenmesser, Steuerradanzeige, Beleuchtung, GPS, Autopilot - alles ok. Nein! Was ist los mit dem Autopilot? Er spielt verrückt, steuert das Schiff schnurstracks nach rechts und nicht geradeaus. Das ist sicher die starke Funkanlage des Hafens, die die Elektronik stört, denke ich und fahre weiter. Doch auch nach einigen Meilen funktioniert die Elektronik nicht. Sie gibt falsche Signale an den Steuermotor. Ohne Autopilot kann aber an ein Wegsegeln nicht zu denken sein, als Alleinsegler bin ich auf diesen Gehilfen angewiesen. Was kann es nur sein? Alles hat doch einwandfrei funktioniert. Jetzt kommt mir mein Beruf zugute. Aus Erfahrung weiß ich, dass sich in nicht benutzten elektronischen Geräten manchmal Kondenswasser ansammelt. So zerlege ich also die Schaltung und suche nach Feuchtigkeit. Nichts zu sehen. Dennoch muss es die Feuchtigkeit sein. So stecke ich kurzerhand die gesamte Schaltplatine ins Backrohr und wärme sie auf kleiner Flamme 20 Minuten lang. Dann baue ich alles wieder zusammen, schalte ein und „juchuuuh", alles funktioniert wieder einwandfrei. Es ist kalt, fürchterlich kalt, windig und es regnet. Im Juli beginnt eben der Winter in diesem Land. Die warmen Fidschi-Inseln, wie sehr freue ich mich darauf. Endlich wieder Wärme und Buchten mit Palmen..., doch noch sind es 1800 Kilometer bis dorthin. Ich träume so vor mich hin, während die Maui der Ausfahrt zustrebt. Da kommt mir ein Katamaran entgegen. Ich kenne ihn, es ist Uwe auf seiner New Two. Er ist gestern Richtung Tonga ausgelaufen. Auf Rufweite heran, schreit Uwe zu mir herüber: „Zurück, zurück, fahre sofort zurück, draußen zerschlägt es Dir Dein Schiff. Hier drinnen, in der langen Bucht, ist es nur windig, aber draußen, rund ums Kap, kocht das Wasser und ist weiß vor Sturm." Ich glaube ihm, denn am Bug seines Katamarans hängt ein zerrissenes Vorsegel. Also, noch eine Nacht vor Anker in der geschützten Bucht.

Der nächste Morgen graut, alles wirkt ruhig, so segle ich wieder los. Doch so ruhig es am Ankerplatz war, draußen stoße ich plötzlich auf Windstärke 7 und steile Wellen. Wasser kommt über und es beginnt hart zu wehen. 20 Meilen weiter draußen wird es wohl ruhiger werden, denke ich, doch weit gefehlt. Unter solchen Bedingungen würde in Europa kein Segler auslaufen. Wild beutelt es mich durch. Mir wird schlecht. Die erste Tablette, dann die zweite und so geht es weiter die nächsten drei Tage. Habe ich das nötig, mich so zu quälen? Es stürmt und regnet, ich friere, trotz meines roten Trockenanzuges. Alles ist nass, seit Tagen schlafe ich in einem salzwasserfeuchten Bett, ich bin übermüdet und fühle mich elend. Über Funk erfahre ich eine Schreckensmeldung nach der anderen.

Mein Freund Jelmar, ein Schwede - wir haben uns seit der Karibik immer wieder getroffen - hatte Mastbruch mit seiner Halberg-Rassy-Yacht „Gunika". Sechs Tage trieben er und seine Frau Kerstin auf dem aufgewühlten Meer, bis ein Frachter die völlig Demoralisierten an Bord nahm. Sie gaben ihre tadellos schwimmfähige Yacht auf. Von Whangarei aus versuchten sie mit Hubschraubern das treibende Schiff wiederzufinden. Vergeblich, nirgends konnte die Millionenyacht ausgemacht werden. Eine Woche später kommt ein Fischerboot daher, im Schlepptau die „Gunika". Er hat sie auf offener See treibend entdeckt. 13.000 US-Dollar in bar will der Fischer haben. Jelmar und seine Frau haben diesen Betrag nicht. Beide arbeiten jetzt wieder in der Heimat, um das Bergegeld zu verdienen. Die Yacht „Wind Song" lief eine Woche vor mir aus, es war ein Überstellungstörn nach Tahiti. Mastbruch, 800 Meilen vor Neuseeland. Panikszenen unter der Besatzung veranlassten den Schiffsführer SOS zu funken. Eine Fregatte der Marine läuft aus, braucht aber drei Tage und drei Nächte, um die Schiffbrüchigen aufzunehmen. Die deutsche Yacht „La Rocka" läuft fünf Tage vor mir aus, Richtung Tonga-Inseln. Schwerstes Wetter und ein Schaden am Rigg zwingen Harry, der mit Frau, Kind und Hund unterwegs ist, drei Tage lang beigedreht zu liegen. Mit solchen beunruhigenden Meldungen kämpfe ich mich durch die rauhe See. Doch mit jedem Breitengrad, den ich weiter nach Norden komme, wird es wärmer und ruhiger. Fische gehen an die Angel, ein Kleidungsstück nach dem anderen fliegt weg, bis schließlich zwei Tagesreisen vor den Fidschi-Inseln der Wind ganz einschläft. Ich genieße es, bei ruhiger See mit dem Motor langsam durch das blaue Meer zu gleiten. Die Wäsche wird wieder trocken, Kochen und Kaffeeaufgießen werden einfach. Die Welt bekommt wieder ein anderes Gesicht.

Fidschi

Land in Sicht - nach neun Tagen auf See kommt das Leuchtfeuer von Lautoka (Fidschi) in Sicht. Ich muss nachts die Einfahrt zwischen den Riffen finden und dann noch 20 Seemeilen weiter durch unsicheres und von Untiefen übersätes Gewässer bis zur zweitgrößten Stadt auf Viti Levu (Insel) nach Lautoka (Stadt). Der Weg ist durch Tonnen und Leuchtfeuer nicht schwer zu finden, dennoch erweist sich auch hier mein Satellitennavigationsgerät (GPS) als unbezahlbar. Ganz kurz vor dem Hafen, es ist bereits hell, laufe ich trotzdem mit 1,5 Knoten auf ein unbezeichnetes Riff. Das Schiff nimmt keinen Schaden, nur ein paar Kratzer am Kielboden! Es werden im Laufe der nächsten Monate wohl noch mehr werden, denke ich, als die Schraube die Maui im Rückwärtsgang wieder vom Riff zieht. Über UKW-Funk rufe ich Lautoka Port Control und frage, wo ich ankern kann, um auf den Beamten von der Quarantäne zu warten. „50 Meter nördlich von der Werft", sagt eine Stimme, in einem nicht leicht verständlichen Englisch, „doch warten Sie, bis der Beamte vom Gesundheitsbüro an Bord kommt und das Schiff überprüft!". Genau 50 Meter nördlich der ersten Pier die ich finden kann, verankere ich die Maui und warte. Nach zwei Stunden ist noch immer niemand da. Mit dem Schlauchboot rudere ich an den Steg und halte Ausschau nach einem Mann, der eine Aktenmappe unter dem Arm trägt. Ich gehe suchend am Steg auf und ab. „Where do you come from?", fragt mich eine weibliche Stimme, hinter mir. Ich drehe mich um, eine Reihe blendendweißer, tadelloser Zähne lacht mich an. Ein dunkles Gesicht, umgeben von einer kreisrunden, ganz klein gelockten Kopfkrause mustert mich. „Ich heiße Tepola und wie heißt Du?" „Mein Name ist Claus, ich bin Österreicher und warte hier auf einen Beamten von der Quarantäne!" Tepola, ein wirklich hübsches und tadellos gebautes Fidschi-Mädchen, erklärt mir, dass das ein Fischerhafen sei und ich wahrscheinlich etwas weiter zum Frachthafen fahren müsse. „Kann ich Dich heute abend zum Dinner einladen?". Ich bin sprachlos, noch nicht einmal richtig angekommen und ein bildhübsches Fidschi-Girl lädt mich zum Abendessen ein. „Ja, ja, gerne!" stottere ich etwas verlegen. „Gut, dann holt Dich mein Mann um 6 Uhr hier am Steg ab!" Das ist eine kalte Dusche, ein Ehemann existiert also! Am „richtigen" Steg kommt der Beamte, er bekommt ein kleines Geschenk von mir, um die Einreiseformalitäten etwas zu vereinfachen. Dann endlich, nachdem ich -wie auch in Österreich - zahllose Formulare und Beamte aufgesucht habe, bin ich acht Stunden später fertig mit dem Einklarieren. Der Ehemann von Tepola kommt mit einem klapprigen Auto und holt mich kurz vor Einbuch der Dunkelheit ab. Wir sitzen am Boden. Kaba wird zubereitet. Die hellbraunen, struppigen, getrockneten Wurzeln des Pfefferstrauches werden zu Pulver zerstampft. Dieses Pulver kommt in eine Art großes Taschentuch und wird immer wieder in Wasser getaucht und mit den Händen durchgewrungen. Heraus rinnt das schmutzigbraune Kaba-Getränk. Es sieht aus wie Abwaschwasser und schmeckt auch so. Je nachdem, wie stark Kaba gebraut ist, bekommt man davon eine mehr oder weniger pelzige Zunge. Kaba wird täglich frisch nach strengen Regeln zubereitet und in einer Zeremonie getrunken. Die Regeln des Kaba-Trinkens waren früher streng und nur den Männern vorbehalten. Doch nun dürfen, wenn Gäste da sind, auch Frauen an der Kokusnussschale nippen. Der Gast wurde und wird besonders respektiert, so darf etwa niemand der Anwesenden einen Schluck Kaba trinken, bevor der Gast seine Schale nicht geleert hat. Als nächster kommt der links vom Gast mit gekreuzten Beinen am Boden Sitzende dran, erst wenn auch dieser ausgetrunken hat, dürfen alle Anwesenden trinken. Doch es wird noch komplizierter. Der in der Mitte vor der großen Kaba-Schüssel Sitzende ruft mit melodischem Fidschi-Klang den nächsten auf, der trinken darf. Und schon bin wieder ich dran. Mehr Kaba für Mister Claus! Jetzt muss der Angesprochene - je nach Rang - zwei, drei oder viermal mit den zur Halbschale geformten Händen aufeinander schlagen. Das klingt wie „glubs, glubs, glubs". Dann wird die frisch gefüllte Kokosnussschale wieder gereicht. Der Inhalt muss in einem Zug hinuntergestürzt werden und mit einem erneuten „glubs, glubs" bedankt man sich. Man kann sich vorstellen, wie lange es dauert, bis alle Anwesenden so versorgt sind und dann geht es erneut rund. Die Zeremonie wird immer und überall eingehalten, auch im kleinsten, privaten Kreis, so wie auch bei meinem Abendessen. Hören Sie es? Ich mache gerade „glubs, glubs" mit meinen Händen...

Lautoka ist eine nicht sehr schöne Stadt, doch sie ist im Gegensatz zur Hauptstadt Suva regenarm und sonnig. Der Yacht Club Neissau Marina verfügt über einen Schwimmsteg mit Wasser- und Stromanschluss. Die wunderschönen Sonnenuntergänge, das bunte Zusammenleben von Indern und den Eingeborenen von Fidschi lassen viel Atmosphäre in diesem Städtchen aufkommen. Die Inderinnen sind ständig emsig und geschäftig unterwegs, in farbige Seide gehüllt, mit einem Punkt auf der Stirn als Zeichen dafür, dass sie verheiratet sind. Im Gegensatz dazu die krausköpfigen Fidschis, die gemütlich im Schatten von Bäumen ihre Jause verzehren, dahindösen und den Tag genießen. Drei Wochen möchte ich hier bleiben und dann langsam weiter Richtung Westen segeln. Beim Einkauf im Supermarkt lerne ich Peter kennen. Peter ist ein Fidschi-Inder, seine Vorfahren sind vor vier Generationen eingewandert und leben seitdem fünf Kilometer außerhalb von Lautoka in einem Randbezirk. Peter ist Taxiunternehmer, Vorstand eines Clubs und zählt somit zur gehobenen Gesellschaft. Täglich besucht er mich an Bord und erzählt mir viel über Land und Leute. „Nächsten Samstag haben wir eine große Zeremonie bei mir Zuhause, kann ich Dich dazu einladen?", fragt er mich eines Tages. „Einmal im Jahr kommt der Hohepriester zu uns, es ist ein sehr wichtiges Ereignis und ich wäre froh, wenn Du unser Gast sein könntest!". Gerne sage ich zu. Am Samstag holt mich Peter mit seinem Taxi ab. Während der Fahrt auf der schmalen, von Schlaglöchern übersäten Straße erzählt er mir von seiner Frau, seinem Sohn und den drei Töchtern. Eine davon sei schon verheiratet. „Ich hatte Glück!", erklärt er mir, „eines Tages kam ein Mann und fragte, ob ich Töchter hätte. Drei, sagte ich. Worauf der Fremde meinte, er würde gerne eine davon heiraten. Du darfst die Chance nicht auslassen, wenn Du eine Tochter verheiraten kannst." Peter holte während des Tanzes über die Schlaglöcher Hochzeitsfotos aus dem Handschuhfach. Es war eine Hochzeit mir 400 Gästen! „Wann und wo hat Deine Tochter - die Braut - ihren zukünftigten Ehemann das erste Mal gesehen?", frage ich. „Gar nicht", sagt Peter, „Indische Frauen sehen ihren Ehegatten zum ersten Mal bei der Trauung." Ich bin etwas erstaunt, dass so etwas heute noch möglich ist. Entlang der Landstraße wächst Zuckerrohr. Peter biegt links ab, ein paar hundert Meter weiter bremst er seinen dunkelbraunen Ford ab. Wir sind da und stehen vor einem Bungalow, mit kurz gemähtem Rasen rundherum und einem kleinen Vorgarten. Eine liebenswürdige, in einen Sari gehüllte Frau heißt mich Willkommen. Im Hintergrund recken junge Mädchen ihre Hälse, um zu sehen, welch komisch gekleideten Fremden der Vater mitgebracht hat. Auf der offenen Feuerstelle köchelt in zahlreichen Töpfen irgendetwas dahin. Dann kommt auch schon der Priester. Zuerst denke ich, dass das ein Vertreter für Waren aller Art ist. Er baut jedenfalls Tiegel, Schüsselchen, kleine Töpfe, Blumen und zuletzt noch ein Heiligenbild vor sich auf. Dann streut er noch rundherum alle nur erdenklichen Kräuter auf den Boden, dabei murmelt er ständig beschwörende Formeln. Die Hausfrau wird angewiesen, mehr und immer mehr an heiligen Kräutern und Gewürzen zu bringen. Rundherum sitzt die Familie, hält sich an den Händen und dann bekommt jeder aus dem Kräutergebräu einen farbigen Punkt auf die Stirn geklebt. Das Ritual dauert Stunden, mir knurrt schon der Magen vor lauter Hunger. Dann scheint das Ritual zu einem Ende zu kommen. Der Priester schüttet noch schnell Milch über das Heiligenbild, jeder berührt die fließende Milch und das Bild, um soviel Segen wie nur möglich zu erhalten. Dann gibt es Essen - Endlich! Alle tappen mit den Fingern in den Schüsseln herum, so auch ich. Die Speisen schmecken köstlich aber ich habe keine Ahnung, was ich da in mich hineinstopfe. Nach Beendigung des geheimnisvollen Mahles bekommt der Priester Geschenkpakete überreicht, auf denen obendrauf Geldscheine liegen. Sichtlich zufrieden verlässt Hochwürden das Haus. Einmal pro Jahr läuft diese Zeremonie ab aber warum musste ausgerechnet ich bei dieser Familienangelegenheit dabei sein? War für das Ritual ein unbekannter Gast notwendig? Ich weiß es bis heute nicht.

Tage und Wochen vergehen, ich lerne immer mehr, das Land und seine Menschen zu lieben. Peter lädt mich schon wieder ein, diesmal zum Feuertanz. Das größte religiöse Fest des Jahres soll nach Einbruch der Dunkelheit beginnen und die ganze Nacht dauern. Kurz vor Sonnenaufgang gehen dann angeblich ein paar ausgewählte Priester über glühende Kohlen. Damit ich mir nicht die ganze Nacht um die Ohren schlagen muss, lasse ich mich von Peter um vier Uhr früh abholen. Ich bin der einzige Fremde auf diesem Fest, weit und breit ist kein Tourist zu sehen. Aber es hat den Anschein, als sei hier die ganze Insel versammelt. Seit Stunden schon ist der „Feuerclown" damit beschäftigt, die Anwesenden wach zu halten. Mit brennenden Fackeln springt er tanzend herum, treibt Späße und verblüfft mit akrobatischen Einlagen. Dazu ist ein ständiges Gerassel von Schellen und das Schlagen von Trommeln zu hören - da kann wirklich niemand einschlafen. Der Höhepunkt des Festes rückt näher. Etwa eine Stunde vor dem Feuergehen werden die vom Oberpriester Ausgewählten in gelbe Gewänder gehüllt, zum Fluss gebracht, gewaschen und in Trance versetzt. Dann schreiten die, vom Volk für Halbgötter gehaltenen, Priester ohne Eile über glühende Holzkohlen. Die Hitze ist enorm. Ich stehe zwar zehn Meter entfernt, muss mir aber die Hände schützend vors Gesicht halten. Sorgfältig wacht der Hohepriester darüber, dass seine Schützlinge nicht immer wieder durch die Glut gehen, denn die spüren ja offensichtlich wirklich nichts. Erst als sich langsam die Sonne über den Horizont erhebt, ist der religiöse Feuerzauber zu Ende.

Irgendwann spüre ich wieder den Ruf der See. Die Inselgruppe der Jasavas soll schön sein! So geht es wieder hinaus ins blaue Wasser, um neue Menschen, neue Gegenden zu entdecken und zu erkunden. Fidschi besteht aus mehr als 350 Inseln, von denen etwa zwanzig Prozent unbewohnt sind. Selbst wenn man auf jeder dieser Inseln nur einen Tag verbringen würde, brauchte man dazu fast ein Jahr. Also muss ich mich auf einen kleinen Teil beschränken.

Bei allen Inseln, die ich bisher besucht habe, konnte ich, wo immer ich wollte, den Anker fallen lassen. Nicht so in Fidschi. Die Inseln stehen nach alter Überlieferung noch immer im Eigentum der dort lebenden Einheimischen. Besucher kommen selten, doch wenn sie einmal da sind, freut man sich über ein bisschen Abwechslung im eintönigen Inselleben. In jedem Fall schreibt ein alter Brauch vor, dass jeder Fremde zuerst vom Häuptling begutachtet werden muss. Der entscheidet dann auch, ob der Ankömmling willkommen ist. Also ist es günstig, ein Gastgeschenk („Sevu sevu") beim Vorstellungsgespräch mitzubringen. Unter den Fahrtenseglern hat sich natürlich längst herumgesprochen, welche Geschenke besonders gerne angenommen werden. Zum Beispiel ein Bündel von den Wurzeln des Pfefferstrauches, aus dem dann am Abend Kaba gebraut wird. Gnädig angenommen werden auch gerne frische Fische, Zigaretten oder farbige Stoffe. Sevu sevu wird nicht einfach übergeben, nein, dafür hat ein Ritual stattzufinden. Der Gast sitzt mit gekreuzten Beinen vor dem ebenfalls am Boden sitzenden „Chef", natürlich ohne Schuhe und Hut. Beim Sevu sevu wird viel palavert, was nicht ganz einfach ist. Denn die meist alten Häuptlinge sprechen kein Englisch und wer kann schon die Stammessprache. Also macht man ein freundliches Gesicht, nickt manchmal mit dem Kopf, so als hätte man jedes Wort des Häuptlings verstanden und plappert selbst irgendetwas in den Raum. Nach dem Sevu sevu ist der Gast willkommen. Ab sofort kann er sich in der Ortschaft frei bewegen und jeder Inselbewohner respektiert ihn. Die ganze Bevölkerung ist nun für das Wohlergehen des Gastes verantwortlich. Theoretisch müsste sie ihn sogar durchfüttern, bis er wieder abreist.

Auf dem sandigen Grund der Inselgruppe der Jasavas (Fidschi) findet der Anker guten Halt

Davon mache ich natürlich keinen Gebrauch. Von Insel zu Insel, von Bucht zu Bucht segle ich mit der Maui. Kein Eiland der langgezogenen Kette der Jasavas-Inselgruppe lasse ich aus. An den vielen unbewohnten Plätzen ist natürlich auch kein Sevu sevu notwendig. Ich tauche, schwimme, suche Muscheln und genieße die Kühle des Abends, die allen Inseln, die um den 20. Breitengrad liegen, eigen ist. Nachts sinkt die Temperatur manchmal sogar bis auf 19 Grad, was einen herrlichen Schlaf garantiert. Manchmal heult allerdings der Passatwind im Rigg aber bei guten Ankergründen ist das kein Problem. Langsam segle ich immer weiter nach Norden, wieder tut sich eine große Bucht auf und wieder ist kein einziger Segler da. Herrlich! Ein Riff muss in der Einfahrt umrundet werden, doch drinnen liegt man herrlich geschützt. Ein langgebogener, palmenumsäumter Strand lässt paradiesische Gefühle aufkommen. Wunderbarer Ankergrund, erstaunlich gepflegt wirkt alles. Im linken Teil dieser Bay liegt eine kleine Ortschaft mit einer überdimensional großen Kirche. Überhaupt ist mir aufgefallen, dass der Südpazifik voller Gotteshäuser ist. Sie stehen in der Gegend herum, wie bei uns die Gasthäuser. Wieder einmal ist Sevu sevu angesagt. Ich ziehe lange Hosen an, (kurze sind hier nicht erwünscht) und ausgestattet mit Kaba, Fisch und bunten Stoffen paddle ich an Land. Bei der ersten Hütte frage ich, wo das Haus vom Chef sei. „Da drüben, das schöne, große Haus aber er ist nicht da". „Oh, ich bin wegen Sevu sevu hier, soll ich warten?" „Nein, sein Sohn wird kommen und Sevu sevu machen". Nicht weit vom Haus des Chefs entfernt, fällt mir ein gemauertes Haus mit Wellblechdach auf. Ein Krauskopf schaut heraus und ich grüße sehr freundlich. Der gut gebaute, sehr nach Fidschi-Jüngling aussehende Sohn des Chefs kommt, macht stellvertretend Sevu sevu, bedankt sich rasch für die vielen Geschenke und geht wieder.

Auch ich kann nicht lange bleiben. Ich muss zurück nach Lautoka, den Wassertank auffüllen, Diesel aufnehmen und die Vorratsräume mit Dosen, Getränken, Gemüse und Obst auffüllen. Bei meinen Einkaufsfahrten mit dem Klapprad winken mir immer wieder viele Fidschis zu und rufen: „Cloos, Cloos, wie geht's heute?" Claus können sie nicht aussprechen, aber was soll's, sie sind alle freundlich zu mir und einige haben mich sogar ins Herz geschlossen. Doch es hilft nichts, ich muss Lautoka für ein paar Tage verlassen und in die Hauptstadt Suva reisen. Ich tue es ungern, denn das kleine Städtchen ist mir sehr ans Herz gewachsen. Ich muss ein Visum für Papua Neuguinea beantragen, das im Oktober auf meinem Zeitplan steht. Mit einem taxiähnlichen Gefährt fahre ich für 10 Fidschi-Dollar dreieinhalb Stunden entlang der landschaftlich schönen Küste von Viti Levu zur Hauptstadt Suva. Als Segler möchte ich natürlich gleich dem Royal Suva Yacht Club einen Besuch abstatten. Der Empfang ist äußerst kühl. Ich würde gerne einen Wimpeltausch zwischen dem Yacht Club Austria und dem Royal Suva Yacht Club vornehmen, doch das wird abgelehnt. Der unfreundliche Herr teilt mir in seinem noblen Büro mit, dass ich gerne einen Wimpel kaufen könne, doch getauscht wird hier schon seit Jahren nicht mehr. Soetwas habe die Clubleitung längst abgeschafft. Na, dann eben nicht. Ich verabschiede mich und frage noch schnell nach einem empfehlenswerten Hotel. Der Herr mustert mich von oben bis unten und nennt mir dann das Coconut Inn, drei Straßen weiter. Das Haus ist weder schön noch gepflegt. Doch der Preis von 8 Fidschi-Dollar pro Nacht erleichtert mir die Entscheidung. Am nächsten Morgen eile ich zum Konsulat von Papua Neuguinea. 160 Fidschi-Dollar kostet das Visum. Ich greife in die Geldbörse, doch das Geld ist weg! Ich bin in der letzten Nacht im Hotel bestohlen worden! Gut, es fehlen nur 160 Dollar, das sind 1300 Schilling, das ist nicht die Welt. Soll ich alles vergessen und sagen, es war Pech? Nein, ich muss etwas unternehmen. Aber was? Soll ich zurückgehen und sagen, ich bin bestohlen worden? Das würde nur Worte des Bedauerns auslösen. Nein, es muss etwas Besonderes sein. Ich suche meinen Lichtbildausweis heraus, den ich von den Oberösterreichischen Nachrichten bekommen habe, gehe zurück ins Hotel und halte dem Chef den Ausweis unter die Nase: „Ich bin ein Journalist aus Österreich. Man hat mich letzte Nacht bestohlen. Ich gehe aber nicht zur Polizei, nein, ich gehe zur Regierung, denn dort habe ich gute Freunde!" Der Besitzer der Unterkunft wankt, wird blass, stottert und bietet mir an, die Hälfte des gestohlenen Geldes aus eigener Tasche zurückzugeben. Ich bin einverstanden.

Ich will weg von Suva, dieser Stadt, die mir nichts Gutes gebracht hat. Der Minibus rast mit mörderischem Tempo durch die Nacht. Vor Lautoka landen wir kurz einmal im Straßengraben. Ich sehe mich veranlasst, den Fahrer um Reduzierung der Geschwindigkeit zu ersuchen. Letztendlich komme ich lebend an, um 23 Uhr nachts.

Wieder in der Neissau Marina auf meiner Maui, fühle ich mich doch gleich viel besser. Am nächsten Tag erzähle ich meinem Freund, dem Koch des kleinen Restaurants in der Marina, wie wenig schön es doch in Suva war und wie froh ich bin, wieder hier zu sein. Matae, so heißt der Koch, sagt: „Zum Trost und um Dir Freude zu bereiten, werde ich Dir morgen im Erdofen ein richtiges Original-Fidschi-Essen zubereiten." Es wird ein Erdloch ausgehoben, darin einige Stunden ein Holzfeuer entfacht und Steine in die Glut gelegt. Wenn die Steine richtig heiß sind kommen obendrauf Blätter, die aussehen wie Bananenstauden. Doch es sind große Blätter vom Feuerbaum, wie die Eingeborenen die Pflanze nennen, dessen Blätter äußerst hitzebeständig sind. Darin werden die verschiedensten Speisen eingewickelt und nach einem ausgeklügelten System auf die verschieden heißen Steine gelegt. Die Kunst dabei ist, dass alles zur gleichen Zeit gegart sein muss, denn wenn der Erdofen wieder geöffnet wird, ist ein Nachkochen nicht mehr möglich. Matae und seine Frau versorgen mich immer mit extra Leckerbissen. „Von uns brauchst Du nie hungrig weggehen!", versichert mir der rundliche Koch.

Wieder Wartung am Boot - eigentlich ist Weltumsegeln eine einzige Reparaturfahrt. Ständig ist etwas zu erneuern, zu nähen, oder zu streichen. Fertig ist eine Yacht nie. Und so fahre ich wieder hinaus in die Inselgruppe der Jasawas. Wieder laufe ich Malakati an, die kleine Ortschaft, wo es keinen Strom oder sonst irgendeine moderne Errungenschaft gibt. Wieder gibt es Sevu sevu, obwohl die 150 Bewohner von Malakati Claus und die Maui nun schon kennen. Ein Sevu sevu-Geschenk muss sein. Das Ehepaar Milli und Siu sind

Ruhig und ausgewogen bewegen sich die Fidschi-Frauen beim Sitztanz

im Ort zuständig für Volkstanz und Singen. Ein Tanzabend wird veranstaltet. Nach Einbruch der Dunkelheit formiert sich mitten auf dem Marktplatz die Gruppe, um dann mit kleinen Schritten, hüftenwiegend, melodisch singend in das Volkshaus einzuziehen. Wie in vielen Inselwelten des Pazifiks, ist auch auf Fidschi der Sitztanz die am meisten verbreitete Form. Später hocken wir gemütlich beisammen und trinken Kaba. Am nächsten Morgen ist es wieder einmal an der Zeit, aufzubrechen. Das ist das Los der Segler: Kaum hast du einen Ort und die Menschen liebgewonnen, muss es wieder weitergehen. Noch einmal durchstreife ich langsam „mein Malakati", mache noch ein paar Fotos und verlasse mit einer Träne im Auge diese traumhaft gelegene Bucht. Ich sitze schon im Schlauchboot, das mich zur Maui bringen soll, als ein „Malakatianer" hereneilt und mir eine Halskette als Glücksbringer übergibt. Weiter nach Westen muss es gehen, wenn ich irgendwann einmal im Osten ankommen möchte. Von der kleinen Insel mit dem auf deutsch übersetzten Namen „Musketenversteck" soll eine „Fun-Regatta" nach Vanuatu starten, erfahre ich über Funk. Vanuatu gehört zu den Neuen Hebriden. Das liegt auf meiner Strecke und eine Fun-Regatta wäre auch etwas Neues für mich. Ich möchte mitmachen. Am 19. September soll der Start sein, da habe ich noch zehn Tage Zeit, um alle Formalitäten zu erledigen.

Fidschi - Vanuatu - Mellisch Riff - Cairns

Das „Musketenversteck" oder auch Malolo Lailai, wie diese kleine Insel im Südwesten von Viti Levu heißt, wird gerne von Seglern angelaufen. Die geschützte Bucht, der Yachtclub und die dazugehörige Hotelanlage - all das erfreut das Herz des Fahrtenseglers. Darüber hinaus ist dort immer etwas los. Der Ex-Australier hat ständig neue Einfälle, mit denen er die Gäste seiner Hotelanlage und auch die Fahrtensegler in Stimmung hält. Einmal im Jahr organisiert er eine Fun-Regatta nach Port Vila. Die 500 Seemeilen lange Strecke ist einfach und ohne jede seglerische Schwierigkeiten zu bewältigen. Die meist leichten Passatwinde lassen diesen Wettbewerb wirklich zu lustigen vier Tagen werden. Der Spaß beginnt mit einem Grillabend unter Palmen, viel Bier fließt schon zwei Tage vor dem Start. Am Tag nach dem Barbecue, wenn alle noch ein wenig trunken vom Vorabend sind, gibt es einen Wettbewerb. Die Yacht mit der lustigsten Gallionsfigur wird preisgekrönt. Die 40 teilnehmenden Yachten fahren dazu im Kreis vor den Anlagesteg und jeder hat seinen Bug oder sogar das ganze Schiff mit irgendetwas Verrücktem geschmückt. Das Gaudium des Publikums ist groß, wieder fließt Bier in Strömen und alle sind vergnügt. Der Start am nächsten Tag ist wohlweislich auf 12 Uhr Mittag angesetzt, damit sich alle Trunkenbolde ausschlafen können. Es fällt auch so etwas ähnliches wie ein Startschuss oder war es eine Flasche Sekt, die gerade um 12 Uhr geöffnet wurde? Jedenfalls röhren die Schiffsdiesel auf und die vierzig teilnehmenden Segler laufen mit voller Motorleistung Richtung Riffausfahrt. Der Start wird ein Wettkampf der Motoren, auch ich gebe Vollgas, denn eine der verrückten Regattaregeln besagt, Motorbetriebsstunden mindestens eine, nach obenhin unbegrenzt. Mit 7,5 Knoten hält sich die Maui beim Start gut im Mittelfeld. Es war von Anfang an klar, dass bei einer Regatta, bei der es keine Limitierung der Motorstunden gibt, die Yacht mit der stärksten Maschine gewinnen würde. Deshalb sagt eine andere verrückte Regel: Wer als erster ankommt, wird disqualifiziert, doch jeder Regattasegler, der über die Ziellinie kommt, kriegt einen Preis. Die Preisverteilung wird auf den siebenten Tag nach dem Start angesetzt, denn manche rasen mit voller Motorleistung die 550 Meilen in drei Tagen, andere, die wirklich segeln und kein schnelles Boot haben, brauchen dazu eine Woche. Die Regattaleitung nimmt täglich um 10 Uhr mit jeder teilnehmender Yacht Funkkontakt auf und fragt nach der Position. Es krächzt auch bei mir im Funkgerät: „Maui, Maui, Maui - können Sie uns hören? Geben Sie uns Ihre Position bekannt!" Meine Antwort: „Ja, ich kann Sie gut hören, doch ich weiß nicht, wo ich bin, kein Land ist mehr zu sehen, rundherum nur Wasser, Wasser, Wasser." Auf der anderen Seite stottert es: „Sie wissen nicht, wo Sie sind?" „Leider nein, denn ich habe die Bedienungsanleitung für den Satellitennavigationscomputer verlegt." Schweigen auf der anderen Seite. Am nächsten Tag wieder „Maui, Maui, Maui, können Sie uns hören und uns Ihre Position durchgeben?" Diesmal antworte ich brav: „Ja, ich kann Sie hören und meine Position ist . . ." Sichtlich erleichtert wird auf der anderen Seite aufgeatmet. Als ich dann noch sage: „Ich hoffe, Ihr nehmt mir den Scherz von gestern nicht übel!", steht es fest, dass ich den Preis für die schlechteste Navigation in Form eines Taschenrechners bekommen muss und zusätzlich eine Kiste Bier. Die Einreise in Port Vila ist ein Kinderspiel. Keiner der Zöllner kümmert sich um in Fidschi billig eingekaufte Spirituosen. Leider habe ich nur einen Karton mit Gin gekauft. Zollfrei hat eine Flasche nur umgerechnet 80 Schilling gekostet, hier in Papua Neuguinea, wo ich gerade diese Zeilen schreibe, kostet sie 600 Schilling.

Einige Tage blieb ich in Port Vila (Vanuatu), um nach einer Inselrundfahrt den Bug der Maui durch das große, weite und gefährliche Korallenmeer Richtung Australien (Cairns) zu wenden.

Von VANUATU zum MELLISH RIFF

880 Seemeilen oder 1600 Kilometer sind es nach Australien, wobei die ersten 400 Seemeilen frei von Untiefen oder anderen versteckten Gefahren sind. Danach beginnt das Korallenmeer, gefürchtet in der Vergangenheit von allen Seeleuten, egal ob Segler oder Großschifffahrt. Die vielen versunkenen Atolle reichen bis knapp unter die Wasseroberfläche und bilden eine tödliche Gefahr. An jedem dieser Riffe haben Reedereien so manches Schiff verloren und leider auch viele tapfere Seeleute ihr Leben gelassen, denn wer an so einem versunkenen Riff strandet, hat keine Überlebenschance. Sollte er beim Aufprall nicht von Wrackteilen oder Wellen am Riff erschlagen worden sein und sollten ihn die zahlreichen Haie nicht gefressen haben, so würde er nach spätestens 24 Stunden, trotz des warmen Wassers, sterben. Wenn aber der Seemann das Glück hat, auf einem Riff zu stranden, auf dem noch Reste von Land in Form von Sandbänken herausragen, so könnte dieser Pseudoglückliche noch einige Tage länger am Leben bleiben, bis er verdurstet ist und die zahlreichen Seevögel die Reste seines Körpers gefressen haben. An so einem versunkenem Riff, mit einer kleinen Landinsel, möchte ich einen Stopp mit der Maui einlegen. Mit dem Sextanten als einzigem Navigationsmittel wäre so ein Ansinnen noch vor wenigen Jahren undenkbar gewesen. Das GPS eröffnet dem heutigen Segler neue, bisher verschlossene Paradiese der Meere. Eines dieser Paradiese ist das Mellish Riff, es ist vier Kilometer lang und einen Kilometer breit. Das nierenförmige Gebilde ist Heimat abertausender Seevögel. Im Segelhandbuch der amerikanischen Marine wird vor einem Landfall am Mellish Riff gewarnt. Die einzige Ankermöglichkeit bestehe auf der Westseite, mit 43 Metern Wassertiefe - keine guten Aussichten für die Maui und mich. Mit leichten Winden von achtern halte ich auf die Südspitze dieses versunkenen Atolls zu. Der Navigationscomputer zeigt nur mehr 1,5 Seemeilen bis zum Riff an. Ich werde nervös, man müsste längst etwas sehen. Mit dem Fernglas suche ich den Horizont ab, nichts, nur Wasser und Wellen. Sollte die Karte nicht stimmen? Unmöglich! Seekarten sind mit der größtmöglichen Genauigkeit erstellt. Doch da links vorne, Brandung, die Welle bricht sich am Außenriff, das bei Ebbe an einigen Stellen trocken fällt, bei Flut jedoch stehen schwere Brecher über dem Riff. An der Leeseite finde ich ruhiges, türkisfarbenes Wasser, weißer Landboden leuchtet durch das klarste Wasser, das ich je gesehen habe. Einige Riffköpfe liegen dort und da im Weg aber sie sind leicht zu umfahren. Auf sieben Meter Wassertiefe finde ich einen Ankerplatz, nicht allzuweit von der Riffkante entfernt. Nichts stimmt mit dem Segelhandbuch der amerikanischen Marine überein. Ich habe das später immer wieder erlebt, die „US Sailing Directions" sind für den Segler wertlos, möglicherweise können große Frachtschiffe oder Kriegsschiffe etwas damit anfangen, Segler jedenfalls nicht. In solch abgelegenen Plätzen wie dem Mellish Riff, wo bis zum nächsten Land 800 Kilometer Wasser dazwischenliegen, kommt ganz selten einmal ein Segler vorbei, um einen Stopp von einigen Tagen einzulegen.

Nie springe ich ins unbekannte Meer, sondern der erste Tauchgang ist ein langsames in das Wasser gleiten, ausgestattet mit Brille, Schnorchel, Flossen und der Harpune. Vorsichtig blicke ich im Kreis herum und bleibe in Bootsnähe, um in Notfall sofort wieder an Deck klettern zu können. Dann schwimme ich mit runden, weichen Bewegungen weiter weg vom Boot Richtung Außenriff. Dabei blicke ich ständig um mich und besonders zurück, denn der Große Barracuda ist ein ganz heimtückischer Bursche, er ist der einzige Fisch, der seine Opfer immer von hinten angreift. Er kommt stets im großen Bogen, unsichtbar für den Taucher. Viele Taucherunfälle, die dem Hai zugeschrieben werden, gehen auf das Konto des Großen Barracuda. Etwa eine halbe Stunde dauert so ein erster Erkundungstauchgang, bei dem

ich mir immer einen Überblick über mögliche Gefahren verschaffe: Giftige Quallen, gefährliche Fische, unterirdische Strömungen, Muränen oder hochgiftige Korallen und Muscheln. Hier finde ich erstaunlicherweise keine Haie und auch keine Barracudas, dafür jedoch abertausende von kleinen Fischen, die in großen Schwärmen den Taucher umgeben und nur soweit zurückweichen, dass sie gerade nicht berührt werden können. In der nächsten Riffschlucht entdecke ich Papageienfische, die mit ihren scharfen Zähnen Korallen fressen können. Gepanzerte Zackenbarsche lugen aus Riffvorsprüngen. Jede Riffschlucht hat andere wunderschöne Bewohner. Im warmen, herrlich klaren Wasser, vergeht die Zeit wie im Fluge. Zwei Stunden bleibe ich mit meinen hier lebenden Freunden zusammen. Die Harpune verwende ich nicht, um einen Fisch zu jagen, sondern nur als Schutz vor angreifenden Raubfischen. Was ich an Meeresfrüchten zum Essen brauche, fange ich mit der Schleppangel im offenen Meer. Dort sind die gefangenen Tiere immer von sehr hoher Qualität, die am Riff lebenden Fische hingegen können manchmal Träger der Sikatera sein und somit giftig. Für drei Tage ist dieser einsame Platz mein Zuhause. Die Aufbauten eines Wracks ragen bei Ebbe aus dem Wasser. Es ist ein Frachter, der vor vielen Jahren gestrandet und dabei in mehrere Teile zerbrochen ist. Den Schiffsnamen kann man noch lesen: „Zarenaba" - er ist jetzt das Zuhause von vielen kleinen und großen Meerestieren. Am vierten Tag geht es weiter Richtung Westen, jedoch nicht ohne eine der Riesenspinnenschneckenmuscheln mitgenommen zu haben, die hier am Mellish Riff in großen Mengen vorkommen. Eine nur, das genügt für meine Muschelsammlung. Die See ist ruhig, leichter Wind aus Ost, der erste Segeltag auf dem Weg nach Cairns in Australien verspricht ein schöner zu werden.

Einkaufen und Reparieren auf Cairns

Leichte Passatwinde blähen die Segel der Maui. Abends verzieht es sich, mit Einbruch der Dunkelheit frischt der Wind auf und erreicht um Mitternacht Windstärke sieben, die Wellen werden höher, immer höher. Die Maui wird von den bis zu sieben Meter hohen Wellenbergen übers Heck zur Seite geschoben. Der Autopilot kann die Yacht nicht mehr zurück auf Kurs bringen und das Boot droht querzuschlagen, was Kenterung oder Mastbruch zur Folge haben kann. Es ist zwei Uhr früh. Ich muss hinaus ans Ruder, um per Hand rasch das Steuerrad gegenzudrehen. Die Maui muss genau im richtigen Winkel vor den Wellenbergen dahingleiten, die nun in weißen Streifen von hinten heranrollen und das Boot zu überrollen drohen. Ich wage gar nicht zurückzuschauen, so schrecklich ist der Anblick, wenn sich riesige, weiße Wasserberge hinter dem Heck türmen. Immer wieder geht die gurgelnde Gischt über das Heck und die Achterkajüte. Wie wild dreht das Steuerrad durch meine Hand von links nach rechts und von rechts nach links. Lange werde ich diese Schwerstarbeit nicht durchstehen können. Warum muss schweres Wetter immer in der Nacht kommen, wo jede Welle doppelt so hoch erscheint, als sie in Wirklichkeit ist? Mit dem Morgen lässt der Wind soweit nach, dass der elektrische Autopilot wieder seinen Dienst übernehmen kann. Es bleibt in den nächsten Tagen windig. Dann kommt endlich die australische Küste in Sicht.

Cairns ist eine wunderschön angelegte Stadt, die neben vielen Supermärkten auch etliche Möglichkeiten bietet, notwendige kleine und auch größere Reparaturen am Boot durchführen zu können. Endlich können die ausgeschlagenen Kreuzgelenke von der Lenkung erneuert werden. Lange schon suche ich eine Werkstatt, die die veralteten Gelenke noch führt. Hier in Cairns werde ich fündig, somit kann wieder ein Posten meiner nicht enden wollenden Liste als erledigt gestrichen werden. Die vordere Luke neu dichten und abschleifen, Batterie für Navigationscomputer erneuern, Schap mit Leisten versehen, Rost in der Küche reinigen, Cockpitboden verschrauben, Solin von Angelrolle wechseln, Petroleum umfüllen, Polster nähen, Öl wechseln, den Schalter der Bilgenpumpe erneuern, Grilleinrichtung am Herd schweißen - dies ist eine Abschrift von der Liste, zu der immer noch etwas dazukommt. Das zeigt deutlich an, wie unterschiedlich und vielfältig die Arbeiten an Bord einer Segelyacht sind.

Cairns und somit Australien verlassen wir, die Maui und ich, mit vollen Stauräumen. Alles kostet hier die Hälfte oder nur ein Viertel von dem, was angeblich dafür in Papua Neuguinea zu bezahlen ist. Mengen von Weißwein, Rosé-Wein, Sekt, Bier und allem erdenklichen an Alkoholfreiem wird gebunkert. Die hohe Qualität der Lebensmittel nutze ich, um auch wieder alle anderen Stauräume aufzufüllen, denn es wird viele Monate dauern, bis ich wieder an einen Platz mit solch günstigen Einkaufsmöglichkeiten komme. Zwei Tage lang möchte ich zwischen dem Großen Barrier Riff und dem australischem Festland nach Norden segeln, ein wenig am Riff tauchen, um dann wieder durch das Korallenmeer Richtung Nordosten zur Hauptstadt von Papua Neuguinea, Port Moresby, segeln. Vor acht Stunden habe ich Cairns verlassen. Ein Flugzeug, silbrig mit roten Streifen, donnert im Tiefflug über mich hinweg, macht einen Bogen und rast schon wieder nur 50 Meter über der Wasseroberfläche auf mich zu. Piraten? Sollte es jetzt schon Piraten mit Flugzeugen geben? „Maui, Maui, Maui!", tönt es aus meinem UKW-Funk, „hier ist die Küstenwache von Australien, wir machen eine Sicherheitsüberprüfung, geben Sie uns Ihre und die Daten der Yacht durch!" Tief atme ich durch, niemand will mich abschießen, Gott sei Dank! Ich funke die gewünschten Daten und frage dann, ob denn jede Yacht so genau überprüft wird.

„Ja, jede Yacht, es entgeht uns keine und wenn sie noch so klein ist. Auf Wiedersehen und gute Weiterreise!". Das Flugzeug dreht noch eine Schleife, wackelt zum Gruß mit den Tragflächen und verschwindet am Horizont.

Das Segeln innerhalb des Barrier Riffs erfordert gute Seekarten, denn oft gibt es nur schmale Wasserwege zwischen den Riffen. Ich habe vorgesorgt, ein nagelneuer Satz Seekarten liegt in der Kajüte. Der Abend kommt. Um einen Ankerplatz zu finden, will ich nach der x-ten Anschlussseekarte greifen. Ich durchwühle, krame, suche alles durch - oh Schreck - der Kartensatz ist nicht komplett! Ausgerechnet die Karte für diese Gegend und für die morgige Durchfahrt hinaus aus dem Riff fehlt. Ohne Seekarte finde ich in diesem strömungsreichem Gewässer unmöglich einen geeigneten Ankerplatz. Was tun? Noch einmal sehe ich alles an Kartenmaterial durch, was an Bord ist. Nichts! Da fällt mein Blick auf das bunte Fischposter, das ich in Cairns gekauft habe, um endlich zu wissen, wie die Fische hier am Riff aussehen und wie sie heißen. War da nicht eine Karte vom Barrier Riff aufgedruckt? Vorsichtig werden die Klebestreifen abgezogen und tatsächlich, es stimmt, auf der Rückseite entdecke ich eine Karte, zwar keine Seekarte, doch immerhin sind die Riffe und Inselchen recht genau eingezeichnet. Beim Lizard Island scheint im Nordwesten eine geeignete Ankerbucht zu sein, es fehlt zwar an Tiefenangaben und Details aber besser als nichts. So taste ich mich vorsichtig und langsam mit Motor und Leerlaufdrehzahl, die Augen krampfhaft auf die Anzeige des Tiefenmessers gerichtet, in die bereits stockdunkle Ankerbucht. Am nächsten Morgen, bei gutem Licht, wundere ich mich, wie ich in der letzten Nacht zwischen den Korallenköpfen zu diesem guten Ankerplatz gefunden habe. Doch noch fehlt mir eine geeignete nautische Unterlage, um durch das Riff ins offene Meer zu gelangen, denn zu früh endet hier meine „Fischkarte". „Das Funkgerät - manchmal ist die Technik doch segensreich", denke ich, greife zum Mikrofon und rufe hinaus in den Äther: „Hier ist die Segelyacht Maui, ich suche jemanden, der eine Seekarte vom Barrier Riff hat." Dann gebe ich noch meine genaue Position durch. Es dauert nicht lange und es kommt eine Antwort. Ja, die andere Seite hat soetwas. Über Funk bekomme ich exakte Angaben und fertige danach eine Landskizze. Es klappt, sicher findet die Maui damit den Weg ins tiefe Wasser und macht drei Tage später im Royal Yacht Club von Port Moresby an der Gästetonne fest.

Im Land der Kopfjäger

Wenn ich schon im Land der Kopfjäger und der Menschenfresser bin, dann will ich auch welche sehen und zwar die, die im unzugänglichen Hochland leben, dort wo es keine Straßen und Verkehrsmittel gibt. Nur mit dem Flugzeug kann man dorthin gelangen. Von den über 600 verschiedenen Stämmen sind die meisten überhaupt nicht erreichbar. Ihr Lebensraum bleibt für den Tourismus verschlossen. Doch nach Tari, ins Land der Hulis, darf man einreisen. Von durchorganisiertem Tourismus kann freilich auch dort keine Rede sein. Außer mir reiste nur noch ein Holländer und eine Amerikanerin in das abgelegene Gebiet. Alles, was ich im Folgenden schreibe, sind Dinge, die ich selbst gesehen und erlebt habe aber auch Geschichten, die mir von Einheimischen erzählt wurden. Das Ankunftsgebäude des Flughafens von Tari ist schwer als solches zu erkennen; es handelt sich um eine aus Palmblättern geflochtene Hütte. Die wenigen anderen dunkelhäutigen Passagiere sind irgendwohin verschwunden. Im Halbdunkel der Hütte hockt jemand auf einem zerfallenen Gestell aus Holz, das wohl irgenwann einmal ein Sessel gewesen sein muss. „Wie komme ich zur Travel Lodge?", frage ich. „Zehn Kilometer nach Nordwesten", kommt die Antwort, „ein Geländewagen, der sie abholt, wird bald da sein". Wieder draußen im Sonnenlicht sehe ich kleine dunkelbraune, lediglich mit ein paar Blättern bekleidete Hulis. Sie haben wache Augen und beobachten alles aufmerksam. Der Kopfschmuck sieht aus wie ein aus Moos, Gräsern und Blumen geflochtener Zweispitz. In der Zeichensprache frage ich höflich, ob ich sie fotografieren darf. Ich darf. Freundlich werfen sie sich in Pose.

Der holprige und glitschige Weg zur Lodge führt steil in Serpentinen durch den Regenwald nach oben. Es ist früher Nachmittag und angenehm kühl. Paradiesvögel rasten in den Baumkronen, riesige Schmetterlinge - die größten der Welt - flattern vorbei. Von der komfortablen Lodge aus Teakholz blickt man hinunter über den endlosen grünen Teppich aus Baumkronen, unter denen die Ureinwohner dieses Berglandes ihre Hütten bauen. Sie schlafen wie Hunde, zusammengerollt auf dem Erdboden, tragen ihre Stammeskämpfe noch mit Pfeil und Bogen aus und kaufen sich ihre Frauen nicht mit Geld, sondern mit

Ein Huli mit dem typischen Kopfschmuck aus Moos, Gräser und Blumen

Schweinen. Ein Fischer vom Stamm der Hulis - er spricht etwas Englisch - erzählt mir, dass die Frauen hier keinen besonderen Stellenwert haben. Sie gelten als die Ursache alles Bösen und müssen mit den Schweinen zusammenleben. Alle sieben Monate holt sie der Mann in seine Hütte, um die Art zu erhalten. Ich möchte wissen, ob sich der Preis der Frauen nach deren Schönheit richtet. Erstaunt schüttelt der Huli seinen Kopf. „Eine Frau kann niemals schön sein", kärt er mich auf. „Nur Männer stellen etwas dar. Wieviel eine Frau kostet, richtet ausschließlich sich nach ihrer möglichen Arbeitsleistung". Fürwahr: In dieser Gegend hätten Frauenrechtlerinnen ein weites Betätigungsfeld. Die Hulis sind ein Stamm, bei dem alles auf Kampf ausgerichtet ist. Von klein auf werden die Buben erzogen, einmal gute Krieger zu werden. Ihre Körperbemalung ist ebenso farbenprächtig, wie ihr Kopfschmuck. Das wesentlichste Gesetz des Stammes lautet offensichtlich: „Aug´ um Aug´, Zahn um Zahn". Jedenfalls herrscht ständig Krieg mit anderen Stämmen, um Gleiches mit Gleichem zu vergelten. Da aber keiner

Claus Ginter inmitten der Huli-Krieger

nachgibt, kann es logischerweise nie zu einem dauerhaftem Frieden kommen.

Vom Hochland der Hulis geht es weiter mit einem kleinen sechssitzigen Propellerflugzeug zum Sepik Fluss. Groß, breit, lang - man nennt ihn den Amazonas von Papua Neuguinea. Hier ist die Heimat der „Krokodilmenschen". Der Sepik ist voll mit Krokodilen und so spielt die gepanzerte Echse eine große Rolle im Leben dieser Eingeborenen, was sich auch in einem grauslichen Brauch ausdrückt: Im Alter von 18 Jahren werden Burschen, aber auch Mädchen, einer sehr schmerzhaften Prozedur unterzogen. Mit scharfen Bambusmessern schneidet man den Rücken der Jugendlichen mit kurzen Schnitten ein und beträufelt die Wunden mit einem besonderen Saft. Dieser bewirkt, dass sich am Rücken schuppenartigen Wölbungen bilden, ähnlich dem Rücken eines Krokodils. Nach dem „Rückenschneiden" werden die vom Schmerz erschöpften Jugendlichen für sechs Monate in eine Art „Geisterhaus" eingeschlossen und haben während dieser Zeit keinen Kontakt zu

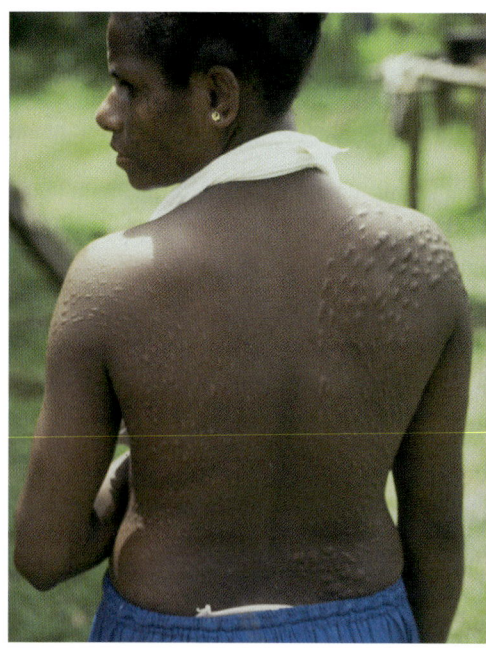

„Krokodilmensch" am Sepik-Fluss in Papua Neuguniea

den anderen Dorfbewohnern. Nur ein Lehrer ist ständig bei den Halbwüchsigen, unterrichtet sie ein halbes Jahr im Dämmerlicht der Hütte, um sie dann als Erwachsene der Dorfgemeinschaft zurückzugeben. Die Krokodilmenschen leben in Palmhütten, die auf Pfählen stehen, denn während der Regenzeit steigt der Wasserspiegel um drei Meter an, überschwemmt die Dörfer und das Land wird kilometerweit zur Sumpflandschaft. Das Kanu ist dann das einzige Transportmittel, um von Hütte zu Hütte zu gelangen. In dieser Zeit des Wartens auf niedrigeres Wasser, pflegen die Eingeborenen ihr Talent im Holzschnitzen. Paradiesvögel und Krokodile sind bevorzugte Motive. Während des Hochwassers ist außerdem Kargheit angesagt. Die Menschen hier ernähren sich dann nur von Fisch und Krokodilfleisch.

Diese primitive Lebensweise bringt etwas mit sich, woran ich als Mitteleuropäer nie gedacht hätte: Es gibt hier keine Gefängnisse, denn wenn jemand bereits auf dem Boden schläft, isst und lebt, wie soll dann ein Gefängnis aussehen? Einsperren gibt es also als Bestrafung für eine Untat nicht. Wer gegen ein Gesetz verstößt, dem wird körperlicher und seelischer Schmerz zugefügt. Touristen müssen daher in dieser Gegend vorsichtig sein. Leicht kann man unbeabsichtigt gegen ein Stammesgesetz verstoßen und dafür nach den Regeln der Eingeborenen bestraft werden. So ist es einem Amerikaner und seiner Lebensgefährtin ergangen. Obwohl gewarnt, fuhren die beiden ohne einheimischen Führer in einem Motorboot den Sepik hinunter, besuchten ein Dorf und müssen dort unbewusst gegen irgendein Gesetz verstoßen haben. Die Strafe war entsetzlich. Zwei Eingeborene hielten den Amerikaner fest, während der Rest des Stammes seine Freundin vergewaltigte. Wild um sich schlagend wollte sich der Mann befreien um seiner Freundin zu helfen. Worauf man ihm kurzerhand mit einem langen Buschmesser die Muskeln der Unterarme zerhackte. Blutend und hilflos musste er die Vergewaltigung seiner Freundin mit ansehen. Nach dieser Bestrafung durften beide ungehindert das Dorf verlassen.

Nicht ganz so dramatisch verlief das Fehlverhalten meines Segelkameraden Wolfgang. Wolfgang ist Münchner und mit seiner Yacht „King of Bavaria" seit Jahren in der Südsee unterwegs. Wir sind uns in Rabaul zufällig wieder einmal begegnet. Aufgrund meiner Erzählungen vom Sepik haben Wolfgang und seine Crew auch diesen Teil von Papua Neuguinea besucht, allerdings mit einem einheimischem Führer. Und das war gut so, wie sich später herausstellen sollte. Sie kamen in ein kleines Dorf, idyllisch an einem Nebenarm des Sepik gelegen. Der mitgereiste Guide organisierte für Wolfgang und seine Freunde ein Dorffest, genannt Sing Sing, bei dem die Fremden ausnahmsweise teilnehmen durften. Zu jedem besonderen Anlass, zum Beisspiel Hochzeit oder Beerdigung, gibt es ein Sing Sing. Rhythmisch werden die Trommeln geschlagen, Männer, Frauen auch Kinder stampfen im Kreis, sind bemalt und stoßen gesangsähnliche Laute aus. Der Münchner, leutselig wie die Bayern sind, stampfte auch im Rhythmus mit den Füßen, die Kinder lachten und amüsierten sich darüber, worauf Wolfgang einen Kleinen auf die Schultern nahm und begann, mit ihm herumzuhüpfen. Anfangs machte das dem Kind noch Spaß, doch dann begann es jämmerlich zu schreien. Wolfgang setzte das Kind sofort ab und wollte es beruhigen, doch es half alles nichts. Der kleine Stammesgenosse brüllte weiter und plötzlich verstummten die Trommeln. „Du hast meinem Kind und auch dem Ritual schweren Schaden zugefügt!", klagte die empörte Mutter. Nervös zog der Führer Wolfgang am Arm und flüsterte ihm zu, er möge der Frau schnell ein paar Geldscheine in die Hand drücken und dann nichts wie weg hier. Gesagt, getan. Wolfgang, seine beiden Freunde und der Guide rannten zum Motorboot, sprangen hinein und gaben Vollgas. Der Fremdenführer atmete tief durch, „Glück gehabt", sagte er, „wenn die Dorfbewohner sich erst einmal besprochen haben, weiß man nie, was als Strafe herauskommt". Weiter erklärte er: „Wenn wir aus der Reichweite dieses Stammes sind, besteht keine Gefahr mehr, denn die verschiedenen Stämme helfen einander nicht."

Doch nun zurück zu meinen Erlebnissen am Sepik. Wie gesagt, das Krokodil spielt im Leben der Eingeborenen eine große Rolle. Es wird nachts gejagt, vor allem die kleinen Exemplare sind leichter zu fangen und auch ungefährlicher als die ausgewachsenen, mit ihrer gewaltigen Beißkraft. Es muß dunkel sein für die Jagd, ganz dunkel. Eine richtig schwarze Nacht ist es, als der Führer und ich mit dem Kanu einen ruhigen schmalen Nebenarm des Sepik befahren. Mit lichtstarken Taschenlampen leuchten wir das schilfbewachsene Ufer ab. Da ist schon das erste Krokodil. Wie kleine, rote Erdbeeren reflektieren die Augen der Echse den Lichtstrahl. Geblendet bleiben die Krokodile sitzen und lassen das Boot ganz nah an sich heran. Vorne am Bug sitzt der Jäger, hinten am Heck der Steuermann am Außenborder. Die kleinen Krokodile (bis zu 70 cm lang) werden einfach mit der Hand hinter den Vorderfüßen gepackt und bilden keine Gefahr für den Jäger. Die größeren Exemplare werden mit dem Speer erlegt und die ganz großen Tiere werden peinlichst gemieden. Drei Tage und drei Nächte sind wir in dieser schwülheißen Gegend unterwegs und genießen das Abenteuer Krokodiljagd. Dann wird wieder ein klappriges Flugzeug bestiegen und es geht zurück zum Jachthafen, wo ich meine brave Maui herzlich begrüße.

Krokodiljagd am Sepik-Fluss;
die größeren Tiere werden mit dem Speer erlegt

Alltag auf der Maui

Wie verläuft eigentlich so ein Tag auf der Maui? Steht ein Langstreckentörn an, sind viele Vorbereitungen zu treffen: Auffüllen des Süßwassertanks, der 280 Liter fasst, was für drei bis vier Wochen reicht um zu duschen, Geschirr zu waschen und zu kochen. Für den Morgenkaffee nehme ich am liebsten Mineralwasser, sofern es verfügbar ist. Leider kostet auf Papua Neuguina eine 1,5 Liter Flasche Mineralwasser umgerechnet 30 Schilling. Doch zum Glück regnet es hier viel und Regenwasser gilt hier in diesen heißen Ländern als das beste, was man bekommen kann. Am Boot habe ich eine Fangeinrichtung für Regenwasser installiert, die eigentlich recht gut funktioniert. So war Wasser bisher kein echtes Problem. Danach kommt das Auffüllen des Dieseltanks, der ebenfalls 260 Liter aufnehmen kann. Die Beschaffung von Diesel ist manchmal schwierig und sehr zeitaufwendig, insbesondere, wenn diese ölige Flüssigkeit in kleinen Plastikkanistern mit dem Schlauchboot zur Maui gerudert werden muss. Bei der Umfüllerei von bis zu 20 Rudertouren wird auf dem wackeligen Boot immer etwas Diesel verschüttet, dann stinkt es für einige Tage fürchterlich und es hilft auch kein Schrubben. Mit einem vollem Tank kann die Maui sieben Tage und Nächte unter Motor fahren und die Reichweite kann, sofern kein Gegenwind bläst, 400 bis 600 Seemeilen betragen. Vor einer längeren Fahrtstrecke werden auch Motoröl, Ölfilter, Dieselfilter sowie der Kühlwasserfilter erneuert oder gereinigt. Diese Teile müssen immer am Schiff lagernd sein, denn man bekommt sie nicht in jedem Hafen. Zwei Flüssiggasflaschen sind ebenfalls an Bord zum Kochen und Brotbacken. Auch das Auffüllen der Gasflaschen ist manchmal schwierig bis unmöglich. Obwohl eine Flasche für zwei Monate reicht, muss ich doch immer mal wieder zum alten Campingkocher greifen. Dieser funktioniert nur mit Petroleum und daher raucht und stinkt er und ist schwer anzuzünden. Außerdem kann man ihn nur bei ruhiger See benutzen. Sind Wasser und Treibstoffe an Bord,

kommen die Lebensmittel dran. Eingelagert wird immer der Bedarf für drei Wochen oder für die doppelte Zeit, die die nächste Etappe in Anspruch nehmen wird. Reis, Nudeln, Mehl, Eier, Zwiebel und Kartoffeln sind die Grundausstattung, Gemüsedosen, etwa 20 bis 30, sind wichtig, um den Vitaminbedarf zu gewährleisten. Frischgemüse kaufe ich je nach Land und was auf Märkten in guter, lagerfähiger Qualität angeboten wird. Zitronen, grüne Orangen, Tomaten, Gurken, Karotten, Kraut und Rettich verderben nicht so schnell. Auch als Mann kann man im Laufe der Zeit ein gutes Gespür für die richtige Gemüsewahl entwickeln. Ananas, Mangos, Papajas und manch' andere exotische Früchte sind nur sehr begrenzt lagerfähig und „matschen" oder schimmeln bald und locken Fliegen oder Ungeziefer an. Als weitere Ergänzung zum Kochen habe ich immer Majonaise, Tomatenpüree, Senf, Öl, Essig, Butter, Salz, Zucker, Honig, Marmelade, Haltbar- und Dosenmilch und etwa fünfzehn verschiedene Gewürze an Bord. Zudem wird viel Fruchtsaft, Cola, Tonic Water gelagert. Bevor es dann wieder hinaus geht auf See, sind leider oft Unmengen von Formalitäten mit Behörden zu erledigen. Rigg und Segel überprüfe ich immer zuletzt, ebenso den Autopilot und die elektronischen Navigationsinstrumente. Am Abend vor der geplanten Abreise sitze ich über Seekarten und Tabellen, stecke Wegstrecken und Winkel ab. Die ersten drei Tage auf See, nach einem längeren Aufenthalt in einer ruhigen Ankerbucht machen mir zu schaffen, Seekrankheit, Kopfschmerzen und Sehstörungen sind die üblichen Beschwerden. Geht es mir schlecht, verrichte ich nur die notwendigsten Handgriffe an Bord. In Landnähe leide ich oft an Schlafmangel, denn Schiffsverkehr, Fischerboote, Inseln und Untiefen erfordern besonders in der Nacht erhöhte Aufmerksamkeit.

Nach etwa drei Tagen beginnt das normale Bordleben; um 8 Uhr aufstehen, duschen, Zähne putzen, rasieren und Filterkaffee zubereiten (manchmal schwierig!). Von 8.30 Uhr bis 9.30 Uhr ist Funkstunde mit anderen Segelyachten, mit meist deutschsprachiger Besatzung. So ist die deutsche Segelyacht „La Done" mit dem 65 Jahre alten Ehepaar Horst und Traudl ein mir liebgewordener Gesprächspartner geworden. Traudl muntert mich immer mal wieder auf, wenn sie merkt, dass mir das lange Alleinsein wehtut. Aber selbstverständlich melden sich auch andere Yachten und dann wird meist über Unwichtiges geplaudert. Wenn sich ein Segler, der überlicherweise regelmäßig am Funk ist, mal einige Tage nicht meldet, ist man in Sorge und versucht herauszufinden, was mit dem Vermissten los ist und vor allem, wo er ist. Nach dieser Funkrunde endet mein Frühstück, welches aus Kaffee, Brot, Butter, Honig, Marmelade und manchmal einem weichgekochten Ei besteht. An Bord ist immer wieder etwas zu reparieren, schrauben, streichen, schleifen. So beschäftige ich mich mit Arbeiten, die auch getan werden können, während das Schiff durch die Wellen schaukelt. Oder ich sitze, die Füße hochgelagert, im Cockpit und schaue dem Spiel der Wellen und den fliegenden Fischen zu. Diese springen oft in Scharen vor dem Bug der Maui aus dem Wasser, denn sie glauben, der lange, schlanke Unterwasserteil sei ein großer Fisch, der sie fressen will und fliegen dann mit ihren kurzen Stummelflügeln bis zum 200 Meter, um dann wieder einzutauchen. Nachts kommt es gelegentlich vor, dass einer an Deck springt und dort verendet. Diese Fische wären essbar, doch sie sind nur 20 - 25 cm lang und haben wenig Fleisch, sie zu bearbeiten wäre viel zu mühsam. Außer den fliegenden Fischen sind Delphine regelmäßige Begleiter einer Segelyacht, sie machen Luftsprünge, als wären es Zirkustiere, tauchen unter dem Rumpf durch, sind mal links, mal rechts, mal vorne und mal am Heck. Es scheint, als betrachteten sie das Boot als Spielgefährten und wollen es ermuntern, auch ein wenig unterzutauchen. Diese Freunde der Menschen begleiten mich nie länger als zehn oder 15 Minuten, sie scheinen ihre Reviere zu haben, von denen sie sich nicht zu weit entfernen wollen.

Das tiefblaue und klare Meer beeindruckt mich immer wieder aufs Neue, der Atlantik, die Karibik und nun der Pazifik, das sind Meere, in denen ich nie schmutziges Wasser vorgefunden habe. Doch man darf nicht vergessen, dass meine

Nachts springen fliegende Fische an Bord

Segelroute stark befahrene Gebiete meidet. In den etwas größeren Hafenstädten wie Papeete, Port Moresby, Rabaul und nun Jayapura (100.000 Einwohner), wird die Umwelt aufs Gröblichste mit Füßen getreten. Alles Öl, jegliche Industrieabfälle und jeder Müll wird direkt ins Hafenbecken geleitet, geschwemmt oder geworfen. Die Folge ist eine schmutzige, ölige und verklebte Brühe. Die Wasserlinie der Maui ist manchmal schwarzbraun und nicht mehr mit normalen Reinigungsmitteln sauber zu bekommen. Doch sobald ich nur drei bis fünf Seemeilen draußen in Meer bin, wird das Wasser wieder sauber und klar. Am offenen Meer, damit meine ich mehr als hundert Seemeilen von der Küste entfernt, lege ich mich nach dem Abendessen schlafen, wache von selbst alle ein bis zwei Stunden auf, kontrolliere Segel und Autopilot, überprüfe Position und Kurs, lege mich wieder hin, lese ein wenig oder schlafe weiter. Manchmal sitze ich im Cockpit und freue mich über den Sternenhimmel und die vielen Sternschnuppen, die mit leuchtender Spur im Bogen herunterfallen. Ich lege mich deshalb beruhigt schlafen, weil mir auf offener See noch nie ein Schiff zu nahe gekommen ist. Ganz selten war am Horizont ein Lichtschein zu beobachten, dieser kommt von den schwimmenden Städten, die wir Luxusdampfer nennen. In Küstennähe begegnet man allen möglichen Wasserfahrzeugen, Frachtern, Fischerbooten, Tankern, Kriegsschiffen und Fähren. Es kommt häufiger zu Funkkontakten im UKW-Sprechfunk, doch es werden nur belanglose Dinge wie „Guten Tag, woher und wohin" ausgetauscht.

Wäsche waschen ist eine der größten Schwierigkeiten für den Langstreckensegler. Das Süßwasser an Bord wird für andere, wichtigere Dinge benötigt, mit Salzwasser geht es aber sehr schlecht und die Wäsche wird nie richtig trocken. So stopfe ich die Schmutzwäsche in eine Ecke, bis wieder ein Hafen mit ausreichend Süßwasser angelaufen werden kann. Der dort folgende „Waschtag" dauert drei Tage. Mit meiner bordeigenen, kleinen Waschmaschine und einem speziell von mir gemixten Waschmittel (ein Gemisch aus flüssigem Chlor und normalem Waschpulver) wird Weißes wieder weiß, auch die unvermeidlichen Schimmelflecken verschwinden fast vollständig.

Die Geisterinsel

Papua Neuguinea, Port Moresby, 15. November. Ich bin froh, dass es nun wieder hinausgeht aus dem Hafen von Port Moresby. Zur Boodles Bay, nur 15 Seemeilen entfernt, möchte ich, denn dort verspreche ich mir mehr Ruhe und eine kühle Brise. Kaum ist die Maui in Fahrt, weht ein erfrischender Luftzug durchs Innere der Yacht. Herrlich! Endlich klebt das T-Shirt nicht mehr am schweißnassen Körper, die Maui ist plötzlich wieder ein lebenswertes Zuhause. Mir fällt ein, dass ich schon lange keinen frisch gefangenen Fisch mehr auf dem Mittagstisch hatte. Ich greife also zum braunsilbrigen Plastiktintenfisch, dem mit dem Doppelhaken, hänge eine 50-Meter-Leine ans Heck und harre der Dinge, die da kommen werden. Innerhalb des Saumriffes motore ich im ruhigen Wasser gegen den mit drei Windstärken wehenden Südost. Nur 4,5 Knoten zeigt das Log. Eigentlich zu langsam zum Fischen, doch in diesem extrem fischreichem Gewässer biegt sich schon nach einer Stunde die Rute. Es zappelt anders als das, was ich bisher am Haken hatte. Ich hatte mein Mittagessen schon bis auf zehn Meter herangedrillt, da flüchtet es wieder in die Tiefen des Meeres. Auch der zweite und dritte Fisch bleibt nicht lange am Haken. Dann kommt der vierte Biss innerhalb von zwei Stunden: Ein gewaltiger Ruck, die Rute biegt sich kräftig durch, wie wahnsinnig spult das Solin von der Rolle. Rasch stelle ich den Gashebel in Lehrlaufstellung, um die Fahrt zu verringern, all das ist längst zur Routine geworden. Ruhe bewahren, das Untier ruhig ziehen lassen. Langsam beginnt der Drill. Dann plötzlich ist der Fisch weg, mit ihm all meinem Angelzeug, dem Köder, dem Haken, dem Stahlvorfach, dem Wirbel und einem Teil der Angelschnur. Was für ein Riesenfisch dranhing, werde ich nun nie erfahren. So gleitet die Maui in die Marina Base der Boodles Bay, ohne Fisch und um einen Satz Angelzeug leichter.

„Tahira Marina Base" steht auf einer verwitterten Tafel. Das also ist das „Yachtzentrum" der Boodles Bay. Der Australier David hat vor zwanzig Jahren eine alte, aufgelassene Kupfermine gekauft und ein paar Bojen in die tief eingeschnittene Bucht gelegt. Ein Steg mit einer Zapfsäule für Benzin steht zur Verfügung. Auch Wasser und Strom gibt es. Was in diesem „Yachtzentrum" eigentlich fehlt, sind die Yachten. Ich bin der einzige Fahrtensegler. Na gut, ich möchte ohnehin nur zwei Tage bleiben, an der Maui alles überprüfen, bevor der vier Wochen lange Weg nach Rabaul beginnt. Einmal noch muss ich in die Hauptstadt Port Moresby, um mir Seekarten zu besorgen. Ich frage David, wann der nächste Bus zur Hauptstadt geht. Und erfahre, dass es keinen Bus gibt. David rät mir, die Sandstraße bis zum „Highway" hinaufzuklettern und dort dann irgendeinen LKW zu stoppen. Ich mache mich also auf den Weg, keuche durch eine verkarstete Landschaft, immer nach Norden, so wie David es mir gesagt hat. Eine zerfallene Hütte mit der Aufschrift Hühner und Pommes Frites liegt verwaist an der Kreuzung. Im Schatten eines knorrigen Baumes warte ich. Am Horizont der schnurgeraden Straße taucht ein Punkt auf. Das dunkelgrün gestrichene P.M.V. (Private Motor Vehikel) bleibt auf mein Handzeichen hin stehen. „Zur City"? frage ich. „Yes". Auf der Ladefläche sitzen schon ein paar dunkelhäutige Gestalten mit rotem Schaum vor den Lippen, sie kauen Betelnüsse, was sie glücklich stimmt und ihnen ein rotes Gebiss verleiht. So muss Dracula nach seinen nächtlichen Ausflügen ausgesehen haben! Ich besorge mir also in der Hauptstadt meine Seekarten. Auf dem Rückweg zur Boodles Bay begegnen mir auf der gewundenen Sandstraße drei Kinder. „Wohin wollt Ihr?", frage ich die drei kleinen Schwarzen, die ganz außer Atem sind. „Nach Hause", antworten sie, „wir kommen gerade aus der Schule". „Und wie weit ist es noch bis zu Eurer Ortschaft"? „Wenn wir schnell laufen, noch eineinhalb Stunden", rufen die Kleinen zurück und verschwinden in einer Staubwolke hinter der nächsten Kurve.

Ich bleibe eine Woche im Yachtzentrum. Was spielt es für eine Rolle, ob zwei Tage oder eine Woche. Wichtig ist lediglich, dass ich vor Dezember die Südostspitze („Milne Bay") von Papua Neuguinea passiert habe, denn das ist der einzige Platz, an dem ab Dezember Wirbelstürme zu erwarten sind. Die neu erworbenen Seekarten zeigen überall weiße Flecken, mit der Anmerkung: Achtung, dieses Gebiet ist unvermessen. Der Abend kommt, einen ruhiger Ankerplatz muss gefunden werden. Ich kurve suchend in der Dämmerung herum. In Port Moresby hat man mir geraten, nicht zu nahe am Ufer zu ankern, weil die Eingeborenen dieser Gegend nicht immer freundlich sind. So ankert die Maui schließlich, zwei Kilometer von einem Sandstrand entfernt, in der flachen Lagune. Frühmorgens geht es weiter, doch zunächst ich finde den Weg zurück ins tiefe Wasser zwischen all den Riffen nicht mehr. Wie bin ich nur in der Dämmerung zu diesem Ankerplatz gekommen, ohne einen Korallenkopf zu rammen?

Die Milne Bay, eine Inselgruppe am äußersten Ende von Papua Neuguinea, kommt in Sicht. Für heute nacht möchte ich einen ruhigen und geschützten Ankerplatz, möglichst mit einem kleinen exklusiven Sandstrand für mich alleine. Die erste Insel taucht auf. Schön, im dunklen Grün liegt sie da, doch die erwünschte Bucht fehlt leider. Also weiter! Ein Sandstrand leuchtet mir entgegen, doch beim Näherkommen sehe ich schon überall Hütten von Eingeborenen. Nein, ich möchte alleine sein, um sorglos schlafen zu können. Zehn Seemeilen weiter entfernt, ein kleiner Punkt, er wird größer, es sind zwei felsige Inselchen, verbunden durch eine schmale Furt. Genau das, was ich gesucht habe: einsam, unbewohnt, ruhig und paradiesisch schön. Der Anker fällt auf harten Grund und verklemmt sich leider zwischen Korallen in acht Meter Wassertiefe. Das Meer ist klar und durchsichtig, doch schimmert es eigenartig grün. Felsen ragen hoch über den Ankerplatz. Ich möchte tauchen gehen, doch die ganze Szenerie wirkt ein wenig unheimlich. So verschiebe ich den Tauchgang auf den nächsten Tag. Das Abendessen, ein Fischgericht, köchelt am Herd langsam vor sich hin. Irgend etwas riecht verbrannt. Ich stecke die Nase in alle Töpfe, doch das Verbrannte kommt von draußen. Die Insel brennt! Nein, es ist nur ein 20 Meter hoher Baum, der lodernd in Flammen steht. Über Funk versuche ich irgendeine Station am Festland zu erreichen, keine Antwort. Die Flammen greifen um sich. Nur drei Schiffslängen entfernt liegt meine Yacht vor Anker. Nichts wie weg! Doch dann verwerfe ich diesen Gedanken sofort wieder, denn nachts in unbekannten, von Riffen übersäten Gewässern zu segeln, ist gleichbedeutend mit Schiffsverlust. Der schwache Wind weht keine Funken zu mir herüber, also brauche ich mir keine besonderen Sorgen zu machen, obwohl jetzt ständig brennende Bäume zischend ins Wasser stürzen. Ich halte Wache bis elf Uhr abends, dann ist der Spuk vorbei. Am nächsten Morgen zeugt nur noch graue Asche von der Feuersbrunst.

Wie an jedem neuen unbekannten Ankerplatz, springe ich auch hier nicht unbekümmert ins klare Wasser. Nein, langsam steige ich Sprosse für Sprosse die Badeleiter hinunter ins warme Meer. Mit der Taucherbrille sorgfältig um mich schauend, gleitet mein Körper langsam ums Boot. Gut! Keine räuberischen Fische in der Nähe. Dann nehme ich das Schlauchboot und rudere damit zu dem kleinen Sandstrand. Vielleicht treffe ich einen Eingeborenen und kann mich mit ihm über den rätselhaften Brand unterhalten. Doch es gibt hier keine Einheimischen, die Insel ist unbewohnt! Nur Vögel leben hier. Doch wer oder was hat dann das Feuer ausgelöst? Nachmittags gehe ich schnorcheln. Große Fische, auch Haie kommen bedrohlich auf mich zu. Ein zirka 60 Kilo schwerer Zackenbarsch versucht mich abzudrängen. Schwärme von Fischen kommen in geschlossener Formation auf mich zu, als wollten sie mich vertreiben. Die Sonne geht unter - und die Insel brennt wieder. Wieder stürzen brennende Bäume hoch vom Felsen in die Ankerbucht, doch diesmal ist alles ein wenig abgeschwächt. Der nächste Morgen graut, noch einmal durchstöbere ich die kleine Insel nach Bewohnern aber es gibt keine! Auch in den zahlreichen Höhlen ist nichts zu finden, was auf Menschen schließen würde. Beim nächsten Tauchgang sind

Die Maui vor der „Geisterinsel" in der Milne Bay

wieder Haie und andere große Fische da, erneut gibt es Angriffe, doch nicht so heftig wie am Vortag. Die dritte Nacht beginnt, man möge es glauben oder auch nicht, es brennt wieder, wenn auch nicht so arg wie an den Vortagen. Auch beim Tauchen am nächsten Tag kommen dieselben Fische wieder, doch nicht mehr so bedrohlich wie zuvor. Der vierte Tag neigt sich dem Abend zu. Nein, es brennt nicht, doch irgendjemand rollt große Felsbrocken auf mich herunter! Keiner trifft, die Maui ankert zum Glück viel zu weit weg vom Ufer. Täglich durchforsche ich die Insel aufs Neue und es steht fest, dass niemand auf diesem Eiland lebt. Es scheint, als wolle mich ein Geist, der hier zuhause ist, verjagen. Aber nachdem er gesehen hat, dass ich nichts Böses will, hat er sich offensichtlich beschlossen, mich zu akzeptieren und mich in Ruhe zu lassen. Auch beim Tauchen kommen mir die Fische nun freundlich entgegen, als wollten sie mich begrüßen, um dann in verschieden Richtungen wieder ihrer Wege zu ziehen. Adler kreisen majestätisch über den hohen Felsen. Sieben glückliche Tage verlebe ich noch hier, zusammen mit meinen Freunden, den Fischen und den Vögeln. Doch dann wird es Zeit, weiterzusegeln.

Durch die China Street

Der Wind hat sich gedreht, er kommt von Südwest, genau das, was ich brauche. Eine Schule von 20 Riesenmantas begleitet die Maui aus der Ankerbucht hinaus ins tiefe Wasser. Das Segeln hinter dem Barrier-Riff ist schön, kein Schwell, ruhig gleitet die Yacht durchs Wasser in Richtung China Street. Bis zu sechs Knoten Strom steht in den Seekarten, doch mit Wind von Achtern durchpflüge ich stolz die von Wasserwirbeln übersäte Chinesenstraße. Am späten Nachmittag entdecke ich ein Inselchen und hoffe, einen guten Ankerplatz zu finden. Es bläst mit sechs Windstärken und die Untiefen einer Landzunge liegen vor mir. Ich schaue in die Seekarten und Handbücher dieser Gegend aber es gibt keine verlässliche Aufzeichnung für diese Durchfahrt. Auf der Sitzbank stehend halte ich Ausschau nach hellgrünen oder gar braunen Färbungen des Wassers. In Schlangenlinien steuere ich die Maui durch dieses gefährliche Gebiet, bis das Dunkelblau des Meeres anzeigt, dass wieder tiefes Wasser unter dem Kiel liegt. Ich kurve um eine Insel herum, von der ich mir einen ruhigen Ankerplatz erhofft habe. Aus Erfahrung weiß ich, dass die Seekarten für die Großschifffahrt geschrieben sind und nicht für kleine Yachten. Obwohl in der Karte rundherum Riffe eingezeichnet sind, finde ich für meine kleine Maui doch noch eine Einfahrt. 50 Meter vom Strand entfernt werfe ich den Anker. Er rasselt auf sieben Meter Tiefe.

Der Wind ist nach wie vor günstig. Früh am Morgen verlasse ich das Eiland, das mir eine so unruhige Nacht beschert hat. Endlich kann ich wieder einmal richtig segeln. Der Wind bläht das weiße Tuch voll auf, die Maui wackelt sanft durchs blaue Meer, der Strom läuft mit mir mit und so pflügt mein schwimmendes Zuhause mit sieben Seemeilen pro Stunde durchs Wasser - zu schnell, wie ein Blick auf die Seekarte zeigt. Den nächsten Wendepunkt, von dem aus es dann nach Norden durch die Star Riffs gehen muss, sollte ich nicht vor 22 Uhr erreichen, um dann erst bei Tagesanbruch und guter Sicht in die gefährliche Region zu kommen. Doch der Wind nimmt darauf keine Rücksicht, er bläst und bläst und nimmt auch noch zu. Ich reffe, ich reffe weiter aber es hilft alles nichts. Was immer ich unternehme, Wind und Strom treiben mich mit unvorstellbarer Geschwindigkeit voran. Jetzt bin ich schon in der Ward Hunt Street. Durch die dem Festland vorgelagerte Siete-Insel wirkt die Meeresenge wie eine Düse. Es war mir beim Studium der Seekarten schon klar, dass der Wind in diesem Bereich zunehmen wird. Doch wer glaubt schon, dass sich vier Windstärken in diesem Bereich zu einem schauerlichen Sturm verstärken können?

Der Tag geht zu Ende. Die Nacht beginnt mit Sorgen, Sorgen um den Kurs, Sorgen um das Boot, Sorgen um die Sicherheit. Es kreischt und pfeift im Rigg, längst ist die kleine Sturmbesegelung oben, doch ich bin immer noch viel zu schnell. Mitten in der Nacht komme ich mit 7,5 Knoten in den gefährlichen Bereich der Star Riffs. Alle 15 Minuten überprüfe ich die Position auf der Seekarte, zeichne Linien und Stromdreiecke und da sehe ich, dass mich Sturm und Strom unaufhaltsam in die Richtung von Untiefen drücken. Immer wieder schieben hohe, steile Wellen das Heck der Maui zur Seite. Ich befinde mich auf einem extrem schwer zu steuernden Kurs. Kein Mensch kann unter solchen Bedingungen länger als drei Stunden am Ruder stehen. Ich danke Gott auf den Knien, dass ich zuvor in Port Moresby in Eigenregie einen neuen Motor mit Halterung und Getriebe für den Autopilot eingebaut habe. In Windeseile kurbelt dieser umgebaute Scheibenwischermotor das Schiff immer wieder zurück auf den richtigen Kurs. Wenigstens nicht Ruder gehen müssen, in dieser kommenden Nacht, das wäre schon etwas. Der Trichter der Düse müsste sich längst geöffnet haben und der Wind nachlassen, doch all meine Erfahrungen werden über den Haufen geworfen. Eigentlich müsste ich anluven, um in der sicheren Fahrwasserstraße zu bleiben, doch das geht bei diesem Sturm nicht. Aber irgendetwas muss geschehen, sonst strande ich mit der Maui in schwarzer Nacht auf irgendeinem Riff, das in der Seekarte nicht verzeichnet ist. Auf meinen Karten für diese Gegend sind nur die Schifffahrtsstraßen eingezeichnet. Außerhalb dieser vermessenen Gebiete sind sozusagen nur Warnschilder aufgestellt, welche besagen: „Befahren nur mit extremer Vorsicht und bei bester Sicht möglich." Längst befinde ich mich in einem Bereich, in dem der Wind hätte nachlassen müssen, doch es faucht weiter mit Sturmstärke. Langsam, Grad für Grad, versuche ich Höhe zu gewinnen, um den gewünschten Nord-Kurs einlegen zu können. Müdigkeit kommt auf, ich sehne mich nach Schlaf, doch Wetter und Situation verlangen höchste Konzentration. Endlich, um 2 Uhr früh, ist es plötzlich vorbei mit dem Sturm, als hätte ihn jemand einfach abgeschaltet. Nicht vorbei ist aber die steile See. Neptun beutelt meine Maui mit starker Hand wütend hin und her. Nur mein neues „Steady-Segel", (gesponsert von einer großen oberösterreichischen Versicherung) verhindert, dass alles an Bord aus den Fugen gerät. Ein Steady-Segel ist ein Großsegel, das nicht, oder nur in ganz geringer Weise, die Funktion eines normalen Großsegels erfüllt. Es ist kein Segel in üblicher Form. Es ist ganz flach geschnitten. Hat man es bei viel Wind und Wellen aufgezogen und lässt dazu noch den Motor laufen, stabilisiert es das Boot ungemein und vermindert die Schlingerbewegungen. Mein Steady-Segel habe ich nach eigenen Entwürfen in Neuseeland maßschneidern lassen. Nun könnte der Leser meinen, dies wäre zu viel Aufwand, nur um die Wackelei des Schiffes zu verringern, soetwas müsste ein Fahrtensegler doch aushalten. Nein, auf die Dauer eben nicht. Ich kann Ihnen dazu folgende Episode erzählen: Die deutsche Segelyacht „Heimweh" mit Jochen und seiner Lebensgefährtin Sissy an Bord, hatten auf ihrem Weg von den Azoren nach England pausenlos schweres Wetter. Die Yacht wurde mehrmals flach aufs Wasser gelegt und Seewasser kam bis in die Kabine. Die Schlingerbewegungen waren so stark, dass sich die beiden entschlossen, die noch segeltüchtige Yacht aufzugeben und sich von einem Frachter aufnehmen zu lassen. Ein Bootseigner gibt sein unbeschädigtes Schiff auf! Da sieht man, in welch psychischen Zustand der Mensch durch das ewige Auf und Ab der Wellen kommen kann. Wenn das demoralisierende Schlingern dann noch die ganze Nacht anhält und man von unbekannten Riffen umgeben ist, gerät die stetige Angst zum Alptraum eines jeden Seglers.

Wie in den Tropen üblich, geht die Nacht schnell und der Tag kommt innerhalb von Minuten. Inmitten des Star Riffs schmeiße ich, bildlich gesprochen, alle technische Navigation über Bord und meine Augen übernehmen die Arbeit. Immerhin bin ich längst geschult, selbst die geringste Verfärbung des Wassers zu erkennen. Doch ich bin müde, totmüde, deshalb suche ich nach einer Insel, um ein wenig schlafen zu können. Aber nirgends ein Platz, an dem ich den Anker fallen lassen könnte. Soll ich beidrehen? Unmöglich, in dieser von Riffen übersäten See. Weitersegeln ist die einzige Möglichkeit. New Britain (Neu England) ist nur mehr 60 Seemeilen entfernt, dort wird es doch Buchten und Ankerplätze geben. Der Wind weht nur schwach und so brauche ich doch noch einen weiteren Tag und eine weitere Nacht, bis endlich Land in Sicht kommt. Leider habe ich von dieser Gegend keine genaue Karte an Bord. Es regnet in Strömen und die Sicht ist denkbar schlecht, doch die Brandung voraus sehe ich schon von weitem. Also Riffe! Mühsam kämpfe ich mich entlang der Küste gegen Wind und Wellen und versuche einen geschützten Ankerplatz zu finden. Wo soll ich nur bleiben? Da entdecke ich ein kleines, vorgelagertes Inselchen, allerdings auch mit vorgelagerter Brandung. Doch vielleicht besteht eine Möglichkeit, von der Rückseite heranzukommen. Ich nähere mich vorsichtig. Die Dünungswelle wird steiler, ein untrügliches Zeichen für flaches Wasser. Doch instinktiv finde ich die Einfahrt und bald darauf steuert die Maui in eine wunderbar ruhige Lagune. Hier hält das Außenriff den Schwell ab. Das Echolot zeigt tiefes Wasser an. Trotzdem taste ich mich vorsichtig durch die vier Kilometer lange Lagune. Hinter einer kleinen, von Mangroven bewachsenen Insel, rasselt der Anker auf 23 m Wassertiefe hinunter. Ich möchte nicht zu eng am Mangrovenwald ankern, um von den Mücken verschont zu bleiben, aber auch, um unbekannten Einheimischen nicht zu nahe zu kommen. Das Wasser ist spiegelglatt, die Maui liegt so ruhig, als sei sie auf ein Brett montiert. Ich ordne noch schnell alles am Schiff und dann lege ich mich endlich schlafen. Endlich! Aber daraus wird nichts.

Unter Räubern!

„Hello!!!" Drei Auslegerkanus sind plötzlich dicht am Schiff! Ich grüße freundlich zurück: „Hallo, kann ich hier über Nacht ankern?" „Ja, ja, Du kannst bleiben", kichern die drei Mädchen in ihren Kanus. „Fruchtsaft gefällig?", frage ich. „Ja gerne". Sie nehmen alles, was man ihnen anbietet. Weitere Kanus kommen, wieder klettern Eingeborene auf mein Schiff, setzen sich ins Cockpit und sind von dort nicht mehr wegzubekommen. Fruchtsaft fließt in Strömen. Die Männer fragen nach Bier. Ich gebe, was ich habe, denn ich bin Gast in diesem Land. Der Abend kommt. Etwa 20 Schwarze sind an Bord und schön langsam verliere ich jeden Überblick. „Es tut mir leid, meine Freunde, ich hatte einen langen, schweren Segelweg und bin sehr müde!" Doch sie gehen nicht. Sie fühlen sich wohl und blicken staunend und neugierig in die Runde. „Also gut, ich bereite jetzt ein Abendessen vor. Allerdings für 20 Personen bin ich nicht eingerichtet. Aber für sechs von Euch koche ich gerne". Einer, der sich als Wortführer hervortut, soll entscheiden, wer zum Essen bleiben darf. Er selbst, das ist klar, dann ein etwa 20 Jahre junges Mädchen und drei Freunde. Ein frisch gefangener Rainbow Runner wird mit Kartoffeln und Nudeln serviert und schmeckt anscheinend allen sehr gut. Ich lege Musik auf, alle sind vergnügt. Doch es kommt, wie es kommen musste - meine Müdigkeit wird unerträglich, mir fallen schon fast die Augen zu. Zwei meiner neuen Freunde sind noch an Bord. „Wenn Ihr noch aufbleiben wollt, könnt Ihr Euch an Deck schlafenlegen", sage ich. Ich brauche jetzt Ruhe. Zwei Tage und zwei Nächte anstrengendes Segeln liegen hinter mir. Mit den Gedanken, neue Freunde gefunden zu haben, versinke ich traumlos in Morpheus´ Arme.

„Das Schiff ist in meiner und in Gottes Hand". Diese Worte wecken mich um 8.30 Uhr am nächsten Morgen. „Weg hier, ich bin der Kapitän", tönt es weiter laut und stark. Die Ankerkette rasselt, jemand holt den Anker auf. Verstört krabble ich aus meinem Bett. Hochaufgerichtet steht Peter, der Wortführer vom gestrigen Abend, an Steuerbord und gibt strenge Kommandos. Drei Auslegerkanus umkreisen die Maui, jedes Boot besetzt mit zwei Eingeborenen, die alle wie Peter ausschauen: dunkelhäutig, sehr dunkle, tiefliegende Augen in böse wirkenden Gesichtern. „Peter, was ist los? Warum so böse Worte? Wir hatten gestern einen so lustigen Abend. Kein Grund also, unfreundlich zu sein. Heute ist ein wundervoller Tag - das Meer ist ruhig, die Sonne scheint, alles ist wunderbar." Peter gibt sich plötzlich sanfter, doch er wirkt auf mich wie ein Wolf, der auf der Lauer liegt. Er bückt sich nach einer Nylontasche und sagt: „Hier sind die Zitronen, nach denen Du gestern gefragt hast." Wunderschöne, herrlich duftende Lemonen lachen mich an. Ich freue mich riesig. „Vielen, vielen Dank für die herrlichen Zitronen", sage ich, „was kosten sie?" „Gib mir 120 Schilling". Einhundertzwanzig Schilling? Das erscheint mir dann doch zu viel. „Dann gib mir eben 50 Schilling" Ich gehe ins Vorschiff, wo meine Brieftasche zwischen der Wäsche liegt. Sie fühlt sich dünn an. Aber sie war doch prall gefüllt, als ich von Port Moresby weggesegelt bin. In den letzten drei Wochen hatte ich keine Möglichkeit, Geld auszugeben, ich bin nur an unbewohnten Inseln vorbeigekommen. Ich öffne die Geldbörse - sie ist leer, alles Geld ist weg! Lediglich einen 20-Kina-Schein hat man mir gelassen. Ich bin wie erstarrt. Weniger der Verlust des Geldes schockt mich, als die Tatsache, dass ich von meinen freundlich bewirteten Gästen beraubt worden bin!

Der sonst so sanfte, liebe Claus wird zur Furie! Er stürzt hinunter in die Koje und greift sich die Signalpistole, die immer unter dem Kopfpolster bereitliegt. Ich lege eine Patrone in den Lauf, spanne den Hahn und stürze wild vor Zorn wieder hinauf ins Cockpit: „Ich bringe Euch alle um, wenn ich nicht sofort mein Geld zurückbekomme!" So wütend habe ich mich selbst noch nie erlebt. Wie wild fuchtle ich mit dem dicken Lauf der Signalpistole herum. „okay, okay, Du bekommst Dein Geld zurück, aber bitte schieße nicht!" Die Angst vor der Pistole steht den drei an Bord befindlichen Eingeborenen deutlich ins Gesicht geschrieben. „Wo ist das Geld? Gib´ es sofort her!", herrsche ich mit drohender Gebärde den Nächststehenden an. „Es liegt unter Deinem Polster". Lediglich 60 zerknüllte Kina finden sich dort. Da fehlt noch viel mehr. 20 weitere Kina schält ein Eingeborener jetzt aus seiner Hosentasche. Nun beginne ich zu schreien und vor Wut außer Kontrolle zu geraten. Die Auslegerkanus, die am Heck der Maui angebunden waren, haben längst das Weite gesucht. Das restliche Geld sei im Dorf, sagen die Eingeborenen. Ich springe ins Schlauchboot, rudere an Land, die Pistole schussbereit, ständig um mich schauend, ob nicht ein hinterlistiger Bogenschütze auf mich anlegt. Die Siedlung besteht aus zehn auf Pfählen stehenden Hütten, auf die ich nun mit drohenden Gebärden zugehe. „Ich werde Euch alle umbringen, ich brenne alle Hütten nieder", brülle ich fast schon hysterisch. Verschüchtert weichen alle zurück, bis sich zaghaft einer aus dem Hintergrund löst, auf mich zukommt und mir zwei Kina-Scheine und ein kleines Plastiksäckchen hinhält, das mir ebenfalls gestohlen wurde, voll mit Münzen aus aller Herren Länder. Das kann doch nicht alles sein! Ich fühle mich gefrotzelt, tobe, schreie und will weiter Hütten anzünden. Verzweifelt gehe ich zurück an den Strand, nehme mein Schlauchboot und ein großes Auslegerkanu, das am Stand liegt und paddle zurück zur Maui. Die haben mir mein Geld gestohlen, da kann ich auch ihr Kanu stehlen. Diesen Platz, auf dem ich so bitter enttäuscht wurde, möchte ich so schnell wie möglich verlassen. Nichts wie weg hier! Unter Motor steuere ich durch die Lagune und suche die nächste Ausfahrt. Das Wasser ist ruhig, der Tag zeigt sich von seiner schönsten Seite. Drei Auslegerkanus mit Eingeborenen treiben fischend in der Nähe des Ausfahrtpasses. So nahe als möglich steuere ich das erste Kanu im flachen Wasser an, winke dem schwarzen Häuflein zu und deute ihnen, näher an mich heranzukommen. „Sprichst Du Englisch?", frage ich eine Alte. Sie schüttelt den Kopf unter dem Tuch, das sie als Sonnenschutz über Haupt und Gesicht hängen hat. Macht nichts, ich erkläre ihr auch so recht verständlich, was es mit dem Auslegerkanu hinter meinem Boot auf sich hat. Es gehört mir nicht aber ich nehme es als Pfand mit, bis zur nächsten Polizeistation, bis ich mein Hab und Gut zurückbekomme, das mir die Burschen von der Ortschaft gestohlen haben. Die faltige Gestalt im Auslegerkanu nickt teilnamslos. Sie hat mich zweifellos verstanden, doch sie interessiert sich offensichtlich überhaupt nicht für mein Problem. Dem nächsten Eingeborenen erzähle ich dieselbe Geschichte, doch auch dieser spricht kein Englisch. Der Dritte im Boot macht einen gepflegten und intelligenten Eindruck. Paul ist sein Name, und er empfiehlt mir, in die nächste Ortschaft zu fahren, dort wäre einer, der sich um kriminelle Angelegenheiten kümmert und mir helfen könnte. So bleibe ich doch in der Lagune und ankere auf 25 Meter Wassertiefe vor dem Dorf. Peter, der Pseudopolizist, kümmert sich redlich um mein Problem, nachdem man ihn irgendwo im Regenwald mit Trommeln aufgestöbert hat. 20 Kina, etwa 250 Schilling, würde man brauchen, sonst könne man nichts mit dem Motorboot unternehmen, der Treibstoff sei ja so teuer. So rollt ein 20 Kina-Schein nach dem anderen über den Tisch, bis der District-Officer, der Leutnant von der Marina und einige andere mit 20-Kina-Scheinen versorgt sind. Dann braucht man das Motorboot plötzlich nicht mehr, eine Gerichtsverhandlung soll auf dem Marktplatz der „Ortschaft der Bösen" abgehalten werden. Alle sind anwesend, Betroffene und Zaungäste. Eine wirklich abenteuerliche Situation. Ich sitze mit dem Häuptling auf einem Baumstamm, der als Anklägerbank dient. Eine Rede wird gehalten: „Dieser Freund hat Euch eingeladen, zum Essen und Trinken und als Dank raubt ihr ihn aus - pfui Teufel (er spuckt aus)! Die Worte werden heftig, der Alte schlägt wild mit einem Stock um sich. Er ist empört über die schlechte Jugend in seiner Ortschaft. Erst vor zwei Monaten haben sie einer nahe gelegenen katholischen Mission alle Hühner gestohlen und kamen dafür sechs Wochen ins Gefängnis. Und jetzt, kaum entlassen, berauben sie Claus und seine Maui. Die Alten in der

Runde zeigen sich zerknirscht. Sie wirken bedrückt, auch wenn sie noch wenige Jahre zuvor Menschenfresser und Kopfjäger waren, so haben sie doch nie Gastfreundschaft mit bösen Taten vergolten. Der District-Police-Officer (auch er wurde irgendwo aufgetrieben) kommt mit einem Korb voller Diebsgut und überreicht mir die Gegenstände mit Worten des Bedauerns. Jetzt merke ich erst, was diese Gauner mir noch alles auf der Maui gestohlen haben. Der Offizier von der Marine hält eine Rede und fordert alle auf, die an der Tat beteiligt waren, der Reihe nach zu mir zu kommen und mir die Hand zu reichen, um sich zu entschuldigen. Eine nicht enden wollende Prozession von Menschen setzt sich in Gang. Jeder gibt mir die Hand und entschuldigt sich. Ich habe es nie für möglich gehalten, dass so viele Menschen an diesem Raubzug beteiligt waren.

Es geht zurück zu meinem Ankerplatz vor der Ortschaft. Wieder an Bord, kann ich endlich Bilanz über die gestohlenen Gegenstände ziehen: Meine Lesebrille, zwei Sonnenhüte, drei Uhren (Navigationsuhr inbegriffen), der Navigationscomputer GPS (er wurde irrtümlich für einen Taschenrechner gehalten), alle Vorräte an Mineralwasser, Milchvorräte, alles an Dosen und Eßbarem, was leicht greifbar war, die letzten acht Liter Wein, eine Flasche Rum, eine Flasche Gin, eine Flasche Likör, das ganze Bargeld bis auf umgerechnet 250 Schilling, ein Nylonsack voll mit Münzen, zwei Handtücher, Tabletten gegen Seekrankheit, alle Kristallgläser, Besteck, eine Halskette, die ich als Talisman von Eingeborenen aus Fidschi geschenkt bekommen habe und noch verschiedene andere Kleinigkeiten.

Zurückbekommen habe ich nach der Gerichtsverhandlung: Zwei Handtücher, drei Uhren, die Halskette, einen Hut, den Navigationscomputer GPS, (allerdings kaputt und nicht mehr reparierbar) sowie fast das gesamte Bargeld. Am schmerzlichsten ist für mich der Verlust der Lesebrille. Ich habe keinen Ersatz, wie soll ich aber in Zukunft die Seekarten lesen können? Weil die Brille für mich so wichtig ist, erklärt sich der Stamm bereit, eine Kompensationszahlung in der Höhe von 150 Kina (ca. 150 US-Dollar) zu leisten, damit ich mir eine neue kaufen kann. Leider gibt es im Umkreis von 500 Kilometern kein Brillengeschäft. Mir bleibt nichts anderes übrig, ich muss nach Rabaul segeln - irgendwie. Ich hole den Anker auf.

Es regnet nun schon seit Stunden - eine Wohltat. Eifrig sammle ich Wasser für den Süßwassertank, 60 Liter in drei Stunden! Das Geschirr kann ich wieder mit Süßwasser spülen, ich brauche es nur ins Cockpit zu stellen. Irgendwo finde ich noch den letzten Teebeutel, also gibt es zum Frühstück Tee mit selbstgebackenem Rosinenbrot. Alles hat sich zum Guten gewendet, ich habe mein seelisches Gleichgewicht wiedergefunden, wie schnell doch so etwas gehen kann. Nur noch 100 Seemeilen nach Rabaul, der drittgrößten Stadt von Papua Neuguinea. Dort erwarten mich Supermärkte mit herrlichen Leckereien. Proviant werde ich einkaufen, so viel wie noch nie! Doch zuvor muss ich noch durch den schwierig zu passierenden St. Georges Channel. Ich habe Glück, es regnet zwar noch immer, doch kein Lüftchen regt sich, die See ist spiegelglatt. Ich komme mir vor wie in einem Wohnwagen auf dem Campingplatz. Nur das Brummen des Dieselmotors erinnert mich daran, dass ich doch noch Fahrt durchs Wasser mache.

Frühstück mit Tee und selbstgebackenem Rosinenbrot; alles hat sich zum Guten gewendet

Endlich in Rabaul

Rabaul war im zweiten Weltkrieg heiß umkämpft. Noch immer liegen 36 Wracks auf dem Grund der Hafenbucht. Schon von weitem sieht man den mächtigen, noch immer tätigen Vulkan, der zwei Jahre nach meiner Ankunft Rabaul in Schutt und Asche legen sollte. Das Wasser hier ist ungewöhnlich klar und sauber. Es gibt zwei Tauchschulen, einen Game Fishing Club und einen Yachtclub mit hervorragendem Restaurant und einem Pub. Doch wie überall in Papua Neuguinea fehlen auch hier die Yachten. Während meines zweimonatigen Aufenthaltes in Rabaul kamen nur drei Fahrtensegler vorbei. Wolfgang mit seiner „King of Bavaria", Steve mit seinem alten neuseeländischen Schoner „Mantana" und eine unter eine unter australischer Flagge segelnde Ketsch, von der ich den Namen vergessen habe. Der großen Bucht von Rabaul sind noch etwa zehn Inseln vorgelagert, die den Schwell abhalten und geschützte Ankerplätze bieten. Im durchsichtigen Wasser des steil abfallenden Riffs von Pidgen Island findet der Schnorchler und Taucher alles, was er sucht: Schildkröten, Rochen, Zackenbarsche, ungefährliche Black Tip Haie, zahllose bunte Korallenfische, räuberische Barracudas, Muscheln und Korallen. Auf zwanzig Meter Tiefe liegt ein gut erhaltener versunkener Frachter. Das altersschwache Schiff wollte man vor 20 Jahren versenken. Man brachte am Rumpf eine Sprengladung an, doch die erwies sich als zu schwach. Der Frachter versank nicht - wie vorgesehen - sofort in 200 Meter Tiefe, sondern schwebte mit der Strömung Richtung Pidgen Island, wo er in 25 Meter Tiefe hängenblieb. Jetzt ist das Wrack ein Zuhause für zahlreiche Meerestiere. Einige Seemeilen weiter liegen die Inseln Duke of York. Auch hier sorgt das vorgelagerte Saumriff für einen sanften Seegang. Morgens kommt ein Auslegerkanu nach dem anderen vorbei, mit denen die Eingeborenen zu ihren Gemüse- und Obstgärten paddeln. Es sind keine gepflegten Gärten, so wie wir sie kennen, doch es werden Süßkartoffeln, Melonen, Papaya und Ananas angepflanzt. In der Früh gibt man bei den Einheimischen die Bestellung auf und nachmittags bekommt man knackig frisches Obst und Gemüse zugestellt. Delfine tummeln sich in der Nähe der Maui. Auf der Innenseite des Riffes findet der Schnorchler in nur 50 Zentimeter Wassertiefe zahlreiche schöne Muscheln. Das Meer hat hier 28°C und nachts ist das Wasser wesentlich wärmer als die Luft. Es regnet oft aber der Regen ist stets willkommen, denn er füllt den Wassertank und sorgt für erfrischende Duschen. Außerdem wäscht der Regen alles Salz vom Deck. Kein Wunder, dass ich mich wochenlang nicht von hier wegbewegt habe. Die Fische kommen aus dem Meer, Süßwasser fällt vom Himmel, frisches Obst wird frei Haus geliefert. Herz, was begehrst Du mehr.

Freunde aus der Heimat kommen zu Besuch, ich will ihnen zeigen, wie das Fischen im Meer vor sich geht. Zwei Angelrollen, eine links an der Reelingstütze festgeschraubt, die andere rechts mit einer kurzen, harten Angelrute in einer Halterung. Wo Vögel in Schwärmen über dem Meer kreisen, gibt es garantiert viele Fische. Unter Motor, mit 5,5 Knoten, fahre ich in großen Kreisen um dem Vogelschwarm, die Rute biegt sich, die Rolle spult in Höllentempo ab. Jetzt muss ich sofort die Fahrt verringern, die Nerven bewahren und dem Fisch Leine geben! Dann, 150 Meter hinter der Maui, schnellt ein 2,5 m langer, silbrigbrauner Körper aus dem Wasser. Und 20 Meter daneben springt plötzlich ein zweiter Marlin! Wieso ein zweiter? Da dämmert es mir: An beiden Angeln hängt je ein Riesenfisch! Jetzt ist rasches Handeln angesagt. Ich rufe meinem Freund zu: „Nimm' Du die linke Rolle, ich nehme die rechte!" Nervös hantiert mein Freund an der Rolle, die natürlich auch wie wild abspult und zieht die Rollenbremse zu fest. Der Sailfisch mit zirka 40 Kilo kann nicht mehr frei ziehen. Die Angelschnur reißt mit einem heftigen

Knall und der Fisch ist weg. Doch der zweite ist noch da. Es ist beeindruckend, wenn so ein Sailfisch mit seiner riesengroßen, einem Segel gleichenden, Rückenflosse hoch aus dem Wasser springt. 45 Minuten später ist der ermattete Fisch herangedrillt. Man braucht schon gute Lederhandschuhe, um diesen Riesen an Deck zu zerren, denn der speerähnliche Fortsatz des Mauls ist voller kleiner scharfer Spitzen.

Wir nehmen Kurs zurück zum Yachtclub von Rabaul, denn soviel Fisch kann ich nicht verarbeiten und auch der Kühlschrank wäre viel zu klein zum Lagern. Im Restaurant des Yachtclubs will man aber meinen Fisch nicht haben. Der Koch rümpft die Nase und sagt: „Bill Fish (hier nennen sie diesen Fisch so!) hat nicht die Fleischqualität, die wir haben wollen, diese Sorte fangen wir nur zum Spaß!" Ein wenig enttäuscht gehe ich zurück zum Steg, an dem das kleine aufblasbare Schlauchboot festgebunden ist. Der tote Marlin überragt mit Kopf und Schwanzflosse das Dingi. Zum Spaß tötet man keinen Fisch! Was mache ich jetzt nur mit dem 40 Kilo Fischfleisch? Einheimische haben sich angesammelt und betrachten interessiert meinen großen Fang. Ob sie was davon haben wollen? Strahlend nehmen sie mein Angebot an, ich behalte mir nur zwei Kilo Filet für das Abendessen. Wenn das Fleisch wirklich nicht so gut ist, werde ich eben Fischgulasch zubereiten, da kann nicht viel schiefgehen. Mit nicht allzugroßen Erwartungen beginnt das Dinner - einstimmiges Urteil: hervorragendes, zartes, saftiges und schmackhaftes Fleisch.

Meine Freunde bleiben noch eine Woche, dann fliegen sie wieder zurück nach Österreich. Ich segle wieder alleine hinaus aus der Bucht von Rabaul und besuche meinen Freund Semigel, einen alten Einheimischen. Er lebt alleine mit seiner Enkelin im Urwald. Der Mann ist Witwer, seine Frau wurde bei einem Gewitter vom Blitz erschlagen. Semigel ist eigentlich kein typischer Einwohner von Papua Neuguinea. Er ist sanft, freundlich und friedfertig. Er bringt mir die schönsten Kokusnüsse meines Lebens. Jeden Tag ist der Alte mit seinem Auslegerkanu unterwegs, um zu fischen, doch er fängt nicht viel, so schenke ich ihm immer wieder etwas von meinem Fang. Nicht weit von Semigels Bucht entfernt, geht mir ein Wahoo an den Haken. Es ist nicht der erste Wahoo, den ich gefangen habe. „Spanische Makrele" wird dieser „4-Stern"-Raubfisch genannt. Diesmal ist er 1,60 Meter lang und 42 Kilo schwer. Das Restaurant vom Yachtclub kauft mir diesmal den Edelfisch mit Begeisterung ab; 5000 Schilling füllen die Bordkasse. Immer wieder fragen mich die Leute vom Yachtclub, welche Art von Köder ich benutze, welchen Haken, wie lang die Leine hinter dem Boot ist, wie tief der Köder unter der Wasseroberfläche schwimmt und mit welcher Geschwindigkeit ich beim Fischen unterwegs bin. Man kann es anscheinend gar nicht glauben, da kommt ein Fremder und fängt die größten Fische (noch nie wurde ein Wahoo mit 1,6 m Länge in dieser Gegend gefangen!), segelt alleine hinaus und kommt nie mit leeren Händen zurück. Einmal ist es ein „Gelbflossen-Thunfisch", dann wieder ein „Skipjak", eine zwölf Kilo schwere Goldmakrele oder eine Blauflossen-Makrele. „Wie kriegst Du diese schweren und großen Fische alleine ins Boot?", werde ich immer wieder gefragt. Nun, es ist nicht immer leicht, doch es stellt sich keine Alternative. Entweder ich kriege den Fisch alleine an Bord oder ich habe keinen Fisch - so einfach ist das.

Einen Sailfish sollte man nur mit guten Lederhandschuhen anfassen

Die Piraten von Kevien

Schön langsam geht mir Papua Neuguinea so richtig auf die Nerven. Seit vier Monaten habe ich mich abends nicht mehr frei bewegen können. Als Fremder nach Einbruch der Dunkelheit herumzuspazieren, kommt einem Selbstmordkommando gleich. Ein hübsches Restaurant ist nur 50 Meter vom Bootssteg entfernt, doch selbst für diese kurze Wegstrecke gibt man mir immer einen Sicherheitsbeamten mit. Solche Zustände belasten mich psychisch ungemein. Ich bleibe daher immer öfter abends an Bord. Doch dort fühle ich mich zusehends immer einsamer und das Boot wirkt immer mehr wie ein Gefängnis auf mich. Zudem macht mir die ewige Hitze sehr zu schaffen. Seit Monaten klebt alles am Körper, bis zu fünfmal am Tag dusche ich, trockne mich nicht ab, um etwas Verdunstungskälte zu produzieren aber diese Erholungszustände dauern nicht lange. Eine halbe Stunde später rinnt mir schon wieder der Schweiß in Strömen vom Körper. Die Mücken stechen mich pausenlos, ich muss andauernd Malaria-Tabletten schlucken. Im Süden, wo es kälter wäre, besteht bis Mai akute Hurrikan-Gefahr und im Norden ist es derzeit noch heißer. Manchmal fällt wenigstens Regen vom Himmel, was ich immer sehr genieße. Dann stelle ich mich pudelnackt ins Cockpit und genieße die kühlenden Tropfen auf meiner Haut. „Wasserfeste" nenne ich diese Augenblicke und sie erfüllen mich jedesmal mit großen Aktivitäten. Wäsche wird geschwemmt, der Süßwasser-Tank füllt sich, Salzkristalle lösen sich auf und die ganze Maui „schmeckt" dann plötzlich wieder süß. Ich möchte weiter, endlich weg von hier. Im Norden von Neu Hannover liegt das kleine Städchen Kevien. Zwei Straßen, 30 Hütten und eine Touristen-Lodge. Nicht einmal zwei Tage werde ich dorthin brauchen, rechne ich mir auf der Seekarte aus. Aber alles, was auf den ersten Blick so einfach aussieht, wird dann doch komplizierter. Kaum hat die Maui ihren Bug aus der großen Bucht von Rabaul Richtung Neu Hannover gedreht, rammt sie auch schon den ersten Baumstamm. Es ist Treibgut, alles ist voll mit Treibgut, Hunderte von Baumstämmen aller Größen treiben im Meer. Die schweren Regenfälle der letzten Woche haben die Flüsse anschwellen lassen und die entwurzelten Urwaldriesen treiben nun im Meer. Ein normaler Baumstamm richtet keinen Schaden am kräftigen, dickwandigen Bug des Bootes an. Was aber, wenn ich einen alten Urwaldriesen mit 20 oder 30 Tonnen ramme? Am Tage kurve ich nach Sicht um die großen Brocken herum, doch die Nacht kommt, mit Wolken am Himmel, kein Mond, es ist finster wie im Tintenfass. Langsam fahren, nur langsam, das ist das Sicherste. Immer, wenn man keinen Wind braucht, dann ist er da, so auch in dieser Nacht. Es weht und die Maui macht zuviel Fahrt. Bums, bums, immer wieder klopfen kleine Stämme gegen den Rumpf. „Bitte, bitte keinen großen Baumstamm, lieber Gott!" murmle ich leise vor mich hin. Der Morgen graut. Wieder einmal bin ich total übermüdet. Noch 25 Seemeilen bis Kevien. Viele kleine Inselchen sind Kevien vorgelagert, Riffe kommen senkrecht aus der Tiefe des Meeres bis knapp an die Oberfläche, doch die Sicht ist gut, das Wasser klar, so kann man diese Gefahren ganz gut meistern. Die Inselchen liegen idyllisch da und viele haben schöne weiße Sandstrände. Wieder einmal halte ich Ausschau nach einer unbewohnten Insel, um mich endlich ausruhen zu können. Ich lasse den Anker an einem Platz fallen, der mir unbeschwert erscheint. Doch es dauert nicht lange, da kommt ein schmutziges Kanu mit drei ebenso schmutzigen Gestalten heran. Man begrüßt mich freundlich, fragt woher ich komme und wohin ich gehe. „Komm, ankere dort drüben, da sind unsere Hütten unter den Palmen, da kannst Du rasten und am Abend machen wir ein Fest!" Die Feste in Papua Neuguinea kenne ich bereits: nach Einbruch der Dunkelheit verwandeln sich die Eingeborenen und werden zu Räubern und Kopfjägern. Ich muss hier wieder weg, das ist klar. Doch dunkle Hände umklammern meine Reeling, einer der Eingeborenen macht Anstalten, an Bord zu kommen. Da hilft nur ein Trick. Ich zeige mich erfreut über die Einladung, hole den Anker hoch, in der Hoffnung, die dunklen Gestalten würden jetzt vorauspaddeln, um mir den neuen Ankerplatz zu zeigen. Doch weit gefehlt, sie klammern sich weiterhin an meinem Schiff fest. Ich starte den Motor, lege den Gang ein und stelle den Hebel auf Vollgas. Als das Log sieben Knoten Fahrt anzeigt, lässt einer nach dem anderen los und purzelt ins Meer. Gegen 16 Uhr erreiche ich Kevien, finde die Travel Lodge und ankere davor.

Die meisten Travel Lodges wurden hier von der Regierung aus Korallenblöcken, Bambus und Palmenholz gebaut, eine handwerkliche Meisterleistung. Die Unterkünfte sind zwar sauber aber auch sehr teuer und werden von Europäern oder Australiern geführt. Hier in Kevien haben ein Schweizer und ein Deutscher das Management der Anlage übernommen. Doch wie fast überall in Papua Neuguinea, fehlt es auch hier an Touristen. Seit Wochen bin ich der erste Gast, der hierher gekommen ist. Mir tut es jedenfalls gut, endlich wieder einmal Deutsch sprechen zu können und so lade ich die beiden Herren für den nächsten Tag zum Fischen ein.

Ein zweieinhalb Meter langer Marlin geht an den Haken und alle freuen sich. Auf der Rückfahrt zum Hotel nähert sich ein Motorboot. „Stehenbleiben, Ausweiskontrolle", ruft mir ein Schwarzer, mit Schaum vor dem Mund, entgegen. Er sieht aus wie ein Raubtier, das die Zähne fletscht. In dieser Gegend kauen fast alle Einheimischen Betelnüsse und geraten dadurch in einen permanenten Rauschzustand. Vermischt mit Kalk und Gewürzen nimmt der Speichel eine grausliche Rotfärbung an. Ich verringere die Geschwindigkeit, um der Ausweiskontrolle nachzukommen. „Nicht stehenbleiben, weiterfahren!", ruft mir der Manager von der Travel Lodge zu, „das sind Piraten". Dann brüllt er der schwarzen Besatzung vom Motorboot etwas zu, worauf das Boot sofort abdreht. Ich hatte mir Piraten ganz anders vorgestellt, so mit Maschinengewehr und Kanonen am Bug. „Was hast Du ihnen gesagt?", frage ich. „Ich sagte ihnen, dass ich der Manager von der Travel Lodge bin und wenn sie nicht sofort verschwinden, entlasse ich alle schwarzen Angestellten - sie sind alle untereinander verwandt und wollen natürlich nicht, dass ihre Geschwister arbeitslos werden!" Eine Drohung mit der Polizei nützt nichts, denn die Polizei unternimmt manchmal selbst kleine Piratentouren, um Fremde auszurauben.

Von Kevien nach Manus

Einige Tage noch bleibe ich in Kevien, dann geht es weiter Richtung Nordwesten nach Manus. Zwei Tagesreisen entfernt liegt diese atollähnliche Inselgruppe, dort möchte ich nur kurz bleiben, um Diesel aufzunehmen. Es ist ein schwieriger Weg dorthin, denn viele Riffe und Untiefen kreuzen den direkten Segelweg. Auf der Seekarte findet sich nur der lapidare Hinweis, dass die Positionen der kleinen Inseln und Riffe um bis zu sieben Seemeilen von der Kartenposition abweichen können! So muss ich allen Gefahrenpunkten im großen Bogen ausweichen. Gegen Mittag des zweiten Tages finde ich die große, weite Einfahrt ins Atoll. Hier soll irgendwo ein kleines Städtchen sein, mit einer Bank, einem Supermarkt und einer Shell-Station, die Diesel verkauft. 40 Seemeilen ist dieses Atoll lang, wo versteckt sich nur diese Siedlung? Als erstes bin ich falsch und ankere vor einer Häuseransammlung, die wie ein Städtchen aussieht. Doch wie sich schnell herausstellt, bin ich irrtümlich vor einer Militärstation gelandet. Drei Stunden später ankere ich richtig. Leider herrscht starker Schwell am Ankerplatz. Mit dem Schlauchboot geht es an Land. Die Bank ist mein erstes Anlaufziel, weiter zum Markt, um Gemüse einzukaufen und dann zur Shell-Station, um 200 Liter Diesel zu ordern. Freundlich zeigt man sich bereit, ein Fass an den Strand zu transportieren und von dort aus könne ich den Treibstoff dann in kleinen Kanistern an Bord der Maui bringen. Fünf Stunden später ist die Betankung mühsam beendet. Ich will gerade noch vor Einbruch der Dunkelheit von diesem rolligen Ankerplatz wieder abfahren, als mir am Ufer ein Dunkelhäutiger aufgeregt zuwinkt und deutet, ich solle zu ihm kommen. Also springe ich noch einmal in das kleine Dinghi, um an Land zu kommen. Der Unbekannte zeigt mir mürrisch einen Stempel, den er in der Hand trägt. Auf diesem steht „Imigrasi", was soviel wie Einreisebehörde heißt. „Warum sind Sie nicht sofort nach Ihrer Ankunft hier in mein Büro mit Reisepass und Schiffspapieren gekommen?" herrscht mich der Beamte an. „Ich habe gar nicht gewusst, dass es hier Behörden dieser Art gibt", entschuldige ich mich. „Kommen Sie sofort mit allen Papieren in mein Büro, es liegt zirka einen Kilometer weiter unten an dieser Straße". Der Beamte schwingt sich auf sein Fahrrad und ich tripple mit meinem Rucksack und den Schiffspapieren zu dem beschriebenen Haus. In dem drei mal drei Meter großen Büro steht ein Schreibtisch mit Papierkram und ein Telefon, sonst nichts. Mein Reisepass wird überprüft. Ich weiß, dass alles in Ordnung ist. Mein Visum ist noch sieben Tage gültig und auch die Schiffspapiere wurden in Rabaul mit einem Okay versehen. „Ich muss eine Sicherheitsbestätigung über Sie und Ihr Boot von der Hauptstadt Port Moresby anfordern", sagt der Beamte bestimmt und lässt meinen Reisepass in seiner Schreibtischschublade verschwinden. Alle meine Einwände werden mit der Begründung abgewehrt, ich hätte gegen die Vorschriften verstoßen, weil ich mich nicht sofort nach meiner Ankunft in seinem Imigrasi-Büro gemeldet hätte.

Die Nacht an Bord ist scheußlich. Schwer rollt die Maui im Schwell und der Haltegrund für den Anker ist mir auch nicht sehr geheuer. Am nächsten Tag pilgere ich wieder zum Büro. Man lässt mich lange warten, um mir dann mitzuteilen, dass die Sicherheitsüberprüfung noch drei weitere Tage dauern würde. Ich kann und will aber auf diesem schlechten Ankerplatz nicht länger bleiben. So suche ich in dem Atoll nach einem besseren Platz. Bei einem kleinen Inselchen finde ich zwischen Korallenriffen was ich suche, eine traumhaft schöne, geschützte Bucht mit kristallklarem Wasser. Ich schnorchle ein wenig herum und finde, was ich nie zuvor gesehen habe: die Riesen-Mördermuscheln! Zirka 200 kg schwer und einen Meter lang liegen sie hier in geringer Wassertiefe auf schönem sandigen Grund. Leicht geöffnet wartet das Muscheltier auf Beute, um dann zuzuschnappen. Käme eine Hand oder ein Fuß hinein, hätte der Taucher keine Chance wieder freizukommen. Ich möchte ein paar Bilder schießen und diese Seltenheit auch filmen, doch ohne Assistenten geht das nicht. Ich winke ein paar Eingeborene heran, die ganz in der Nähe mit ihren Auslegerkanus fischen. Die Dunkelhäutigen sind begeistert, mir helfen zu dürfen. Wir verfrachten meine Foto- und Videoausrüstung in die zwei Kanus und bauen dann alles in drei Meter Wassertiefe wieder auf. Einer der Eingeborenen soll filmen, während ich die Harpune in die geöffnete Riesenmuschel stecke. Alles klappt vorzüglich. Sofort schnappt die Mördermuschel zu und hält meine Waffe wie einen Schraubstock fest. Gegen 4 Uhr nachmittags wird wieder abgebaut und es geht zurück zur Maui, die nur 400 Meter entfernt vor Anker liegt. Die Eingeborenen und auch ich brennen darauf, gleich das Video anzusehen. Doch oh Schreck! Alles ist unscharf und verschwommen, unbrauchbar, der Wasserdruck (oder der Einheimische) hat offensichtlich eine falsche Taste ausgelöst. Soll ich die ganze Prozedur morgen noch einmal wiederholen? Dazu kommt es nicht mehr, denn das Wetter verschlechtert sich und macht einen Tauchgang unmöglich. Ich trauere den Filmaufnahmen nach, die ich so dringend für mein Weltumsegelungs-Video gebraucht hätte. Nach drei Tagen gehe ich wieder zur „Imigrasi". Im Büro sitzt jetzt ein anderer Beamter. Ich erzähle von meinem Problem, er prüft meinen Reisepass und die Papiere und schüttelt verständnislos den Kopf: „Alle Papiere sind in Ordnung, wir brauchen keine Sicherheitsüberprüfung machen!" Dann gibt er mir freundlich meine Dokumente zurück, mit der Bemerkung, ich könne bleiben aber auch jederzeit weitersegeln. Na also, dann lichte ich jetzt wieder einmal den Anker.

Von anderen Fahrtenseglern habe ich von dem paradiesischen Leben gehört, das die Eingeborenen auf dem Hermit Atoll führen, nur zwei Segeltage von hier entfernt. Die Leute dort sollen eine ganz andere Wesensart haben, als die anderen Einwohner Papua Neuguineas: nicht kriegerisch, sondern freundlich und hilfsbereit. Ein guter Grund für mich, dorthin zu segeln. Der Himmel ist grau verhangen als ich den Bug der Maui von Manus Richtung Hermit lenke. Das Meer ist ruhig und es weht nur wenig Wind. So setze ich volle Segel und schiebe noch mit dem Schiffsdiesel ein wenig nach, um ausreichend Geschwindigkeit zum Fischen zu haben.

40 Seemeilen (zirka acht Stunden) vor dem Hermit Atoll nimmt der Wind zu, er kommt von Süden und erreicht nach einigen weiteren Stunden annähernd Sturmstärke. Das ist schlecht, sehr schlecht, denn die Einfahrt ins Atoll ist laut Seekarte sehr schmal und gewunden und nur unter guten Sichtbedingungen schiffbar. Der Wind nimmt weiter zu, der Himmel ist schwarz und die herabstürzenden Wassermassen mischen sich mit der Gischt des Meeres. Es sind höchstwahrscheinlich nur mehr wenige Seemeilen bis zum Saumriff, denn die Seekarte von diesem Gebiet ist nach wie vor unzuverlässig. Vorsichtig nähere ich mich mit kleinster Besegelung dem Atoll und versuche, Ausschau nach der Brandung vom Riff zu halten, doch nichts ist zu sehen, obwohl die Maui nach Angaben des GPS bereits auf dem Riff sitzen müsste. Ganz klar, die Seekarte ist wieder einmal falsch. Vorsichtig taste ich mich vorwärts. Endlich glaube ich einen weißen Schaumstreifen in der aufgewühlten See zu entdecken. Das bedeutet, die Position von Hermit liegt zweieinhalb Seemeilen weiter westlich, als in der Seekarte verzeichnet. Ob die Einfahrt stimmt, ist auch fraglich. Doch das spielt jetzt noch keine Rolle, denn unter diesen miserablen Bedingungen besteht sowieso keine Chance, näher an das Riff heranzugehen. Ich muss auf besseres Wetter warten, so segle ich in einem respektablen Abstand von ein bis zwei Seemeilen vor dem Saumriff auf und ab. Stunden vergehen, keine Wetteränderung, ich studiere die Seekarte immer und immer wieder. Die Einfahrt zu finden und zu passieren ist unmöglich, das würde mit Sicherheit den Schiffsverlust bedeuten. Jetzt ist es schon drei Uhr nachmittag. Wenn ich nicht innerhalb der nächsten Stunde keinen Ankerplatz finde, muss ich die Nacht beigedreht auf dem offenen Meer verbringen und das wäre nicht lustig. Im Nordosten des Riffes ist auf der Seekarte eine Einbuchtung verzeichnet. Dieser Einbuchtung ist noch einmal ein kleines Riff vorgelagert. Wenn es mir gelingt, am

Saumriff entlang zu fahren, bis dieses zurückspringt, müsste das die Stelle sein, wo die Einbuchtung beginnt. Ich warte, bis eine kleine Pause zwischen Sturm und Regenböen entsteht, folge den Brechern vom Saumriff Richtung Norden und wirklich, zwei Meilen später weicht der Brecherkamm zurück, was bedeutet, dass ich die Einbuchtung erreicht habe. Nun schnell näher heran, bevor der Himmel wieder seine Schleusen öffnet.

Wie ich das geschafft habe, unter Sturmböen und Regen an einem unbekannten Atoll am Außenriff einen doch recht geschützten Ankerplatz zu finden, erscheint mir am nächsten Morgen fast wie ein Wunder. Es heult und pfeift, stürmt und regnet den ganzen nächsten Tag. Die Maui geht auf und ab in den Wellen, doch der schwere Schwell wird von den vorgelagerten Riffen abgehalten. Das herrlich klare und 29°C warme Wasser lädt zum Schwimmen und Schnorcheln ein. Mit einem Anker im Schlauchboot rudere ich zum Riff. Weißer Sand leuchtet zwischen Korallenbänken herauf. Gleich beim ersten Tauchgang krabbeln unter mir, im nur zwei Meter tiefen Wasser, einige große Langusten herum. Eine davon wird mein heutiges Abendessen, denke ich und schwupps, liegt sie auch schon im Schlauchboot. So leicht war es schon lange nicht mehr, Langusten zu ernten. Wie immer an so abgelegenen Riffen, kommen auch neugierige kleine bis mittelgroße Grauhaie aus der Tiefe, um nachzusehen, was für ein neuer fremder Fisch da herumschwimmt. Jedesmal, wenn ich an Plätzen wie diesem tauche, bin ich begeistert von dem unvorstellbar klaren Wasser und der Vielfalt der farbigen Korallenfische, die bis auf wenige Zentimeter an mich herankommen. Gegen vier Uhr nachmittags kommen Eingeborene in einem Kanu von der Lagune über das Riff zu mir, begrüßen mich und wollen mir den Weg durchs Riff in die geschützte Lagune zeigen. Doch es ist schon zu spät und das Wetter ist nach wie vor schlecht, so lehne für heute ich dankend ab. Am nächsten Tag blinzelt zeitweise die Sonne zwischen den Wolken. Die Eingeborenen kommen wieder und so ankert die Maui am frühen Nachmittag im herrlich ruhigen Lagunenwasser.

Ein dicker Häuptling und sein noch dickerer Sohn besuchen mich und bringen Obst und Gemüse. Davon habe ich eigentlich noch genug an Bord, doch die freundlichen Eingeborenen geben nicht nach. „Nimm, nimm nur! Alles ist kostenlos!" Dann werde ich noch an Land eingeladen, ich soll mir unbedingt ihr Hüttendorf ansehen. Im Haus des Häuptlings, auf geflochtenen Matten am Boden sitzend, fragt man mich, woher ich komme und wie es weitergehen soll. Indonesien ist das nächste Land, erzähle ich. Doch zuvor müsse ich noch nach Phantom, das noch zu Papua Neuguinea gehört, um mir ein Visum und Seekarten für Indonesien zu besorgen, erzähle ich weiter. „Seekarten", sagt der dunkelhäutige Häuptling, „kannst Du bei uns bekommen." „Ihr habt Seekarten, hier auf Hermit, dem verlassenen Atoll?" „Ja, ja in der Hütte meines Sohnes kannst Du Dir welche aussuchen". Ich glaube dem alten Mann nicht. Wie sollte es auf diesem, von der Außenwelt völlig abgeschlossenen Platz, teure Seekarten geben? Da wird wohl eine alte Landkarte irgendwo herumliegen, denke ich. Aber Herr Häuptling führt mich zur Palmenhütte seines Sohnes und ich bin sprachlos: In einer Ecke liegen aufgestapelt etwa 500 Seekarten erster Qualität. „Hier bediene Dich, suche Dir aus, was Du brauchst". „Ja, aber was sollen sie kosten", stottere ich. Nein, kosten würden die Karten nichts, doch sie hätten zwei Solarpaneele und hier wisse niemand, wie man aus denen Strom erzeugen könne. „Ihr habt Solarpaneele hier, unmöglich, wie kommt das Dorf zu solchen Dingen?" Da beginnt der Häuptling zu erzählen: Vor drei Monaten sei ein Trimaran am Außenriff aufgelaufen und zerbrochen. Sie, die Eingeborenen, haben die fünfköpfige Besatzung gerettet, ihnen Unterkunft und Verpflegung gegeben, bis einige Wochen später ein vorbeifahrendes Fischerboot die Schiffbrüchigen ans Festland mitgenommen hat. Aus Dankbarkeit hätten ihnen die Segler die Reste des gestrandeten Trimaran überlassen. Zur Bestätigung seiner Erzählung zeigt mir das Oberhaupt des Dorfes eine Art Gästebuch, in dem sich die unglücklichen Segler eingetragen haben und dem Dorf für die Hilfe danken. Ich blättere dieses stark abgegriffene Buch durch und finde eine Eintragung aus dem Jahr 1993 von Wolfgang Hausner, dem

Ein neugieriger kleiner Grauhai kommt aus der Tiefe, um nachzusehen, was für ein fremder Fisch da herumschwimmt

ersten österreichischen Weltumsegler, mit einem Foto von seinem Katamaran „Taboo III". Ich soll mich natürlich auch in das Gästebuch eintragen, nehme es daher mit an Bord, schneide aus der Serie in den Oberösterreichischen Nachrichten ein Farbbild aus, klebe es auf eine neue Seite und schreibe Worte des Dankes und der Bewunderung über dieses paradiesische Atoll dazu.

Am nächsten Morgen kommt schon wieder der Häuptling mit Früchten und Gemüse und bietet mir auch Fleisch an. Skeptisch betrachte ich diesen dunkelroten Klumpen. „Das ist Rotwild, erst heute früh gejagt", sagt der Häuptling. „Es gibt Rehe auf dieser Palmeninsel?", frage ich erstaunt. „Doch, doch, dort drüben auf dem Hügel gibt es Rehe". So nehme ich dankbar das Stück Fleisch und komme wieder einmal zu einem unerwartet leckeren Abendessen. In den darauffolgenden Tagen mache ich mich bei den Eingeborenen mit kleinen Arbeiten im Dorf nützlich und montiere die Solarparneele an das Haus des Häuptlings. Es tut gut, wieder einmal mit freundlichen und ehrlichen Menschen zusammenzusein, nachts beruhigt schlafen zu können, ohne ständige Angst vor Überfällen. Ich fühle mich wirklich wohl hier, doch leider muss ich weiter, denn mein Visum ist abgelaufen und ich befinde mich bereits illegal in Papua Neuguinea.

Am 25. Februar 1994 verlasse ich das paradiesische Atoll Richtung Westen nach Vanimo. Es sind nur 280 Seemeilen dorthin, eine Strecke, die normalerweise in zwei Tagen zurückgelegt werden kann. Doch das Wetter ist instabil, dunkle Wolken rasen über den Himmel und bringen Wind und Regenschauer. Schwer stampft die Maui gegen die raue See. Ich kann den direkten Kurs nicht halten und muss nach Südwest abfallen. Stunden um Stunden kämpfen wir, das Boot und ich, gegenan. Schön langsam bin ich wütend auf das Meer, das mir so zu schaffen macht und brülle hinaus in die See: „Wenn Ihr den Kampf haben wollt, so könnt Ihr ihn haben, ich aber gebe nicht auf!" Es wird ein Kampf, der eine Woche dauert. Eine ganze Woche für eine Strecke, die normalerweise in zwei Tagen gesegelt werden kann! Trotzdem geht mir noch am letzten Tag, bevor ich in Vanimo ankomme, eine 25 kg schwere Blauflossenmakrele an den Haken, einer der besten Speisefische, die es gibt. Wollte sich Neptun wieder mit mir versöhnen? Die Behörden in Vanimo sind freundlich und machen vorerst keine Probleme wegen meines bereits abgelaufenen Visums. Sie wussten von dem schlechten Wetter, das meine Verspätung verursacht hat. Es stammt von einem Wirbelsturm, der 400 km weiter südlich sein Unwesen getrieben hat. Nur in Vanimo existiert ein Indonesisches Konsulat, in dem Visas ausgestellt werden. Ich treffe auf Herrn Hassan Basri, der sich nicht nur als sehr freundlicher Konsul entpuppt, sondern auch als begeisterter Hochseefischer. So haben wir sofort ein gemeinsames Gesprächsthema und plaudern stundenlang über Fisch und Co. Als ich dann noch seiner Familie sieben Kilo vom feinen Filet der Blauflossenmakrele schenke, stempelt er anstandslos das Visum in meinen Reisepass und telefoniert dann sogar noch nach Jajapura, der nächsten Distrikthauptstadt und kündigt mein Kommen bei der dort zuständigen Einreisebehörde an.

So segle ich bald weiter Richtung Norden. In Jajapura angekommen, sind die Behörden sehr nett und freundlich, es scheint alles in Ordnung zu sein. Ein bis zwei Wochen möchte ich bleiben, um einige Reparaturen an der Maui durchzuführen. Doch nach drei Tagen lässt mich der zweite Chef der Einreisebehörde zu sich rufen, mit der Begründung, dass meine Papiere nicht in Ordnung seien und ich müsse deshalb das Land verlassen. „Ja aber - es war doch alles in Ordnung und ich habe dreimal nachgefragt, ob noch etwas zu tun sei!" „Bisher war das auch der Fall aber nun ist es das nicht mehr", lautet die lakonische Antwort. „Am Schiff sind noch wichtige Reparaturen zu erledigen, in dem jetzigen Zustand kann ich unmöglich weiter", erkläre ich. Gut, sagt man, ich könnte noch drei Tage bleiben aber dann geht nichts mehr. Verdammter Bürokratismus! Ich schicke ein Fax an die Hauptstadt Jakarta und ersuche, um nähere Erklärung. Mit mir sei alles okay, doch für die Maui müsste ein sogenanntes Sicherheitsdekret erstellt werden, das umgerechnet 1000 Schilling kostet. Wenn ich diesen Betrag überweisen würde, sei alles wieder in Ordnung. Sofort erledige ich dies auf der Bank und schicke eine Kopie der Überweisung nach Jakarta. Am nächsten Tag kommt eine Antwort per Fax, das nun alles erledigt sei, das fehlende Formular werde in Jakarta ausgestellt und mir dann mit der Post zugeschickt. Es gäbe nun keine Probleme mehr mit mir und ich könne mich frei bewegen. „Na, das war einfach!", denke ich und eile noch vor Ablauf der Dreitagesfrist wieder zu dem Beamten, um ihm die Freudensbotschaft aus Jakarta zu überbringen. Das sei alles sehr schön, meint der Herr aber die zuständige Behörde sei ER und bevor ER dieses Formular nicht in Händen hielte, dürfe ich nur den Anker lichten, um in ein anderes Land auszulaufen.

Betrübt schlendere ich zurück zum Boot. Heute ist der 7. März, mein Geburtstag. Schön wäre es, wenn ich heute Abend eine Flasche Sekt für mich hätte, um mit mir selber anstoßen zu können. Aber es ist leider unmöglich, hier gibt es nirgends Wein oder Sekt. Selbst wenn man ein Geschäft für Alkoholika findet, ist hier alles wahnsinnig teuer. Einmal sind mir zwei Liter (vom billigsten) Wein für 50 Dollar angeboten worden. Unter solchen Umständen muss man auf Softdrinks umsteigen, auf Cola oder - noch günstiger - auf Regenwasser gemischt mit Fruchtsirup. Bier gibt es zwar fast überall zu kaufen aber Bier mag ich nicht besonders gerne.

Meine Geburtstagsfeier mit Sekt scheint in weite Ferne gerückt. Also werde ich mir ein gutes Fischgericht zubereiten, denke ich, während mein Blick hinausschweift in die große weite Bucht von Jajapura. Ein großer Luxus-Passagierdampfer kommt um den Einfahrtsfelsen im Tiefwasserhafen. Mit der Videokamera filme ich den Giganten, der nahe an der Maui vorbeifährt, um dann später an der Pier anzulegen. Menschen winken mir zu von diesem Koloss, der „Fujimaro" heißt. Zwei Stunden später ruft jemand vom Ufer her: „Hallo, hallo!" Ich schaue hinaus. Ein Ehepaar steht am Ufer und winkt aufgeregt. Mit dem Schlauchboot rudere ich ans Ufer. „Grüß Gott, wir haben die österreichische Flagge von der Fujimaro aus gesehen und wollen nur unseren Landsmann begrüßen!". Ich werde an Bord des Luxus-Liners eingeladen. Gerne besichtige ich das riesige Schiff. „Hier auf der Fujimaro gibt es alles zu kaufen, was das Herz begehrt", erzählen mir meine Landsleute, „alles sogar zollfrei!" Und da klingelt es bei mir: „Kann ich hier auch zollfrei Sekt einkaufen?" „Natürlich, auch Russischen, wenn Du den haben willst!" So kommt es später an Bord der Maui doch noch zu einer wunderbaren Ein-Mann-Geburtstagsfeier, mit einem herrlich frischen Fischfilet und einer Flasche Krimsekt. Wie sehr ich diesen Abend genossen habe!

Telefonate und Faxe werden nach Jajapura gesandt, Telefonate und Faxe treffen aus Jajapura ein aber an der vertrackten bürokratischen Situation ändert das nichts. Tage und Wochen vergehen. Jetzt beginnt sich sogar schon das Militär für die Maui zu interessieren. Weitere Formulare müssen ausgefüllt werden und mittlerweile liegen schon 65 Blätter in dem Ordner mit der Aufschrift Maui. Wieder einmal sitze ich auf der Wartebank vor dem verdammten Büro und hoffe auf einen positiven Bescheid. Eine schwarze elegante Limosine mit Diplomatenflagge fährt vor, ein elegant in Schwarz gekleideter Herr steigt aus, betritt das Bürogebäude und kommt auf mich zu. „Hallo Claus, wie geht es Dir?" Es ist der Konsul Hassan Basri, von dem ich das Visum vor meiner Einreise nach Indonesien bekommen habe. Wir schütteln einander die Hände, wechseln ein paar Worte und Mister Basri verschwindet im Bürogebäude. Minuten später lässt mich der Chef der Einreisebehörde zu sich rufen. „Guten Tag, Herr Gintner", begrüßt mich der Beamte hinter seinem großen Schreibtisch. „Nehmen Sie Platz. Wie ich höre, gab es da ein kleines Problemchen mit ihren Papieren, selbstverständlich sind wir, die Behörden, dazu da, um ausländischen Besuchern einen guten Service zu bieten!" Er stempelt meinen Pass, verlängert mein Visum und gibt mir ein Papier, das die herrliche Überschrift „Clearance" trägt, was so viel bedeutet wie: Alles ist in Ordnung. „Sie können sofort weitersegeln, wenn sie möchten!" Was doch ein Konsul ausmacht, der so gerne fischt wie ich!

Gleich am nächsten Tag heißt es „Anker auf" und ich verlasse erleichtert diesen entsetzlichen Behördenplatz. Ich möchte so schnell wie möglich durch die Indonesische Inselwelt nach Bali segeln. Zunächst

einmal schläft der Wind ein. So motore ich die Küste entlang Richtung Nordwesten. Es beginnt zu regnen, herrlich kühl fühlen sich die Tropfen auf meiner Haut an. Seit langem ist die glühende Hitze verschwunden, es regnet weiter und ich beginne sogar zu frieren. Da kann ich mich nicht mehr halten und rufe hinaus auf Meer: „Hurra, ich friere!". Das klingt vielleicht verrückt aber nach der monatelangen Hitze ist das doch vielleicht eine verständliche Reaktion. Fünf Tage motort die Maui entlang der Indonesischen Küste. Noch immer kein Wind. Besorgt blicke ich auf die Tankanzeige: Der Diesel geht zur Neige und darüber hinaus kommt ab Biak ein Küstenstück von 300 Seemeilen (550 km), von dem ich keine Seekarte auftreiben konnte. Ich muss sicherheitshalber hinaus auf das offene Meer, um mich weit genug von der Küste fernzuhalten. Und dann kommt der Augenblick, wo auch der letzte Tropfen Diesel durch den Motor gelaufen ist. Ich muss segeln, doch wie soll das gehen, ganz ohne Wind? Noch 180 Seemeilen bis Sorong, der nächsten Stadt, in der es wieder etwas zu kaufen gibt. Am Abend kommt eine Insel in Sicht aber ich habe keine Seekarte, um zu sehen, ob Riffe oder Untiefen vorgelagert sind. Also möchte ich das Eiland in einem großen Bogen umgehen, doch die Meeresströmung schiebt mich unaufhaltsam in Richtung Küste. Die Sonne versinkt am Horizont und die Insel wird zum dunklen Schatten. Noch einmal starte ich den Motor und wirklich, er beginnt noch einmal zu laufen. Immer abwechselnd auf den Tiefenmesser und auf das Meer schauend, schiebt sich die Maui an dem dunklen Landfleck vorbei. Nach 45 Minuten steht der Schiffsdiesel, ich habe endgültig keinen Treibstoff mehr. Am nächsten Tag versuche ich mit einer kleinen Pumpe und einem Schlauch den restlichen Treibstoff vom Tankboden herauszubekommen. Ich sammle drei Liter von einem Gemisch aus Schmutz und Diesel. Doch nach dem Filtern bleiben noch zwei Liter brauchbarer Treibstoff übrig. Dann entleere ich die Petroleumlampen, was noch einmal zwei Liter bringt und fülle alles in ein durchsichtiges Glas. Mit einem Extra-Schlauch leite ich nun diese kostbare Flüssigkeit direkt zur Einspritzpumpe. Nach einem kurzen Probelauf weiß ich, dass nun im Notfall für zwei Stunden Fahrt unter Motor genug Diesel da ist.

Ich muss in Sarong unbedingt bei Tag ankommen, denn meine einzige Orientierungshilfe ist ein Schulatlas aus meiner Bordbibliothek. Zweimal kreuzen große, 15 Meter lange Wale meinen Weg. Einmal gelingt es mir, bis auf wenige Meter an so einen Koloss heranzukommen, der, als er mich bemerkt, mit einem Schwanzflossenschlag abtaucht. Im Morgengrauen kommen an Land Hügel in Sicht, hinter denen die Stadt liegen müsste. Ein Gewitter mit wolkenbruchartigem Regen kommt auf. Ich muss beidrehen, denn die Sicht und die Segelbedingungen sind so schlecht, dass an ein Weitersegeln nicht zu denken ist. Mittags klart es auf. Sorong ist umgeben von Riffen und Inselchen, schlecht für mich, denn ohne Seekarte muss ich höllisch aufpassen. Ich frage einen Fischer in der Nähe, wo ich die Einfahrt finde. Es geht nur unter Motor, zwischen den Riffen durch. Unaufhaltsam sinkt der Pegelstand in meinem Kanister. Noch eine Seemeile, ich sehe schon den Steg, an dem die Küstenwache festgemacht hat, dann endlich kann ich Anker werfen. Ein viertel Liter Diesel ist noch im Nottank aber es hat gereicht. Wieder muss ich zur Einreisebehörde, doch aus meinen Erlebnissen in Jajapura habe ich gelernt. Diesmal gehe ich schnurstracks in das Büro, lege dem Beamten erst einmal einen Geldschein auf den Tisch und erst dann folgen Pass und Papiere. Das wirkt, man ist sehr freundlich, es geht alles schnell und dauert nur drei Stunden, nicht vier Wochen. Dann winke ich ein Taxi heran und gehe auf große Einkaufstour, denn auf den nächsten 2500 Kilometern wird es keine besondere Gelegenheit geben, um an Diesel und Lebensmitteln zu gelangen.

Noch am Abend des selben Tages möchte ich weiter, doch im Dunklen ohne Seekarte zwischen den Inseln durchzusteuern, ist mir doch zu gefährlich. So gehe ich zur Küstenwache und frage, ob man mir nicht eine Kopie von einer Seekarte machen könnte. „Wir haben von hier keine Seekarte, wir kennen die Gegend", lautet die Antwort. „Ja, aber was macht Ihr, wenn Ihr nachts hinaus müsst?" frage ich. „Bei Nacht fahren wir nicht aus dem

Ein typischer Lastensegler an der indonesischen Küste

Hafen!" Doch man will mir helfen und kopiert eine Landkarte von der Gegend um Sorong, auf der auch die umliegenden Inseln mit zu sehen sind. „Besser als nichts!", denke ich. Gerade bevor die Sonne am Horizont verschwindet, geht die Maui wieder hinaus auf das Meer. Mit der Landkarte stecke ich einen provisorischen Kurs ab. Es wird dunkel. Die Positionslichter eines Fischerbootes halten auf mich zu, ich ändere meinen Kurs, um auszuweichen. Das Fischerboot aber ändert auch seinen Kurs und wir sind erneut auf Kollisionskurs. Noch einmal ändere ich meinen Kurs, ebenso auch das andere Boot. Piraten, denke ich, das sind Piraten, sie wollen mich überfallen. Ich hole meine einzige Waffe, die Leuchtpistole, um mich wehren zu können. Das Boot kommt näher und näher, direkt auf mich zu. Dann ist es ganz nahe und es sieht aus wie ein kleines Frachtschiff. Die Besatzung winkt aufgeregt zu mir herüber. Ich schlage einen Haken und das schwere, träge Boot kann nicht so schnell folgen. Mit klopfendem Herz blicke ich zurück, ob man auch umdreht, um mir zu folgen. Nein, sie tun es nicht, stattdessen senden sie mir Lichtsignale aber ich kann Morse nicht lesen und bin froh, dass das Boot wieder weg ist. Ich bringe die Maui wieder auf den richtigen Kurs und motore durch die ruhige, windstille See. Das Echolot zeigt 60 bis 70 Meter Wassertiefe, alles in Ordnung, denke ich, doch plötzlich springt der Tiefenanzeiger auf 20, 15, 10, 5 Meter Wassertiefe. Ich springe zum Gashebel, Rückwärtsgang hinein und Vollgas. Nur mehr zwei Meter Wassertiefe und vor mir ein riesiger dunkler Felsen, das war wirklich in letzter Sekunde. Im großen Bogen umfahre ich das Hindernis. In der Landkarte ist nichts eingezeichnet an dieser Stelle aber es ist eben nur eine Landkarte. Die ganze Nacht motore ich weiter, immer das Echolot beobachtend und nach dunklen Flecken auf dem Wasser Ausschau haltend. Es ist ein aufregendes Gefühl, Nachts ohne Seekarte zwischen Inseln hindurchzufahren. Als der Morgen graut, komme ich endlich in ein Gebiet, von dem wieder gutes Kartenmaterial an Bord ist.

Der Dieseltank ist voll und ab Ambon sollten langsam wieder die Südost-Winde einsetzen. Tage und Wochen vergehen. Endlich kommt Bali in Sicht. Benoa Harbor, das ist der Platz, an dem einklariert werden muß. Bali ist ein Touristenzentrum und hat mit dem eigentlichem Indonesien nichts gemeinsam. Die vielen Tempel sind schön anzusehen, auch die hübschen Balimädchen sind ein Kontrast zu den hässlichen Eingeborenen der jüngsten Vergangenheit. Ich möchte hier aber trotzdem nicht lange bleiben. Ein paar Reparaturen an der Maui und dann segle ich wieder los, um die lange, lange Strecke von 8000 Kilometer über den Indischen Ozean in Angriff zu nehmen.

Claus Gintner an einem Tempel auf Bali

Der Faustschlag der Riesenwelle

Sanft streichelt die Hand des Meeresgottes die Maui und mich. Es ist, als wolle er sagen: „Du hast eine so schwere und harte Zeit gehabt, in den Meeren um Papua Neuguinea und Indonesien, nun sollst Du es im Indischen Ozean besser haben."

Seit fünf Tagen geht es von Bali Richtung Westen. Die Sonne scheint und leichte Passatwinde wehen über die ruhige See. Ein riesiger Vollmond lässt das Meer silbergrau schimmern. Im Südosten steht das Sternbild des Skorpion am Himmel, im Norden leuchten die sieben Sterne des Großen Wagens hell und klar. Nur den Polarstern sieht man nicht, denn ich befinde mich auf 10 Grad Süd und da versteckt sich dieser Wegweiser der Seefahrer hinter dem Horizont. Die Strömung läuft eineinhalb Knoten mit mir. Das hilft in zweierlei Hinsicht; erstens komme ich schneller voran und mache, obwohl nur vier Knoten durchs Wasser, doch 120 Seemeilen in 24 Stunden über Grund. Zum Zweiten glättet der mitlaufende Strom die Wellen. So wiegt die Maui nur leicht hin und her, die Tassen und das Geschirr bleiben stehen und die Töpfe rutschen nicht beim Kochen. Seit vier Tagen habe ich die Schoten der Segel nicht mehr angerührt, so gleichmäßig weht Tag und Nacht der Wind. Mein Autopilot steuert das Schiff wie von Geisterhand genau Richtung Cocos Inseln. Es ist ruhig und friedlich, leise gurgelt das Wasser um den Rumpf des Bootes. Manchmal knarrt der Zahnriemen, der vom Motor des Autopiloten auf das Steuerrad greift. Nachts schlafe ich teils im Cockpit, teils in der Kabine, ruhig und ausgeglichen. Immer wieder halte ich Ausschau nach Schiffen, doch nicht allzu oft, so alle drei oder vier Stunden, denn ich segle jetzt abseits aller Schifffahrtsrouten und auch weit weg von jedem Festland. Es ist das schönste Segeln seitdem ich unterwegs bin. Immer wieder geht ein Fischlein an den Haken. Frischgemüse, Gurken, Zwiebeln, Karotten, Grapefruits, Kokosnüsse, Kartoffeln und Zitronen habe ich genügend in Bali eingekauft, so kann ich genussvoll ein leckeres Mahl nach dem anderen zubereiten. In der Früh, wenn die Strahlen der Morgensonne mich wecken, dusche ich. Das Wasser aus dem Tank, der im Kiel des Bootes untergebracht ist, kommt frisch und kühl aus der Handbrause, denn der Indische Ozean hat nur noch 23°C. Es tut gut, nicht mehr Tag und Nacht unter hohen Temperaturen leiden zu müssen. Wieviel Zeit ich jetzt doch habe, hier am weiten Meer. Mein Blick geht über den Horizont, verliert sich in der Unendlichkeit. Gedanken kommen und gehen unbeschwert. Mein Gott, bin ich glücklich. Mir fällt ein, ich könnte wieder einmal den ORF (Österreichischen Rundfunk) anrufen, um ein wenig mit der Heimat zu plaudern. Es gelingt, brauchbaren Funkkontakt zu bekommen. Ich erzähle begeistert von den vergangenen Segeltagen, obwohl bereits dunkle Wolken am Himmel dahinjagen und die See gröber wird. Der Wind nimmt zu, ich verkleinere die Segelfläche, denn bisher war volles Tuch aufgezogen. Es ist nichts Ungewöhnliches, wenn schwarze Wolken am Himmel den Passat verstärken. Der Wind nimmt aber weiter zu, die See wird rauher. Schön langsam beginne ich, Farbe, Pinsel und anderes Werkzeug zu verstauen. Langsam klare ich das Deck auf und verfrachte alles in Stauräume und in die Achterkajüte. Ich binde den Bootshaken sorgfältiger als sonst fest, sichere den Anker doppelt und verpasse dem Solarpaneel, das eigentlich gut verschraubt ist, noch eine Extraleine. Warum ich so sorgfältig vorgehe, weiß ich eigentlich nicht. Irgendwas versetzt mich in Unruhe aber was?

Wind und Wellen sind nun stärker und höher geworden, doch sehe ich keinen Grund zu besonderer Vorsicht. Am Boden des Cockpits liegt noch eine Goldmakrele, die vor einer Stunde angebissen hat. Doch ich wollte zuerst am Schiff alles sicher versorgt wissen, bevor ich den Fisch zerlege und im Kühlschrank verstaue aber dazu sollte es nicht mehr kommen! Jetzt rasen schon Wolkenfronten über das Meer, mit Sturmböen und Regen. Ich setze die kleine Sturmfock und reffe das Großsegel bis auf vier Quadratmeter. Mittlerweile hat der

Wind auf volle Sturmstärke zugenommen. Ich drehe bei. Die Maui liegt nun quer zu Wind und Wellen in einer stabilen Lage. Um diesen Kurs ein klein wenig nach Lee zu verändern, lasse ich den Autopiloten eingeschaltet. Dieser steuert das Boot so, dass nicht soviel Wasser übergenommen wird. Alles ist vorbereitet für die Nacht, denn im Dunkeln kann man nicht mehr viel tun auf einer Segelyacht, die in der aufgewühlten See schlingert. So lege ich mich in die Koje. Alles scheint in Ordnung zu sein. Die Maui schaukelt nicht allzu kräftig und es kommt nur wenig Wasser über. Also versinke ich bald in ruhigen Schlaf. Eine gewaltige Riesenfaust schlägt mit fürchterlichem Krachen gegen den Rumpf. Ich fliege aus der Koje quer durch den Salon und finde mich in der Navigationsecke wieder. Alles ist stockdunkel. Wo ist oben, wo ist unten? Alles scheint Kopf zu stehen. Tastend suche ich einen Lichtschalter, wo ist er nur? Endlich wird es hell in der Kabine, Wasser rinnt in Bächen durch den Niedergang herein, obwohl der Eingang sorgfältig verschlossen war. Wie ein Kind versuche ich, mit den Händen die Fugen zu verschließen, doch vergebens. Durch die oberste Klappe blicke ich hinaus, das Cockpit ist voll mit Wasser. Es schwappt von links nach rechts. Warum läuft es nicht durch die Lenzrohre zurück ins Meer, warum geht das alles so langsam? Im Salon liegen Kartoffeln und Zwiebeln kreuz und quer. Milchpäckchen und Mehl finden sich am Kartentisch, Lebensmittel, die unter den Sitzen verstaut waren, kugeln überall in der Kabine herum. Blut rinnt aus meiner Fußsohle. Ich greife nach irgendeinem salznassen Lappen und binde ihn um die Fußsohle, um die Blutung zu stillen. Draußen, was ist draußen? Die Goldmakrele liegt nicht mehr am Boden des Cockpits, das Meer hat den Fisch zurückgeholt. Wo ist das Solarpaneel? Die Welle hat es weggerissen! Das Sprayhood (Spritzverdeck) besteht nur mehr aus Stofffetzen. Der Autopilot arbeitet noch, doch das Steuerrad dreht leer durch. Irgend etwas an der Ruderanlage muss gebrochen sein. Nachdem ich das Licht angeschaltet habe, gilt mein zweiter Handgriff dem Schalter der Lenzpumpe, die 100 Liter Wasser in der Minute nach außen befördern kann. Sie funktioniert! Erst vor zwei Tagen habe ich sie repariert! Nun strömt endlich das Wasser aus dem Schiff. Auch der Motorraum ist überschwemmt. Langsam, viel zu langsam gelingt es, das Salzwasser herauszubekommen.

Die Nacht ist stockdunkel. Heute habe ich keine Erinnerung mehr daran, was ich bis zum Morgengrauen unternommen habe, viel kann es nicht gewesen sein. Der neue Tag beginnt und ich lebe noch. Erschöpft und noch immer geschockt klettere ich hinauf ins Cockpit. Das Solarpaneel hat sich zwar losgerissen, doch es surft an der Sicherungsleine hinter dem Boot her. Um es nicht zu verlieren, hieve ich dieses brettförmige Ungetüm an Bord und zurre es wieder fest. Meine Maui treibt steuerlos im Indischen Ozean, Richtung Westen. Mast und Segel sind stehengeblieben. Die Fock ist back festgezurrt und das Großsegel 10 Grad nach Steuerbord ebenfalls mit einer Talje fixiert. So beigedreht hat das Boot eine stabile Lage. Noch immer ist die See rauh. Wellen mit fünf bis sechs Meter rollen schaumgekrönt unter der Maui durch, immer wieder stürzt einer der großen Brecher über das Boot. Ich muss endlich etwas unternehmen. Die unteren Stauräume sind teilweise noch immer voll mit Salzwasser, doch am wichtigsten erscheint mir, die Steuerung zu überprüfen und herauszufinden, was eigentlich gebrochen ist und ob eine Reparatur überhaupt möglich ist. Schnell habe ich das herausgefunden. Durch den gewaltigen Schlag, den das Ruder abbekommen hat, sind die Zähne der Antriebsstange abgeschert. Das ist kaum zu reparieren, stelle ich entsetzt fest. Hier wären Ersatzteile notwendig. Doch dann fällt mir ein: Die Notpinne, ich habe ja eine Notpinne an Bord. Die wäre leicht auf das Ruder aufzustecken. Doch wer soll an das Ruder gehen? Ich bin alleine und muss versuchen, die enormen Schäden am Boot zu reparieren. Immer wieder betrachte ich den Schaden an der Steuersäule. Es muss doch einen Weg geben, die Ruderanlage wieder in Ordnung zu bringen. Wenn ich die ganze Steuersäule abschneide und kürze, würden die noch vorhandenen Zähne der Steuerstange ins Getriebe greifen. Gut, das ist ein gangbarer Weg, doch dazu muss es möglich sein, meinen Handwinkelschleifer und die Bohrmaschine in

Betrieb zu nehmen. Also muss Strom her und der kommt vom Solarpaneel oder vom Motor. Der Motor ist noch immer mit Salzwasser durchtränkt, also bleibt mir nur das Solarpaneel als Stromerzeuger. Ich versuche es wieder auf die Sonne auszurichten und mit Leinen festzubinden und - oh Wunder - das Amperemeter zeigt Ladestrom an. Am Cockpitboden sitzend schleife, säge, trenne und bohre ich, nackt, denn jede Kleidung ist nun sinnlos geworden. Immer wieder kommt Wasser über. Ich sehe schauerlich aus. Der ganze Körper ist voll mit Schleifspänen, der Po gerötet und wund an manchen Stellen von den scharfkantigen Metallsplittern. Wenn Wellen ins Cockpit kommen, bekomme ich elektrische Schläge von den Werkzeugmaschinen. Dann muss ich den Winkelschleifer und die Bohrmaschine erst wieder trockenlegen, um weiterarbeiten zu können. Ich bin verzweifelt. Schluss, ich will nicht mehr weitersegeln! Immer wieder diese Gefahren und die Angst um das Überleben. Bei nächster Gelegenheit gebe ich auf oder gehe den kurzen Weg durchs Rote Meer zurück nach Europa. Mein Entschluss steht fest. Doch zunächst muss es irgendwie weitergehen. Drei Tage und zwei Nächte liegt die Maui beigedreht und steuerlos im Indischen Ozean. Ich lerne, dass man ein Boot auch ohne Ruder, nur durch Trimmen der Segel steuern kann, sofern genügend Raum nach Lee vorhanden ist. Zum Glück lässt der Wind Tag für Tag nach und bläst schließlich, in der Nähe der Cocos Inseln, nur noch mit Windstärke 5. Sieben Seemeilen vor den Cocos Inseln drehe ich die letzte Schraube der Steuersäule fest und der Autopilot übernimmt wieder seine Aufgabe. Die Palmen der Inseln sind, wenn eine Welle die Maui hochhebt, bereits zu sehen, doch leider gibt es keine Karten von diesen Inseln an Bord, so nähere ich mich vorsichtig der Küste. Ich habe Glück. Die Tageszeit ist gut, die Sonne steht hinter mir und das Wasser ist klar und durchsichtig. Ein kleines Motorboot erwartet mich in Riffnähe. Man hat die Yacht bereits ausgemacht und zwei Fischer zeigen mir einen Weg zu einem ruhigen und sicheren Ankerplatz. Ich atme tief durch, ich habe es wieder einmal geschafft. Hier im ruhigen Wasser, werde ich alles, was am Schiff gebrochen ist, wieder reparieren können. Langsam fühle ich wieder Zuversicht in mir. Ich lege mich entspannt an Deck, schaue hinauf in den blauen Himmel und beneide wieder einmal die Möwen um ihre Qualitäten im Kunstflug. Ich drehe mein Radio an und höre in der Nachrichtensendung, warum die Maui und ich fast vernichtet worden wären. Auf Java hat es ein schreckliches Erdbeben gegeben, die dadurch ausgelösten Flutwellen haben in weiten Teilen Indonesiens und Australiens riesige Schäden verursacht. Eine dieser gewaltigen Flutwellen muss die Maui gepackt haben. Fast wäre mir das zum Verhängnis geworden.

Erholung auf den Cocos Inseln

Die hufeisenförmig angeordneten 21 Inseln von Cocos Keeling bieten dem Segler ideale Bedingungen. Vor dem schönen, feinen, weißen Sandstrand kann der Skipper seinen Anker je nach Wahl auf zwei bis sechs Meter Wassertiefe fallen lassen. Ich bin vom klaren Wasser in dieser Bucht begeistert. Jeden Morgen springe ich noch vor dem Frühstück ins Meer, in der einen Hand die Zahnbürste, in der anderen Shampoo. Dann reinige ich meine Zähne mit Salzwasser und wasche Gesicht und Kopf mit Shampoo. Ich schwimme ein paar Mal ums Schiff, klettere an Bord, bereite Kaffee, Frühstücksei und Toast mit Butter und Honig. Das Frühstück im Cockpit ist jedesmal ein Erlebnis. Ich schaue hinüber zum Strand. Was für eine Schönheit hat doch die Natur hier hervorgebracht: Die türkisfarbige Lagune, umgeben von Sandinseln und Palmenwäldern. Herz, was begehrst du mehr. Kokosnüsse können beliebig viel geerntet werden, denn die Inseln stehen sind Eigentum der australischen Regierung, doch keines der Eilande wird landwirtschaftlich genutzt. Ordentlich, wie die Australier nun einmal sind, finden sich auf dieser unbewohnten Insel eine Regenwasser-Fangeinrichtung, saubere Toiletten, ein überdachter Sitzplatz mit Tischen, ein Funktelefon für Notfälle, ein Grillplatz und Müllbehälter. All das steht dem vorbeifahrenden Segler kostenlos zur Verfügung. Einmal in der Woche kommen zwei Eingeborene und säubern, was es zu säubern gibt. Zweimal in der Woche schippert von der zehn Kilometer entfernten Hauptinsel ein Boot herüber und fragt, ob jemand nach West Island zum Einkaufen mitfahren möchte. Um 4 Uhr nachmittags wird man dann wieder zurück zum Ankerplatz gebracht. Natürlich nütze ich diesen exzellenten Service und kaufe hervorragendes Lamm- und Rindfleisch - eine willkommene Abwechslung zu den ewigen Fischmahlzeiten. Langsam beruhigen sich Seele, Geist und Körper des Weltumseglers wieder. Jeden Tag geht es mir besser. Nach zwei Wochen segle ich hinüber zum bewohnten Home Island. Hier möchte ich die schweren Schäden der Maui reparieren. Zu meiner Überraschung stehen hier gut eingerichtete Werkstätten mit Fachkräften zu Verfügung. Von Australien lasse ich mir die nötigen Ersatzteile. kommen. Chris, der Polizeioffizier von den Inseln, ist großartig. Er ermöglicht mir kostenlose Ferngespräche zu den verschiedenen Ersatzteillieferanten und hält über Funk Kontakt mit mir, wenn ich am Ankerplatz bin. Ebenfalls ein großes Lob gebührt dem Marine Offizier, der für die Sicherheit im Bereich des Wassers zuständig ist. Er organisiert, dass die Werkstätten zu günstigen Preisen für mich arbeiten. So wird die Maui wieder in einen hervorragenden Zustand versetzt. Die Sprayhood kann ich selbst nähen, ebenso das zerrissene Segel. Ein neuer Auspuff für den Motor wird nach Mass aus Nirosta angefertigt. Die neue Wasserpumpe kommt per Post aus Australien. Die Ruderanlage wird neu geschweißt und das Solarpaneel erhält neue Halterungen. Soweit irgendwie möglich, lasse ich das Schiffsinnere wieder einmal so richtig austrocknen.

Sechs Wochen bleibe ich mit der Maui in diesem Paradies. Einsam ist es dennoch hier nicht. Auch andere Segler nutzen diesen geschützten Platz, um auszuruhen, bevor es weiter ins Rote Meer oder nach Südafrika geht. Fünf Yachten liegen mit mir auf der windabgewandten Seite von Direction Island. Lustige Grillabende am Strand sind keine Seltenheit. Viele Freunde habe ich gewonnen in dieser Zeit, doch irgendwann muss jeder einmal weiter. So auch Duck und Stuart, beide 27 Jahre alt und Eigner einer schnellen, dunkelblauen 18-m-Yacht. Wir hatten vereinbart, über Funk täglich Kontakt zu halten. Als ich am zweiten Tag die „Challenge" wieder rufe,

Die Cocos-Keeling-Inseln im Indischen Ozean

meldet sich Stuart mit besorgter Stimme: „Wir haben seit der letzten Nacht schlechtes Wetter, eine schwere See hat die Challenge so hart getroffen, dass ein Riss im Rumpf entstanden ist und Wasser hereinkommt. Ich bin entsetzt. Ein Riss im Rumpf und Wassereinbruch sind der Alptraum eines jeden Seglers. Dazu kommt noch, dass jederzeit ein neuer Riesenbrecher gegen den Rumpf schlagen und den Riss vergrößern kann. „Kriegst Du das Wasser mit der Pumpe raus?", frage ich am Funkgerät. „Ja, noch geht es mit der Lenzpumpe", kommt die Anwort, „aber wir wissen nicht, wie lange". Sofort verständige ich über Funk meinen Freund, den Marine Offizier. Später, von der Hauptinsel aus, rufe ich die australische Seenotrettungsstelle an. Die wollen in Bereitschaft bleiben, für den Fall, dass die Challenge sinken sollte. Doch mehr kann man nicht tun. Die Yacht ist 300 Seemeilen von Australien entfernt und hat noch 1500 km bis zur nächsten Insel, Diego Garcia, einer Militärbasis der Amerikaner. Normalerweise darf man dort nicht an Land gehen, doch in einem Notfall kann natürlich jeder Platz angelaufen werden, an dem Hilfe zu erwarten ist. Alle paar Stunden rufe ich über Funk die Challenge, denn die Situation bleibt weiter kritisch, solange der Sturm anhält. An eine Umkehr ist nicht zu denken. Gegen Wind und Wellen könnte eine Yacht mit einem Riss im Rumpf niemals ansegeln. So bleibt nur der Weg nach Westen offen, und das heißt sieben weitere Tage auf See. Sechs Tage lang kann ich den Funkkontakt aufrechterhalten, dann reißt er plötzlich ab. Doch ich bin nicht sonderlich besorgt, denn die letzte Nachricht von der Challenge lautete: „Keine weitere Verschlimmerung der Situation. Wir haben nur noch 120 Seemeilen bis Diego Garcia". Zwei Wochen später, am 15. Juli, verlasse ich die Cocos Keeling Inseln mit einer Maui, die wieder topfit ist. Es soll zum Chagos Atoll gehen und dann weiter zu den Seychellen und nach Madagaskar. Dort möchte ich den richtigen Zeitpunkt für den Weg zum Kap der Guten Hoffnung abwarten.

Schneiderei auf hoher See

An den ersten zwei Tagen Richtung Westen sind Meer und Wetter noch in Ordnung. Dann ziehen schwere Wolken auf, der Sturm kommt. Es heult und kreischt, längst habe ich die Segel gerefft. Die Nacht kommt. Alle paar Stunden kontrolliere ich den Kurs. Da! Das Vorsegel ist quer durchgerissen und ich habe es beim Heulen des Sturmes nicht einmal gehört! Jetzt in der Nacht und bei diesem Wetter die Fetzen herunterzuholen, nein danke! Doch es hilft alles nichts, das Segel muss geborgen werden, wenn es nicht ganz zerreißen soll. Also ziehe ich das Ersatzsegel auf und das salznasse, zerrissene muss irgendwohin, also rein ins Vorschiff. Dort ist eigentlich mein Bett. Doch zum Schlafen werde ich in dieser Nacht sowieso nicht kommen. Am nächsten Morgen ist das Wetter ein bisschen besser. Ich hole die Nähmaschine heraus und beginne mit der Reparatur. Kaum fertig mit der Arbeit, verdunkelt sich der Himmel schon wieder, der nächste Sturm zieht auf. Erneut, wie in der letzten Nacht, Sturmböen von links und rechts. „Rrrratsch", das Ersatzsegel ist gerissen. Wieder muss das Segel gewechselt werden und so geht es in den nächsten zwei Monaten weiter. 47 Stürme habe ich allein auf dieser Strecke ins Logbuch eingetragen und achtmal sind die Segel zerrissen. Als ich nach zwölf Tagen die Chagos Inseln erreiche, sinke ich auf die Knie und bitte den lieben Gott um hoffentlich ruhigere Zeiten.

So wunderschön der unbewohnte Chagos Archipel ist, das Wetter bleibt instabil, mit Regen und Winden aus allen Richtungen. Ich plündere eine Kokospalme, um meine Vorräte aufzufüllen. Schnell noch ein paar Fische fangen und dann am fünften Tag verlasse ich dieses Atoll wieder, bei rauher See. Brandung steht in der Einfahrt. Ich überlege, ob ich es riskieren soll. Ich zähle die Wellen. Jede zwanzigste ist extrem hoch. Nach einer extra großen Welle kommen einige kleinere Wellen nach. Diese Lücke muss ich ausnützen, um durch die Barre ins sichere tiefe Wasser zu kommen. Ich riskiere es und habe wieder einmal Glück. Doch es wird ein mühsames Segeln, ununterbrochen bei Starkwind und schwerer See. Wieder reißt ein Segel aber diesmal so stark, dass ich es an Bord nicht mehr reparieren kann.

Die Seychellen sind schwierig anzulaufen. Die erste Barre muss in der Nacht passiert werden, wenn man am Tage in der Hauptstadt Mahe einlaufen will. Seekarten und Seehandbuch warnen davor, von Osten her einzulaufen, denn es könnten dort gefährliche Überrollbrecher stehen. Von Norden soll es sicherer sein aber ich will nicht nochmals 70 Seemeilen Umweg auf mich nehmen. Ein genaues Studium der guten Seekarte zeigt mir eine tiefe Rinne im Osten der Barre. Dort dürften keine Brecher stehen. Der GPS ist in so einem Fall das ideale Navigationsmittel. Ich bestimme den Kurs und schalte den Autopiloten ein. Jetzt kann ich einige Stunden schlafen. Der nächste Gefahrenpunkt ist noch vier Stunden entfernt. Das ruhige Wasser und das gleichmäßige Surren des Motors drückt mir sofort die Augen zu. Irgendwann wache ich wieder auf. Viel zu lange war ich versunken, denn an den Riffen und Untiefen bin ich längst vorbei. Der brave Autopilot hat seinen Kurs gehalten. Gott sei Dank gab es keine Querströmung, sonst hätte es ein böses Erwachen gegeben. Die Seychellen wurden in der Vergangenheit kaum von Seglern angelaufen, denn die alte Regierung kassierte Gebühren, die nicht einmal Seeräubern einfallen würden: 100 Dollar pro Tag! Zwar hat die neue Regierung die Ankergebühren stark reduziert aber es ist immer noch sehr teuer. So bleibe ich nur zehn Tage, lasse die Segel reparieren und beseitige die Sturmschäden auf dem Boot.

Weiter geht es durch den Indischen Ozean, der nicht nur mich das Fürchten gelehrt hat. Der Kurs ist Richtung Südwesten abgesteckt, das neue Ziel heißt Madagaskar. Am Weg liegt die Insel Faqua. Weil auf meiner Seekarte dort eine wundervolle Ankerbucht eingezeichnet ist, entschließe ich mich zu einer Zwischenlandung. Nur wenige Eingeborene leben auf diesem

Eiland, das eigentlich nicht angelaufen werden darf. Doch der Häuptling zeigt sich mir gegenüber gnädig und erlaubt mir, einige Tage zu bleiben. Er lässt mir zeigen, wo ich den Anker werfen darf: vor einem langen gelben Sandstrand. Es ist ein schöner einsamer Ankerplatz. „Ganz selten kommt ein Fahrtensegler vorbei, um einen kurzen Stopp auf dem Weg nach Madagaskar einzulegen", erzählt mir der Chef der Eingeborenen. Und stolz vermerkt er, dass seine Leute hier vom Fischfang leben. „An einem Tag holen wir bis zu 500 Kilo aus dem Meer, nur mit der Angelleine". Ich gehe früh zu Bett und freue mich auf die Nachtruhe. Doch plötzlich wache ich auf - irgendetwas ist anders als sonst. Da wieder - das ganze Boot bebt leicht. Ein Erdbeben ist mein erster Gedanke. Und wieder dieses leichte Zittern. Erdbeben? Unsinn, Erdbeben spürt man im Wasser nicht. Ich werde doch nicht auf Grund sitzen, kommt es mir schlagartig in den Sinn. Sofort schalte das Echolot ein und tatsächlich, es zeigt nur eineinhalb Meter Wassertiefe an. 3,5 Meter waren es noch, als ich den Anker geworfen hatte. In der Nacht hat die Ebbe eingesetzt. Ich ärgere mich über meine Gedankenlosigkeit. Andererseits habe ich schon seit Monaten vergeblich versucht, für dieses Gebiet einen Tidenkalender zu ergattern. Das leichte Aufsitzen der Maui ist allerdings kein Grund zur Besorgnis. Der Meeresboden besteht hier aus weichem Sand, so nimmt das Boot keinen Schaden. Dennoch muss ich mitten in der Nacht den Ankerplatz wechseln.

Nach zwei wunderschönen Schnorcheltagen hisse ich wieder Segel und es geht weiter durch das blaue fischreiche Meer, der stürmische Indische Ozean hat mich wieder. Langsam beginne ich ihn zu hassen. Die See ist zu rauh, um den Kurs zur Nordspitze von Madagaskar halten zu können. Seit Tagen stampft die Maui in der rauhen See gegen die Wellen an. Ich bin, wie immer in solchen Situationen, seekrank und damit auch sogleich moralisch am Boden. Immer wieder stecke ich den Kurs auf der Karte ab. Es hilft alles nichts, der Wind ist zu stark und weht zudem genau von Süden, dorther, wo ich hinmuss. 60 Seemeilen bin ich nun schon südwestlich von Madagaskar, als der Wind endlich langsam schwächer wird und auf Südost dreht. Je weiter die Maui in die Windabdeckung der drittgrößten Insel der Welt gelangt, umso ruhiger wird das Meer. Als dann endlich Land in Sicht kommt, bläst nur mehr eine leichte Brise aus Nordost. Geschafft! Endlich liegt der Indische Ozean hinter mir. Das schrecklichste, von 47 Stürmen aufgepeitschte, zerstörerische Meer ist bezwungen. Gott sei gedankt!

Dann lag ich vor Madagaskar

Die Bucht von Hellville auf der Insel Nosy Be ist leicht anzulaufen. Gute Sicht und ein völlig glattes Meer lassen das Gefühl tiefer Erleichterung aufkommen. Zwischen einigen Yachten, die dort bereits vor Anker liegen, findet die Maui auch ein Plätzchen. Nach einer herrlich ruhigen Nacht mit tiefem erholsamem Schlaf, kommt am nächsten Morgen der Hafenkapitän mit einem Schlauchboot längsseits. Alles ist einfach, ein paar Formulare, ein wenig Trinkgeld und bald sind alle Formalitäten erledigt. In Hellville sieht es aus, wie nach einem Bombenangriff. Überall liegen Trümmer herum und die Häuser sind baufällig. Alles ist extrem schmutzig, doch die dunkelhäutigen Madagassen stört das offensichtlich nicht. Sie fühlen sich wohl und geben sich vergnügt und freundlich. Es gibt kein Telefon und kein Fax in dieser Stadt aber täglich startet ein Flugzeug nach Atanarivo, der Hauptstadt von Madagaskar, um Einheimische und Touristen zu transportieren. Wie immer, wenn ich in einem fremden Land ankomme, möchte ich auch hier eine Tour durchs Festland unternehmen. Es hat sich unter den Fahrtenseglern längst herumgesprochen, dass Hellville nicht unbedingt der sicherste Platz ist, um eine Yacht für ein oder zwei Wochen alleinzulassen. So frage ich den Hafenkapitän, was ich unternehmen soll, um mein Schiff während meiner Abwesenheit zu schützen. „Ganz einfach", sagt der, „Du bekommst einen Wächter auf Dein Boot, der nachts draußen an Deck schläft und dann ist alles sicher." So beginne ich beruhigt und frohgemut meine Rundreise durch Madagaskar. Zuerst geht es mit dem Flugzeug nach Antanarivo, um von dort mit dem Allrad-Geländewagen über Stock und Stein durch Städte, Dörfer, über Hochebenen zu einsamen Bergquellen und durch Sumpfgebiete zu stolpern. Nach zehn Tagen bin ich wieder zurück. Schon von weitem sehe ich meine geliebte Maui - Gott sei Dank, sie schwimmt noch. Jemand rudert mich zum Ankerplatz. Die Schlösser sind in Ordnung, nichts ist aufgebrochen, alles scheint okay. Aber irgendwie kommt mir das Deck so seltsam aufgeräumt vor. Da fällt es mir wie Schuppen von den Augen. Alle Leinen fehlen. Alle abgeschnitten mit einem scharfen Messer. Es fehlt die 24 Meter lange Fockroller-Leine ebenso wie das Genuafall. Die unbekannten Kerle haben auch das Großfall mitgenommen, die Reffleinen. Dem Hafenkapitän ist das alles ziemlich peinlich und er sagt, er könne sich das nicht erklären. Jede Nacht habe jemand auf dem Boot gewacht, nur am Tag sei niemand an Bord gewesen. Was soll ich nun machen. Es gibt auf Nosy Be keine Leinen für Segler. Der Herr Hafenkapitän zuckt mit den Schultern, dann hält er die Hand auf und möchte das Geld für zehn Tage Bewachung meiner Yacht. „Hier haben Sie die Hälfte", biete ich an. Ohne Widerspruch ist er damit einverstanden. Nun aber war guter Rat teuer. Ohne Leinen ist ein Segelboot nicht mehr benutzbar. Gewöhnliche Schnüre oder Wäscheleinen könnten wohl bei sehr schwachen Winden ihren Dienst tun, doch bei Sturm würden sie reißen oder sich in den Blöcken verklemmen, was zum Untergang des Schiffes führen kann. Zudem kostet ein kompletter Satz neuer Leinen für ein elf Meter langes Schiff etwa 3000 Dollar. Freunde hörten von meinem Missgeschick und erzählen mir, dass ich kein Einzelfall bin. In den letzten zehn Tagen wurden bei fünf Yachten die Schotten und Fallen abgeschnitten. Bei fünf Yachten! Das heißt also, bei allen Yachten, denn mehr lagen nicht vor Anker. Rolf, ein Schwede, besucht mich an Bord. Er gehört zur Crew eines 38 Fuß langen Zweimasters und flüstert mir zu: „Wir haben zufällig seit einigen Tagen eine Menge Reserveleinen an Bord. Möchtest Du einen Satz davon haben? Aber sage nichts zu Lee". (Lee ist Amerikaner und Eigner dieser Yacht, ich kenne ihn schon länger und nenne ihn King of the Ocean). „Du weißt doch, was für ein Geizkragen er ist". Dann wechseln ein paar Dollar den Besitzer und wenige Stunden später hat die Maui wieder alles, was ein normales Segelschiff so braucht. So lichte ich den Anker und segle weiter nach Nosy Iranja, nach Tankeli.

Von Madagaskar nach Südafrika

Nachdem ich Hellville verlassen habe, ankere noch zwei Nächte in der 15 Seemeilen südlich gelegenen „Russenbucht", um das Unterwasserschiff sorgfältig zu reinigen. Nur ein sauberer Rumpf ermöglicht schnelles Segeln von 120 bis 130 Seemeilen in 24 Stunden. Das Studium der Windkarten zeigt deutlich, dass nur die letzten 300 Seemeilen vor dem nördlichsten Hafen von Südafrika sturmgefährdet sind. Der größte Teil dieser 1200 Seemeilen langen Strecke ist eher windarm. So segelt die Maui tatsächlich acht Tage sehr gemütlich dahin. Auf der Höhe von Mosambik nimmt der Schiffsverkehr drastisch zu. Bis zu fünf Frachtern begegne ich am Tag und auch nachts ändert sich nichts an dem regen Verkehr, was die Nachtruhe sehr erschwert. Zwei Tage vor Richards Bay kommt der erste Sturm. Ich bin nervös, denn es fehlt mir selbstverständlich jede Erfahrung mit Stürmen im Mosambik-Kanal. Unruhig stecke ich jede Stunde die Position ab. Am nächsten Morgen beruhigt sich das Wetter und ich mich auch. Mit guten Winden aus Nordosten segelt die Maui durch den Mosambik-Kanal, der zu Unrecht den Namen Kanal trägt, immerhin ist er so groß wie das Mittelmeer. Tage und Nächte vergehen. Ein geschätzt 150 Kilogramm schwerer Blue Marlin greift nach einem kleinen Köder. Nach zehn Minuten Kampf ist der große Fisch der Sieger und nimmt alles mit: 200 Meter Angelschnur, Stahlvorfach, Haken und Köder. Zunächst sieht es so aus, als würde die sturmreiche Küste von Südafrika sich nur von der Sonnenseite zeigen, doch das ist leider ein Irrtum. Nur fünf Stunden vor dem Landfall in Richards Bay, kommt ein Gewittersturm aus Norden. Der Wind hält sich in Grenzen, nach einer Stunde schläft er ganz ein. Die restlichen 15 Seemeilen werde ich dann eben gemütlich unter Motor zurücklegen, denke ich mir, doch weit gefehlt! Plötzlich zucken Blitze am nächtlichen Himmel, der Sturm kommt jetzt von Südwesten, der gefürchteten Richtung. Er hat es in sich, doch die Maui kämpft tapfer Meile um Meile der Küste zu. Ich schaue gar nicht mehr hinunter in die Kabine. Alles liegt dort kreuz und quer. Die Lichter des Hafens schimmern am Horizont. Sie werden deutlicher, überall leuchten gelbe, weiße, grüne und rote Lampen auf. Laut meiner Navigation müsste ich noch eine Seemeile weiter nach links, doch vor mir blinkt ein starkes grelles Licht. Es muss der Leuchtturm der Hafeneinfahrt sein. Über Funk rufe ich Richards Bay Port Control. Man antwortet mir, ich könne nicht in den Hafen, die See sei zu rauh, der Sturm zu stark, es sei zu gefährlich, um einzulaufen. Doch ich will nicht mehr draußen bleiben. Ich habe genug und versuche, vorwärts gegen den Wind weiterzukommen. Die See wird immer steiler, die Maui stampft richtig schwer unter Segel und Motor. Dann folgt eine unfreiwillige Halse, Teile brechen. Es hat keinen Sinn, wirklich, es geht nicht. So rufe ich über Funk noch einmal Port Control: „I have to get out to the open water, the wind is increasing, it is too dangerous to enter the harbour." Als der Tag kommt, ist der Wind nicht schwächer aber am Tage sieht eben alles anders aus. Eine Sturmböe reißt noch schnell ein Loch in die Genua, dann macht die Maui fest im geschützten Hafen.

Wieder habe ich ein neues Land erreicht und wieder ein Meer bezwungen. Richards Bay liegt in der Abgeschiedenheit, doch die Menschen sind freundlich, hilfsbereit und es gibt, was ich schon lange nicht mehr bekommen habe, Lebensmittel bester Qualität in Hülle und Fülle. Kein Wunder, dass die ersten Wochen ein ununterbrochenes Fest des Essens und Trinkens werden. Zwei Jahre ist die Maui nicht mehr aus dem Wasser gehoben worden. An etlichen Stellen ist die Farbe schon abgeblättert und eine Menge Muscheln haben am Kiel ein neues Zuhause gefunden. Höchste Zeit, dass sie nun delogiert werden, denn soetwas bremst die Segelgeschwindigkeit enorm. Wegen des Bewuchses am Unterwasserschiff, so habe ich errechnet, dauerte die Fahrt von Madagaskar bis Südafrika um drei Tage und Nächte länger. Mit einer altmodischen Slipanla-

Madagaskar, das Land der roten Erde; eine Straße im Hochland ge wird die Maui schräg an Land gezogen. Zwei schwarze Zulus fragen um Arbeit. Gerne nehme ich ihre Hilfe an, denn das Abschleifen der hochgiftigen Unterwasserfarbe ist eine scheußliche Arbeit. Die beiden Zulus sehen witzig aus, mit den weißen Atemschutzmasken auf den schwarzen Köpfen. John, der weiße Südafrikaner, ist zuständig ist für die Slipanlage. Er lebt mit seinem Terrier auf einem Boot. Dieser kleine Hund ist sein bester Freund. John mag mich und lädt mich eines Tages mit den Worten: „Möchtest Du nicht heute abend zu mir auf mein Boot kommen, ich habe eine gute und kräftige Fischsuppe bereitet" zum Abendessen ein. Wir sitzen zusammen, John erzählt aus seinem Leben. Alle bekommen reichlich aus dem großen Suppentopf. Der Herr, der Hund und ich. John erzählt mir: „Weißt Du, hier im Zululand-Yacht-Club, gibt es jede Woche einen Grillabend. Die Knochen mit den Fleischresten bringt mir das Aufräumpersonal am nächsten Tag für den Hund, doch der kleine Hund kann niemals soviel fressen. So habe ich für uns drei diese gute Suppe gekocht." Mir bleibt der Bissen im Hals stecken, doch dann schlucke ich hinunter und esse brav meinen Teller leer. Der Aufforderung nach einem Nachschlag komme ich dann aber doch nicht nach. Trotz allem war es ein netter und gelungener Abend mit John, seinem Hund und mir.

Wie in allen Häfen, so schlendere ich auch in Richards Bay durch das Club- und Hafengebäude. Ich entdecke eine Segelyacht, deren Bug stark ramponiert ist. Der Beschlag fehlt ganz, Teile sind abgerissen und verbogen. Das ganze ist notdürftig mit Glasfibermatten und Polyester zusammengeklebt. Beim näherem Hinsehen kommt mir der Schiffsname „Injuku" bekannt vor. Natürlich, das ist der Chinese Li, den ich in Hellville auf Madagaskar getroffen habe. Er ist auch Einhandsegler und erzählt mir, dass er bereits mehr als 100 Seemeilen von der Küste weg war, als um drei Uhr morgens ein fürchterlicher Schlag das Boot traf und herumriss. Was war geschehen? Seine Segelyacht, ordnungsgemäß beleuchtet, war von einem Frachter gerammt worden. Dabei wurde der Bug der extrem stabil gebauten „Vancouver 34" aufgebrochen. Die meisten anderen Yachten hätten wohl das ganze Vorschiff verloren und wären auf der Stelle gesunken. Auch bei Li kam Wasser ins Schiff, doch die See war ruhig. So konnte der erfahrene Segler rasch eine Notreparatur durchführen. Der Mast blieb stehen, weil auch seine Yacht (wie die Maui) ein zweites Vorstag weiter hinten montiert hat. Laut einer Studie ist die Chance, auf offener See von einem Frachter gerammt zu werden, 1:100.000 und doch passiert es leider immer wieder. Fünf Tage später schwimmt die Maui wieder mit einem neuen Unterwasseranstrich im Hafen. Viele Freunde habe ich gewonnen und fühle mich wohl in diesem Land, doch Durban, 200 Kilometer weiter südlich, ruft. Dort warten meine Mutter und meine Tante auf mein Kommen. Vor 25 Jahren sind sie mit meinem Bruder und meiner Stiefschwester nach Südafrika ausgewandert. Viele Jahre habe ich diese Familienmitglieder nicht gesehen. Kein Wunder, dass die Wiedersehensfreude groß ist. Überall werde ich herumgereicht und vorgestellt. Der österreichische Konsul kommt und der neue Botschafter begrüßt mich. Zeitungsreporter machen Interviews und schreiben rührende Geschichten über unser Zusammentreffen.

Am 22. Dezember holt mich meine Schwester Petra ab. Die Fahrt nach Pretoria, wo Petra zu Hause ist, führt 500 Kilometer durch Südafrika. Es ist interessant, den Wechsel der Landschaft vom Grün der Küste Durbans zum trockenen und wasserarmen Binnenland erleben zu können. In Pretoria lebt auch mein Bruder Norbert, den ich seit Jahren nicht mehr gesehen habe. Auch hier gibt es eine große Wiedersehensfreude. Das Weihnachtsfest verbringen wir bei Freunden meines Bruders. Nick und seine Frau Ute bereiten uns einen wunderschönen Heiligen Abend, ganz so, wie ich es von zu Hause kenne. Nick hat eine Krokodilfarm in Sambia am Luanga-Fluss. Er ist auch stolzer Besitzer dreier Flugzeuge, die regelmäßig Passagiere und Fracht zwischen Südafrika und Sambia befördern. Nick lädt Norbert und mich ein, Silvester auf seiner Krokodilfarm zu verbringen. Die Luanga Croc Farm verfügt über einige Touristen-Bungalows, dort

Am Luanga-Fluss versucht sich Claus Gintner mit Krokodilen

werden wir untergebracht. Afrika pur: Der Luanga-Fluss ist voll mit Hunderten von Flusspferden und Krokodilen. Nick erzählt mir, dass Krokodile bis zu sechs Monate ohne Nahrung auskommen können, dass sie eigentlich scheu sind und sofort die Flucht ergreifen, wenn man sich ihnen nähert. Die eigentliche Gefahr dieser mit einer gewaltigen Beißkraft ausgestatteten Riesenechsen liegt darin, dass ein Krokodil alle Zeit der Welt hat und seine Beute beobachtet, bevor es blitzschnell zubeißt. Nur wer regelmäßig immer wieder an derselben Stelle das Flussufer aufsucht (Frauen, die Wäsche waschen oder Angler und natürlich Tiere, die zur Tränke kommen), sind wirklich gefährdet. Das Krokodil beißt nach allem, ganz gleich, wie groß das Opfer ist. So werden sogar Giraffen von Krokodilen angefallen und getötet. Mein Bruder Norbert hat viel Zeit im afrikanischen Busch verbracht und kennt die Tiere und ihre Verhaltensweisen. Er zeigt mir, wie man kleine Krokodile mit der Hand fängt. Man muss dabei flink sein und höllisch aufpassen, denn auch ein kleines Krokodil beißt einem schnell einige Finger ab. Täglich durchstreifen wir den Busch, der sich über viele hundert Quadratkilometer um die Krokodilfarm erstreckt. Unglaublich dieser Tierreichtum in diesem Land, so sehe ich Elefanten, Löwen, Giraffen, Zebras, Wasserböcke, Flusspferde, Fischadler und Impallas. Bei einer unserer täglichen Fusswanderungen durch den Busch begegnen wir zwei rauhbeinigen Fährtenlesern. Die zwei haben die Aufgabe, mit dem allradgetriebenen Geländewagen den Busch zu durchstreifen, um einen guten Platz für ein Camp ausfindig zu machen. Ob wir mit ihnen einen kleinen Ausflug durch die Gegend unternehmen wollen, werden wir gefragt. Gerne nehmen wir an, nichtsahnend, was auf uns zukommen sollte. Es geht also los. Nach wenigen Minuten stoppt der Allrad, der Fahrer steigt aus und sagt zu seinem Freund: „Lass uns eine kleine Erfrischung nehmen". Dann öffnet er eine Wodkaflasche und gluck, gluck, rinnt es die Kehle hinunter. Wir lehnen dankend ab. Diese kleinen „Erfrischungspausen" wiederholen sich alle zehn Minuten. Eine zweite Flasche wird geöffnet, in kürzester Zeit sind die beiden Buschmänner total betrunken. Dennoch rasen sie mit uns über Stock und Stein, durch Tümpel und Flüsse. Jeden Augenblick erwarte ich, dass sich der Jeep in einem Schlammloch überschlägt. Ewig wird mir diese Entdeckungsfahrt in Sachen afrikanischer Erdkunde in Erinnerung bleiben.

Einige Tage später geht es mit der 14sitzigen Cessna Caravan in die Hauptstadt von Sambia. Ein VW-Bus mit zwei Angestellten von Nick holt uns ab, um uns in ein Apartement zu bringen, denn morgen erst können wir weiter nach Pretoria. Eine Polizeikontrolle stoppt den Kleinbus. Als erstes wird kontrolliert, ob ein Schlüssel im Zündschloss steckt, denn gestohlene Fahrzeuge haben keine Zündschlüssel, bei denen ist der Motor kurzgeschlossen. 60 Prozent aller Autos in Sambia sind gestohlen. Der Polizist fragt nach den Papieren. „Die habe ich zu Hause, kann sie aber später vorbeibringen", sagt unserer Fahrer und will weiter. Der Beamte versperrt den Weg und fragt nun nach dem Versicherungsnachweis. „Ich bin erst seit kurzem in Sambia (drei Monate)", erklärt unser Fahrer, und daher noch nicht dazu gekommen, eine Kfz-Versicherung abzuschließen." „Fahren Sie links ran", fordert der Uniformierte - nun schon etwas unwirsch. Norbert und mir schwant Schreckliches. Der schwarze Begleiter unseres Chauffeurs gleitet aus dem Auto und verschwindet aus unserem Blickfeld. Wenige Minuten später kommt der Chef der vierköpfigen Polizeisperre mit umgehängter Maschinenpistole zum offenen Fenster des Fahrers. „Entschuldigen Sie bitte die Unannehmlichkeiten, die Ihnen mein Beamter bereitet hat, doch nehmen Sie bitte nächstes Mal eine Kopie der Fahrzeugpapiere mit, wenn Sie die Originale aus Sicherheitsgründen zu Hause lassen wollen und schließen Sie doch bitte auch bei Gelegenheit eine Fahrzeugversicherung ab." Er salutiert und gibt den Weg zur Weiterfahrt frei. Was war geschehen? Der schwarze Begleiter hat der Polizei erklärt, dass unser Fahrer ein Angestellter von Nick ist und Nick ist ein guter Freund von dem Honorible Pandaloma. Der ist ein hoher Regierungsbeamter, den jeder in Sambia kennt und fürchtet. Mein Bruder Norbert hat auch mit dem Honorible geschäftlich zu tun, denn der Honorible Pandaloma vergibt Regierungsaufträge im Bauwesen und Norbert ist im Bauwesen für Flugplätze tätig. So treffen wir am Abend den ehrenwerten Pandoloma im Garten vor unserem Apartement. Norbert möchte mit dem Regierungsbeamten über einen eventuellen Auftrag zum Ausbau des bestehenden Flugplatzes sprechen, doch der Honorible wehrt ab mit den vielsagenden Worten: „Wie kann man über Geschäfte sprechen, wenn soviel andere dabei sind". Das Haus des Ehrenwerten ist vollgestopft mit zum Teil noch original verpackten TV- und Videogeräten, auch Haushaltsartikeln und Radios in allen Größen und Preisklassen. Unser Fahrer nutzt die Anwesenheit des Ehrenwerten, um sich nach einer günstigen Versicherung für seinen VW-Bus zu erkundigen. „Wozu. brauchst Du eine Versicherung? Es gibt genug Leute, die Dich beschützen", lacht der Ehrenwerte. Irgendetwas ist faul im Staate Sambia.

Wieder zurück in Durban ist es langsam an der Zeit, die Maui für den Weg ums Kap vorzubereiten. Die Strecke um das Kap der Guten Hoffnung ist lang. Sie beginnt in Durban und endet in Kapstadt. Dieser 800 Seemeilen lange Weg ist bei den Seglern gefürchtet. Nicht allein die häufigen schweren Stürme sind das Problem. In diesem Teil der Welt treffen mehrere ungünstige Faktoren zusammen. Nicht umsonst wird diese Gegend als der „größte Schiffsfriedhof der Welt" bezeichnet.

Problem Nummer 1: Bläst ein Südost-Sturm, kann er in wenigen Minuten auf Südwest umschlagen, was eine fürchterliche Riesensee aufwiegelt.

Problem Nummer 2: Das Meer strömt von Südosten nach Südwesten, mit einer Geschwindigkeit bis zu fünf Knoten, das sind acht Stundenkilometer. Dieser Agulhasstrom wird, wenn ein Starkwind gegen die Strömungsrichtung bläst, zum bootsfressenden Ungeheuer. Der Großsegler „Stephaniturm" mit dem Kapitän Wilhelm Schröder segelte seit Jahren über die Meere. Der Kapitän behauptete, er könne von Grönland bis ans andere Ende der Welt segeln und sein Schiff würde nie in Gefahr geraten. Wenige Monate später, in der Nähe von Durban, bei Windstärke acht bis neun, packte eine der gefürchteten Riesenwellen den Großsegler und drehte das ganze Schiff um. Nur fünf Besatzungsmitglieder wurden gerettet und sie berichteten, niemals zuvor solche Wellen erlebt zu haben. In der Tat, wenn vor Durban Stürme toben, entstehen richtige Löcher im Meer, in die die Boote hineinstürzen und auf Nimmerwiedersehen verschwinden. Hier können Wellen entstehen, die 20

Meter tief bis zum Meeresgrund reichen. Ein Schiff stürzt dann praktisch 20 Meter hinunter und schlägt auf dem Meeresboden auf und zerschellt dort.

Problem Nummer 3: Land ist in der Nähe und das birgt für Segler immer Gefahr in sich. So hat ein französischer Segler, den ich gut kannte, mit Frau und Kind Durban Ende Januar Richtung Kapstadt verlassen. Sie gerieten in schweres Wetter von der falschen Seite, mühsam kreuzte die 18 Meter lange Aluminiumyacht gegen Wind und rauhe See. Der übermüdete Skipper verlor die Konzentration, rammte einen Felsen und die Yacht schlug leck. Kurzschlüsse in der Elektrik verursachten einen Brand. Die folgende Gasexplosion ließ die Yacht ausbrennen. Wie durch ein Wunder konnte die unglückliche Familie wenigstens ihr Leben retten.

Problem Nummer 4: Der enorme Schiffsverkehr - das betrifft vor allem Alleinsegler. Alles, was aus dem Indischen Ozean kommt, muss diesen Weg ums Kap nehmen.

Probleme hin oder her, ich muss es wagen. Die Wettervorhersage ist gut, so werfe ich die Leinen los und segle mit klopfendem Herzen Richtung Kap. Der nächstmögliche Hafen heißt East London, 400 Kilometer entfernt, dazwischen liegt eine unwirtliche Küste, die Wild Coast genannt wird. Der erste Tag ermöglicht wunderschönes Segeln. Am zweiten Tag nimmt der Wind zu und erreicht fast Sturmstärke, doch es ist ein Südostwind und somit gut segelbar. Plötzlich läuft die Maui aus dem Kurs. Wind mit 65 km/h greift schlagartig von der falschen Seite ins Tuch und „rrratsch", das bereits halb gereffte Vorsegel zerreißt. Das Boot legt sich auf die Seite, Wasser kommt über. Was ist los, warum läuft das Boot aus dem Kurs? Das Steuerrad rührt sich nicht mehr, der Autopilot hat seinen Dienst aufgegeben. Nervosität kommt auf, wie soll ich gleichzeitig steuern und das Segel bergen und beidrehen kann ich ohne Vorsegel auch nicht. Der Motor vom Autopiloten kann doch nicht defekt sein, ich habe doch vor der Abfahrt alles sorgfältig überprüft. Trotzdem baue ich den Ersatzmotor ein, indem ich das Boot auf Kurs bringe und dann für wenige Sekunden wieder Zeit für einige Handgriffe für das Wechseln des Elektromotors habe. Fehldiagnose, der Motor war es nicht, ich muss den Fehler messtechnisch lokalisieren. Die Maui muss irgendwie beigedreht werden, sonst kann ich nicht am Autopiloten arbeiten. Gut dass die Yacht ein Langkieler und deshalb leichter als andere Segler beizudrehen ist. So gelingt es letztendlich doch. Nach einigen Stunden ist der Fehler gefunden, ein Kabel war innerhalb der Isolierung durchoxidiert, irgendwie muss Salzwasser eingedrungen sein und das Kupfer angegriffen haben. Mit einer hilfreichen Hand an Bord wäre alles einfach gewesen. Dieses Missgeschick zeigt deutlich, dass für den Einhandsegler jedes Problem auf See ungleich schwieriger zu lösen ist, als für ein Schiff mit Besatzung. Der Autopilot läuft wieder. Am zweiten Vortag ziehe ich die kleine Ersatzfock hoch. Es ist schon ein altes Segel und hält deshalb dem starken Wind auch nicht stand. Wenige Stunden später reißt es ebenfalls. Jetzt kann ich nur mehr die Sturmfock hissen, doch vorher muss das zerrissene Vorsegel herunter. Ich schneide es einfach mit dem scharfen Küchenmesser ab. Der Bug der Maui schaufelt in der rauhen See, doch ich komme heil in East London an. Dort nähe ich, wie immer selbst, die zerrissenen Segel und fülle Trinkwasser und Diesel nach. Jeden Tag rufe ich die Wetterstation und sechs Tage später geht es wieder hinaus aufs Meer, weiter in Richtung Kap der Guten Hoffnung.

Abermals weht es mit fast Sturmstärke aus Südost, doch diesmal hält alles. Nach zwei Segeltagen stehen zwei Häfen zur Auswahl: Knysna, der am besten geschützte Hafen von ganz Südafrika oder der Fischerhafen von Mossel Bay, der zehn Segelstunden weiter Richtung Süden liegt. Die Lagune von Knysna würde jeder Segler bevorzugen. Doch nichts ist für den Segler einfach vor Südafrika, auch die Einfahrt nach Knysna ist gefährlich und so segeln viele Yachten lieber weiter zu dem vom Schwell gebeutelten Hafen Mossel Bay. Um fünf Uhr früh befindet sich die Maui wenige Seemeilen vor der Einfahrt nach Knysna. Es ist noch dunkel und so drehe ich bei und warte. Wenige Minuten nach sechs Uhr rufe ich Knysna Base über UKW-Funk. Man gibt Antwort. Ich frage

um Erlaubnis, in die Lagune einfahren zu dürfen. „Warten Sie eine halbe Seemeile vor den Heads, wir müssen erst überprüfen, ob die Einfahrt passierbar ist." Der Pass ist schmal, etwa zwei Bootslängen breit und rechts und links begrenzen Felsenköpfe von etwa 300 Metern Höhe die Einfahrt. Meist steht Brandung in der von Untiefen übersäten flachen Einfahrt. Ist die Brandung zu groß und die Flut nicht hoch genug, kann nicht eingelaufen werden. Eine halbe Stunde später werde ich wieder gerufen. „Maui, Maui, hier ist Knysna Base, Sie können jetzt einlaufen, wir werden Sie über Funk vom Felsen aus einweisen, doch schließen Sie alle Luken, denn es steht Brandung in der Einfahrt. Es könnte sein, dass Brecher überkommen." Mit klopfendem Herzen folge ich den Anweisungen, die aus dem Lautsprecher krächzen. „Maui, rechts, geradeaus, mehr links, wieder geradeaus. Maui, Sie müssen mehr Gas geben, Sie haben hier Gegenstrom von fünf bis sechs Knoten". Viel mehr geht bei mir nicht, denn ich mache bereits sechs Knoten durchs Wasser aber die Felsen, die wenige Meter links von mir sind, bewegen sich nur ganz langsam nach hinten. Dann kommt eine große Welle von hinten und schubst die Maui weiter. Noch eine und noch eine, dann bin ich durch. Wieder Anweisungen über Funk, weil auch der weitere Weg im ruhigen Wasser der Lagune kurvenreich ist. An einer Boje in der Nähe des Klubhauses mache ich fest, hier liegen bereits einige Fahrtensegler. Ein Australier, ein Schweizer, ein Amerikaner, ein Franzose und auch ein Südafrikaner, der, so wie wir alle, um das Kap nach Kapstadt segeln möchte. Bei einem oder auch zwei Gläsern Wein an der Klubbar gibt so nach und nach jeder zu, dass er Angst vor den nächsten 400 Kilometern hat. Die Schweizer Yacht „Mellanguse" ist schon seit zwei Monaten hier und schiebt die Weiterfahrt Tag für Tag hinaus. Der Franzose mit seiner Yacht „Fiji" ist ein Alleinsegler und sehr verschlossen, spricht kaum mit anderen und kommt auch nicht für einen Drink an die Bar. Drei Tage später, in der früh, sehe ich, wie die Yacht „Fiji" von der Boje ablegt und Kurs Richtung Ausfahrt nimmt. Ich wundere mich, denn ich habe nichts im Funk davon gehört, dass er dazu die Erlaubnis von der Knysna Base bekommen hätte. Na ja, vielleicht ist dieser junge Franzose mit seiner neuneinhalb Meter Yacht so gut und erfahren, dass er das nicht braucht. Zwanzig Minuten später ist im UKW-Sprechfunk die Hölle los. Die Seenotrettung ruft die Knysna Base und auch andere Funkstationen rufen durcheinander. Was ist geschehen? Die „Fiji" stieß in der Einfahrt auf schwere Brandung, außerdem benützte die Yacht die falsche Seite des Passes. Ein Brecher deckte das Schiff ein. Die Yacht schlug quer, Wasser kam in die Kabine, die nächste Welle zerschlug das Kunststoffbeiboot, das an Deck festgebunden war, der dritte Brecher hob die kleine Yacht spielerisch an und um Haaresbreite wäre die Fiji am Felsen zerschellt. Es gelang dem bereits verletzten Franzosen dann doch noch, das Boot wieder unter Kontrolle zu bekommen und an seine Boje zurückzukehren. Der Seenotrettungsdienst hat dem jungen Segler dann ordentlich den Kopf gewaschen, weil er ohne Rückfrage und Erlaubnis ausgelaufen war. Einen Tag später ist die Wettervorhersage gut und auch in der Einfahrt steht nur geringer Schwell. Die letzten 400 Kilometer ums Kap nach Kapstadt werden in Angriff genommen und beginnen mit schönem Segeln Doch es wäre nicht Südafrika, käme nicht gerade dann über Funk Sturmwarnung, wenn das Kap Agulhas nur mehr zwei Stunden Steuerbord vorausliegt. So wechsle ich die Segel, solange noch alles ruhig ist, zurre alles extra fest, staue die schweren Gegenstände so tief wie möglich und harre der Dinge, die da kommen mögen. Das Baroskop fällt, der Wind nimmt zu, doch mit den kleinen Sturmsegeln und der Windrichtung aus Südost lässt sich die Maui auch bei Sturmstärke gut auf Kurs halten. Im Morgengrauen taucht das Kap der Guten Hoffnung mit dem Tafelberg im Hintergrund aus dem Nebeldunst. Ein aufregendes Erlebnis, alleine mit einer kleinen Polyesteryacht um diesen Punkt der Welt zu segeln. Größer und größer wird der Felsen, der „The Point" genannt wird. Und dann liegt er hinter mir, der Wind flaut ab und die letzten Stunden bis zum Yachthafen, der Haut Bay, muss der Dreizylinderdiesel noch nachschieben. Wieder einmal atme ich tief durch, das wäre nun auch geschafft, das Kap ist bezwungen!

Die zerrissenen Segel der Maui am Kap der Guten Hoffnung

Von Kapstadt bin ich begeistert. Die Umgebung ist herrlich, mit den weiten Weingärten und Obstplantagen. Hier gedeiht alles in höchster Qualität, dennoch fasse ich wieder einmal den Entschluss, einige Wochen in die Heimat zurückzufliegen. Daheim angekommen merke ich wieder einmal, wie schön Österreich ist. Die Erholung in vertrauter Umgebung tut mir gut, es liegen doch sehr aufregende und anstrengende Monate hinter mir. Ich inszeniere ein paar Diavorträge und jeder Saal ist bis zum letzten Platz ausverkauft. Die Veranstaltungen habe ich finanziell bitter nötig. Die vielen Reparaturen der Maui haben schwer an meinem Budget für die Weltumsegelung genagt. Irgendwie muss es aber weitergehen, ich kann doch nicht zur Halbzeit aufgeben, dann wären alle bisherigen Mühen umsonst gewesen. Nach drei Monaten packe ich wieder die Koffer und fliege zurück nach Kapstadt. Bevor aber ich wieder in See steche, möchte ich noch schnell hinüber ins Okawango-Delta, einem Sumpfgebiet mit unglaublichem Tierreichtum. Mit einer einmotorigen Propellermaschine fliege ich nach Maun, am Ende des Deltas. Nach der Landung auf einem abenteuerlichen Airstrip geht es noch eine halbe Stunde zu Fuß in ein sogenanntes Camp, wo man sich ein Zelt ausborgen kann. Das dient dann als „Hotelzimmer" für die nächsten Tage. Nachts schnüffeln Löwen an der Außenwand des Zeltes. Offensichtlich spüren sie, dass sich dahinter was Essbares befindet. Riesige Elefanten streichen mit den Rüsseln die Zeltbahnen entlang. Wer da noch ruhig schlafen kann, muss ein betrunkener Südafrikaner sein oder ein Einheimischer, der ganz genau weiß, dass das alles nicht so gefährlich ist. In den nächsten Tagen befahre ich in einem Einbaum mit einem Guide die zahlreichen Kanäle. Wir müssen uns besonders vor den zahlreichen Nilpferde hüten, 80 Prozent aller tödlichen Unfälle mit wilden Tieren gehen auf das Konto dieser Fettwanste, die man erst im Wasser entdeckt, wenn es schon zu spät ist. Deshalb benützen wir nur ganz seichte Wasserstraßen. Abends stellen wir die Zelte auf und entfachen ein Lagerfeuer für die Nacht. Das Konzert der Wildnis setzt in voller Lautstärke wieder ein und ich spüre,

Claus Gintner am Kap der Guten Hoffnung

Nach der Umrundung des Kaps steigt der Tafelberg aus dem Dunst

Mit dem Einbaum entdeckt Claus Gintner die Sümpfe des Okawango-Deltas

wie die Angst langsam den Rücken hinaufkriecht. Eigentlich bin ich sehr froh, als ich nach diesem einwöchigen Ausflug mit der einmotorigen Cessna und einer einwöchigen Malaria wieder nach Kapstadt zurückkehren kann.

Als ich die Maui wieder zu Gesicht bekomme, sind alle Aufregungen schnell vergessen. In wochenlanger Arbeit wird meiner geliebten Yacht ein neues Unterwasserschiff verpasst, denn jetzt liegt die Überquerung des Südatlantiks vor mir. Wieder einmal ein langer Weg, vielleicht vier- oder fünftausend Seemeilen, ich zähle die Entfernungen längst nicht mehr. Vorräte! Was war das in der Vergangenheit für ein Thema! Doch jetzt, nach den Jahren des Alleinseins auf hoher See brauche ich all diese Mengen von Dosen und modernen Konserven nicht mehr. Mir reichen Grundnahrungsmittel und frisch gefangener Fisch für die Mahlzeiten unterwegs. Januar und Februar gelten als die besten Monate, um das Wagnis Südatlantik in Angriff zu nehmen. Doch wenn man, wie ich, nach Brasilien will, ist es besser, früher loszusegeln. So warte ich, bis der Wetterbericht verheißungsvoll klingt und lichte Anfang Oktober den Anker. Über Funk halte ich ständig Kontakt mit Kapstadt Radio. Zwei Tage, so höre ich, wird das Schönwetter noch halten, dann ist ein Sturmtief angesagt. Doch ich bin schon so weit nördlich, dass der Kap-Effekt, der jedes Sturmtief in ein rasendes Ungeheuer verwandelt, nicht mehr wirksam werden kann. Am dritten Tag komme ich in den Bereich eines südatlantischen Hochs und es weht nur mehr ein angenehmer Südostwind. Dennoch überfällt mich wieder die Seekrankheit. Wahrscheinlich war ich zu lange auf dem Festland. Nach ein paar Tagen und ziemlich vielen Tabletten habe ich mich wieder an die Bewegungen der Maui gewöhnt. Frischer Fisch kommt in die Pfanne. Schnell bin ich wieder soweit gestärkt, dass ich kleinere Reparaturen an Bord durchführen kann. An einem besonders ruhigen Tag klettere ich den Mast hinauf, um die Navigationsbeleuchtung zu erneuern. Einige hundert Meter von mir entfernt taucht ein Wal auf und bläst dicke Fontänen gegen den Himmel. Wie der Mann im Ausguck der alten Walfänger komme ich mir vor, und rufe hinaus in die einsame Weite: „Wal, da bläst er!" St. Helena kommt in Sicht, in wenigen Stunden steht der Landfall bevor - schnell noch einen Fisch fangen, als Mitbringsel für andere Fahrtensegler - aber auch die Behörden haben sich in der Vergangenheit oft über einige Kilo feines Filet gefreut und solcherart die Einreiseformalitäten deutlich verkürzt. Bald surrt die Spule, der Drill beginnt, zwei Stunden später bin ich erschöpft vom harten Kampf mit der Goldmakrele. Auch der 35-Kilo-Fisch scheint erschöpft, doch da irre ich mich. Beim Versuch, den goldgelben Körper ins Boot zu heben, zeigt mir das Makrelenmännchen, wer Herr im Hause ist. Mit einem unvorstellbar wuchtigen Schlag der Schwanzflosse gewinnt der Fisch den Kampf und springt zurück ins Meer.

St. Helena wirkt auf den ersten Blick beeindruckend. Die Insel ragt auf schwarzen zerklüfteten Steilfelsen aus dem Ozean. Auf dem fruchtbaren Hochplateau wird reichlich Gemüse für die wenigen Bewohner angebaut. Einmal im Monat kommt ein Schiff vorbei und bringt und holt das Notwendigste. Mein GPS funktioniert wieder einmal nicht. Das Päckchen, das in die USA zur Reparatur gehen soll, trägt stolz die Aufschrift „Luftpost". Der kleine Schönheitsfehler: St. Helena hat keinen Flughafen. Der zweite Schönheitsfehler: St. Helena hat auch keinen richtigen Hafen und keine geschützte Ankerbucht. Die dort ankernden Yachten werden von den großen Wellen des Atlantiks jämmerlich durchgebeutelt. Komisch, ich werde seekrank an einem Ankerplatz, das ist mir noch nie passiert, alle Gliedmaßen schmerzen. Nach dem fünften Tag komme ich mit einem Engländer ins Gespräch. „Die vergangenen Nächte waren aber ungewöhnlich ruhig", sagt er zu mir, „wenn Sie sich so schlecht fühlen, muss das einen anderen Grund haben". Einen anderen Grund? Ich denke nach, mein Gott, Gliederschmerzen, Rückenschmerzen und Übelkeit, so kann Malaria beginnen. Doch nicht schon wieder. Vor wenigen Monaten, beim letzten Besuch in der Heimat, hatte ich einen bösen Malariaanfall, der von den Ärzten nicht erkannt wurde und mich deshalb fast das Leben gekostet hätte. Es gibt ein gutes Spital auf St. Helena, doch dort erklärt man mir, man habe keine Medikamente speziell gegen Malaria, weil diese Krankheit auf dieser Insel nicht existiert. Doch man gibt mir wenigstens ein Antibiotikum, das angeblich auch bei Malaria helfen soll. Schlechter als hier auf diesem dümpeligen Ankerplatz kann es mir auf See auch nicht gehen, denke ich, und segle am nächsten Morgen weiter nach Westen. Der Wind ist schwach, doch fürchterlicher Schwell beutelt die Maui. Stöhnend liege ich am Boden in der Kabine, ist es nun Malaria oder Seekrankheit? Schüttelfrost setzt ein, kraftlos liege ich auf dem Boden der Kajüte. „Du wirst immer schwächer und schwächer werden und dann sterben", sagt eine innere Stimme zu mir, „täglich wirst Du an Gewicht verlieren und dann sterben". Ich schüttle müde den Kopf, längst viel zu schwach, um aufzustehen. Mühsam hebe ich die Hand, will nach etwas greifen und sinke sofort kraftlos zurück. Wieder höre ich eine Stimme: „Claus, das bist doch nicht Du, Du wirst doch nicht aufgeben. Steh auf, mach irgend etwas, wenn Du nicht mehr kannst, leg Dich wieder hin". Ich krieche hinaus ins Cockpit, säge an einem Stück Holz herum und sinke sofort wieder zu Boden. Drei Tage später wird aus diesem Häufchen Elend wieder ein Mensch, langsam greifen die Finger nach Gegenständen, Werkzeug und Essen. Irgendjemand wollte wohl nicht, dass ich diese Welt schon jetzt verlasse. Die Segel waren während dieser schlimmen Tage links und rechts ausgebaumt, der Autopilot hielt den Kurs. Aber was wäre passiert, wenn während dieser Tage Starkwind oder Sturm aufgekommen wäre? Brasilien kommt näher, die Position muss mit dem Sextanten bestimmt werden, weil ja der GPS zur Reparatur ist. Als Salvador in Sicht kommt, merke ich, dass ich um acht Seemeilen danebenliege. Schande über mich! Wahrscheinlich hat sich da irgendwo ein kleiner Rechenfehler eingeschlichen. Wie auch immer, eine Stadt wie Salvador, mit zwei Millionen Einwohnern, findet man auch mit dem Fernglas.

Von Salvador nach Fortalesa

Salvador hatte ich angelaufen, weil die Mädchen dort als die tanzfreudigsten und lebenslustigsten gelten. Alle Nächte, ja sogar die Tage, sind erfüllt von Rhythmen, die aus den Lautsprechern weit über die Millionenstadt hinausdröhnen. Schlafen, nein, das geht nicht, nicht am Tage und auch nicht in der Nacht. Silvester verbringe ich - nicht ganz alleine - an Bord der Maui, ankernd vor der beeindruckenden Kulisse eines rauschenden Feuerwerks, das den Himmel um Mitternacht erhellt. Die Brasilianerinnen lieben es, ob alt ob jung, Haut zu zeigen. Erlebnisreich ist es also, Straßen, Gassen und Plätze zu durchstreifen und stetig mit kaokaobraunen Rundungen in allen Variationen in Kontakt zu kommen. Freilich erfreue ich mich in Brasilien auch an anderen Naturschönheiten: Amazonas, Minas Serais, Belo Horizonte und die Wasserfälle von Iguasu. Aber man muss als Tourist unter Touristen reisen und da fehlt mir natürlich die Würze des Abenteuers. Aber nicht lange!

Der Teufel oder liebe Gott weiß, warum ich um drei Uhr nachts aufgewacht bin. Eigentlich hätte ich schlafen müssen wie ein Toter, denn der lange Segelweg von den zu Brasilien gehörenden Inseln Fernando de Noronja hat mich völlig übermüdet. Hunderte von Fischerbooten, oft weitab von der Küste, machten ein Schlafen unmöglich. Ständig musste ich Ausschau halten, um einen Zusammenstoß zu vermeiden. Endlich, nach drei Tagen und Nächten, erreiche ich im Morgengrauen die Hafenstadt Fortalesa am brasilianischen Festland. Schlafen, nur schlafen, denke ich, doch Einreiseformalitäten müssen erledigt werden und auch die Lebensmittelvorräte an Bord der Maui sind so erschöpft, wie ich selbst. So gehe ich in der Hitze der Stadt auf große Einkaufstour, schleppe Mehl, Zwiebeln, Mineralwasser und Kartoffelsäcke an Bord. Sieben Uhr abends! Die meisten Sachen sind verstaut, nur das Gemüse liegt noch in Plastiksäcken draußen im Cockpit, doch für heute gebe ich auf. Ein, zwei, drei Vierterl Wein zum Entspannen, ein bisschen Musik und dann kommt der langersehnte Schlaf. Ich bin bewusstlos wie ein Toter und dennoch weckt mich irgendetwas. Ein Schatten bewegt sich draußen auf dem Backbord-Deck. Sofort bin ich hellwach. Mit dem Urschrei Tarzans stürze ich hinaus und sehe gerade noch, wie der Schatten ins Wasser springt. Ich rase zurück in die Kabine, unter meinem Kopfpolster liegt die abgeknickte und halb geladene Leuchtpistole und die leuchtstarke Taschenlampe. Hastig greifen meine Finger danach. Tastend sucht der Schein des Lichtes die Wasseroberfläche ab, nichts zu sehen. Doch da scheint sich etwas im dunklen Nass zu bewegen. Hass steigt in mir auf! Die Hand hebt sich, mit lautem Knall rauscht die rote Leuchtrakete aus dem dicken Lauf der Pistole. Das Ziel wird weit verfehlt, dennoch, es sollte doch eine gewaltige moralische Wirkung haben, wenn ein roter Feuerstrahl zehn oder fünfzehn Meter neben einem fliehenden Schwimmer einschlägt. Mit dem Schlauchboot paddle ich noch eine Stunde lang zwischen ankernden Fischerbooten umher, frage und erkläre den dunkelhäutigen Fischern, was vorgefallen ist. Doch die scheint das wenig zu interessieren. Bis der Tag anbricht, finde ich keinen Schlaf mehr. Natürlich interessiert mich die Frage: Wie kam der Dieb an Bord? An der Ankerkette finde ich dann das Corpus Delicti, eine eineinhalb Meter lange Bambusstange mit einem Eisenhaken. Offensichtlich schwamm der sportliche Einbrecher mit seinem Werkzeug zur Maui, hakte sich möglichst hoch in die Ankerkette und zog sich dann an Bord. Aber der Schlaf des Einhandseglers ist doch so sensibel, dass er selbst bei geringsten, ungewöhnlichen Geräuschen aufwacht. Zwanzig Meter neben mir hat ein schwedischer Segler geankert. Der Skipper erzählt mir, dass in der Nacht zuvor ein Dieb bei ihm an Bord war. Er nahm alles Bargeld mit, doch nie-

Die Wasserfälle von Iguasu in Brasilien

mand sei aufgewacht. Schlafen Schweden nicht so sensibel oder trinken sie mehr als Österreicher?

Weiter geht es entlang der brasilianischen Küste, wieder einmal bin ich stolz auf meine Maui: 370 Seemeilen (685 Kilometer) macht die kleine Yacht in 48 Stunden.

Nach Trinidad und Tobago zeigt der Bug. Als ich dort ankomme, ist gerade Karneval. Da habe ich die Puppen tanzen lassen und dafür auf ein paar Wartungsarbeiten für die Maui verzichtet. Neben den schönen Mädchen trifft man auf Tobago im Gedränge der Steelbands fast auf genauso viele Taschendiebe. Doch die rieche ich mittlerweile schon aus großer Entfernung und wehre sie immer erfolgreich ab. Dennoch muss man höllisch aufpassen.

Ein Land, an dem mein Herz besonders hängt, ist Venezuela. Mit der Maui war ich ja schon einmal da, am Beginn meiner Weltumsegelung. Jetzt fühle ich mich gleich wieder wohl, obgleich die Straßen schmutzig sind und die Autos hier nur mehr vom Rost zusammengehalten werden. Aber diese Lebensfreude, diese Musik, diese Kultur und Toleranz und nicht zuletzt die Anmut der niemals „oben ohne" gehenden - nein, schwebenden - Mädchen, verändert alle Sinne und Gefühle zum Positiven. Tolle Inseln sind diesem Land vorgelagert. Ungern verlasse ich dieses gastliche Land und segle weiter von Venezuela zu den Virgin Islands.

Merkwürdigkeiten im Bermuda-Dreieck

Segeln im Archipel der Virgin Islands zählt zum Feinsten, immer wieder entdeckt man romantische Ankerplätze. Das Wasser ist klar und herrlich warm. Herrlich, hier zu schwimmen oder zu schnorcheln. Ununterbrochen trifft man auf bunte Korallenfische, Schildkröten, kleine Rochen und um die Spannung zu erhöhen, schaut immer wieder mal ein Barracuda vorbei, öffnet gähnend sein Riesenmaul und zeigt seine gefährlichen Zähne. Die Distanzen zwischen den einzelnen Inseln betragen lediglich zwei bis maximal fünf Seemeilen. Von Eiland zu Eiland dauert die Fahrt daher maximal eine Stunde. Wer gerne sein Segelkönnen zeigen will, kreuzt gegen den leichten Passat an. Der große Schwell wird von den 53 oval angeordneten Inselchen abgehalten und ermöglicht meist trockenes Fahren durchs Wasser. Auf den größeren Inseln sind Restaurants und Bars in allen Varianten vorhanden. Nur die hohen Preise sind ziemlich einheitlich. Einmal bestelle ich mir ein Glas Wein und falle beim Zahlen fast vom Sessel. Der rundlichen Kellnerin sage ich freundlich, dass ich für diesen Preis in Kapstadt fünf Liter bekommen hätte. Sie lächelt freundlich und verblüfft mich mit der Frage: „Warum sind Sie dann nicht in Kapstadt eingekehrt?" Die Zeit der Wirbelstürme rückt mit Riesenschritten näher. Spätestens Ende Mai muss man dieses Gebiet verlassen, sonst kann passieren, was schon im Jahr 1995 passiert ist: Damals hat in St. Martens ein Wirbelsturm mit einem Schlag 1500 Yachten vernichtet. Also werden wieder einmal Trinkwasser und Diesel aufgefüllt und Vorräte kommen in die Stauräume. An einem schönen Maientag werden dann die Segel gesetzt und es geht Richtung Norden. Der Bug der Maui wird in den nächsten Wochen immer genau auf den Polarstern gerichtet sein.

Um die Bermudas zu erreichen, muss man leider durchs Bermuda-Dreieck. Schaurige und merkwürdige Geschichten ranken sich um dieses Gebiet. Von spurlos verschwundenen Schiffen und Flugzeugen ist die Rede, die wie von Geisterhand verschluckt werden. Natürlich glaubte ich all das nicht, was ich gelesen und gehört habe, doch da sollte ich mich wieder einmal gründlich irren. Sehr seltsame Dinge begannen schon bei den Vorbereitungen auf diese Wegstrecke.

Merkwürdigkeit Nr. 1: Mir war klar, dass ich für die Reise zu den Bermudas eine exzellente Seekarte brauchen werde, eine gute, mit allen Details sollte es sein. Ich weiß noch genau, dass ich mir auf den Virgin Islands eine im Kartengeschäft besorgt habe. Da passiert das Unverständliche: Als ich Richtung Bermudas starte, ist die Seekarte plötzlich nicht mehr da. Sie ist bis zum heutigen Tag nicht mehr aufgetaucht.

Merkwürdigkeit Nr. 2: Die Inseln der Bermudas ragen kaum aus dem Meer, sind sehr niedrig und der ganze Archipel beschränkt sich auf eine Meeresfläche von zehn Seemeilen, also sind sie bei schlechter Navigation leicht zu verfehlen. Außerdem läuft man Gefahr, auf den weit vorgelagerten Riffen schiffbrüchig zu werden. Die moderne Satellitennavigation beseitigt all diese Probleme. Mit dem GPS kann man jeden Punkt unserer Erdkugel exakt ansteuern, sofern das elektronische Wunderwerk arbeitet, doch meines arbeitet nicht! Trotz fünfmaliger Bemühungen, die Firma Magellan in den USA zu erreichen (dorthin habe ich das defekte Gerät zur Reparatur gesandt), gelingt kein Kontakt mit der Firma. Später erfahre ich, dass Magellan mehrere Fax an mich gesandt hat, die aber wie von Geisterhand verschluckt wurden. So durchsegle ich mit meiner kleinen Yacht das Bermuda-Dreieck ohne geeignete Seekarte und auch ohne moderne Navigationshilfen. Na und? - Wird nun mancher denken aber Tatsache ist, dass in der Vergangenheit 70 Prozent aller Yachten, die dieses mitten im Atlantik liegende Atoll anlaufen wollten, verlorengingen.

Merkwürdigkeit Nr. 3: Die Maui segelt unter besten Bedingungen nach Norden. Tage und Nächte vergehen, das Wetter ist wunderbar ausgeglichen, leichter Wind weht von querab, mein Schiff gleitet wie auf Schienen durch das tiefblaue Meer, kein Spritzwasser kommt über. Täglich versuche ich einen Wetterbericht zu empfangen, doch es ist wie verhext, die Durchsagen sind durch Krachen und allerlei andere Störungen absolut unverständlich. So zieht die Maui ohne Wetterbericht, den Polarstern vor Augen, immer weiter nach Norden.

Merkwürdigkeit Nr. 4: Meine Positionsbestimmungen stimmen nicht mit dem Kompasskurs überein. Dieses Rätsel kann ich lösen: Der Kompass geht plötzlich falsch!

Merkwürdigkeit Nr. 5: Noch 160 Seemeilen bis zu den Inseln, die auf Position 9° N 35° W liegen. Ich empfange ganz laut und deutlich mit dem UKW-Funkgerät auf Kanal 16 Bermuda Port Control. Eine Stimme sagt: „Es folgt nun der Wetterbericht auf Kanal 27". Unmöglich, UKW-Funk hat nur eine Reichweite von 15 bis maximal 30 Seemeilen, ich kann doch hier niemals den Hafenmeister von den Bermudas hören. Dennoch schalte ich auf Kanal 27, doch da klingt aus dem Lautsprecher wieder nur unverständliches Rauschen. Noch immer möchte ich nicht an überirdische Kräfte glauben, eher an den dummen Scherz eines Funkers, doch das Spiel wiederholt sich alle paar Stunden. Es sieht so aus, als wolle irgend ein böser Geist verhindern, dass ich zu einer ehrlichen Wetterinformation komme.

Nur noch zwei Tage bis zu den Bermudas. Wolken steigen am Horizont auf, der Himmel verdunkelt sich, es wird doch nicht schlechtes Wetter geben? Es geht los, wie immer in der Nacht und viel rascher als normalerweise. Innerhalb von Minuten beginnt der Sturm zu rasen, die See türmt sich schneller auf als sonstwo, alles wirkt gespenstisch. Blitze schlagen links und rechts in die schäumende See und erleuchten die von Gischt verwehten Wellenberge. Wenn Böen ins Segel greifen, liege ich mit der Maui fast flach am Wasser. Ich weiß schon, ich müsste die Segel bergen und die Sturmfock setzen, doch gleichzeitig blicke ich angstvoll hinaus in die tosende See. Da soll ich nun draußen am Mast stehen, in einem Gemisch von Sturm, schweren Regenschauern und gewaltigen Brechern? Es hilft alles nichts. „Du musst hinaus, Claus!", denke ich laut. „Die schon eingerefften Segel müssen auf Sturmbesegelung verkleinert werden, sonst droht der Mast zu brechen oder der Sturm legt die Yacht flach auf die tobende See. Wellen würden das Cockpit und in der Folge das Schiff füllen, dann würde die Maui sinken!" So stehe ich also Sekunden später doch draußen am Mast wie Gott mich schuf. Blitze rasen rundherum in die nunmehr brüllende See. „Verdammt, ein Blitzschlag in den Mast und Du bist tot!" Ich kämpfe mit den Reffleinen und Fallen, wieder und wieder erhellen leuchtende Blitze die Wellenberge, die mittlerweile schon sechs bis sieben Meter Höhe erreichen und die Gischt kommt horizontal auf mich zu. Einige Stunden später ist all das Schreckliche vorüber. Der Starkwind und die rauhe See bleiben, doch als der Morgen langsam graut, streichelt nur mehr eine sanfte Brise die Wellenberge. Erst jetzt bemerke ich, dass die Plastikscheibe vom Spritzverdeck eingedrückt ist. Eine große überkommende See muss das in der Nacht verursacht haben. Der Himmel ist tief mit dunklen Wolken verhangen und sieht bedrohlich aus. Meine Navigation ergibt, dass es noch zirka 65 Seemeilen bis zu den Bermudas sind. Tageslicht werde ich noch 14 Stunden haben, es sollte also möglich sein, die Inseln noch heute zu erreichen.

Von den Bermudas zu den Azoren

Mein Zeitplan hat sich ein wenig verschoben. Nicht nur, weil sich ruhiges, ausgeglichenes Wetter auf den Bermudas eingestellt hat und diese Inseln zu einem eindrucksvollen Erlebnis werden liessen.

Die geschichtsträchtigen Bermudas locken große Kreuzfahrtschiffe an

Nein, das war nur eine angenehme Nebenerscheinung. In erster Linie habe ich dringend auf die Rücksendung der elektronischen Navigationshilfen gewartet. Das GPS, das ich ja nach Kalifornien zur Reparatur gesandt hatte, war zu den Virgin Islands geschickt worden. Als die Sendung ankam, war ich schon weg. So ging das Packerl wieder zurück. Mein kleiner tragbarer Computer hatte ebenfalls seinen Geist aufgegeben und war gleichzeitig in Wien zur Reparatur. Doch das Warten auf den Bermudas hat sich gelohnt, beides ist endlich angekommen und so segelt die kleine Yacht am 14. Juni, kurz vor dem Dunkelwerden, durch die schmale Hafenausfahrt von St. Georges in das offene Wasser des Nordatlantiks. Zum ersten Mal geht es Richtung Osten! In der Vergangenheit ging es ja immer nach Westen, bis der Kreis geschlossen war.

Segeln im Nordatlantik ist nicht das gemütliche Gleiten wie in den Passatzonen, in denen sich nur die Windstärke ändert, doch kaum die Windrichtung. Nein, hier entstehen Tiefdruckgebiete, Sturmfronten, Kalt-und Warmfronten, Hochdruckgebiete und leider laufen auch die Zugbahnen der Wirbelstürme von ihren Entstehungsplätzen quer von Süden nach Norden in unkontrollierbaren Kurven durch den nördlichen Teil des Atlantiks. Im Juni beginnt die sechs Monate dauernde Wirbelsturm-Saison, deshalb beobachtet der kluge Segler aufmerksam das Wetter. Ein großes Hoch liegt über dem Atlantik, als die Maui die Bermudas verlässt. Der Wind weht nur schwach und so schiebe ich mit dem kleinem Schiffsdiesel noch ein wenig nach. Schabende Geräusche tönen nach 60 Seemeilen aus dem Maschinenraum. Lagerschaden an der Kühlwasserpumpe, das ist bitter. Ohne Kühlung wird sich der Motor selbst zerstören. Vor mir liegen noch 2000 Seemeilen (3700 Kilometer), dazu kommt, dass die Lichtmaschine auch zum Laden der Batterie dient. Soll ich wieder umkehren? Nein, es würde zu lange dauern, bis Ersatzteile von irgendwo herkämen und ich bin sowieso schon spät dran. So segelt die Maui mit 1,6 bis 2,4 Knoten langsam durch das blaue Meer, wenigstens bei schönem Sonnenschein und recht gemütlich. Es lässt mir keine Ruhe, die Pumpe muss näher untersucht werden. Die Kugellager sind total im Eimer, Teile davon fallen mir entgegen. Zwei Tage habe ich gebraucht, das blöde Ding auf Gleitlager umzubauen aber jetzt funktioniert es wieder. Tief atme ich durch und sage freundlich zu dem sich nun eifrig drehenden Pumperl: „Bitte sei brav und halte durch bis Gibraltar!" Wie jeden Tag höre ich auch am 17. Juni den Wetterbericht. Da krächzt es aus dem Lautsprecher: „Sturmwarnung!" Der erste Tropensturm dieses Jahres hat sich bei den Bahamas gebildet, wird aber ins Landesinnere ziehen, so sagen es wenigstens die Wetterfrösche voraus. Doch „Artur", so wurde er getauft, ist nicht artig und folgt nicht der beruhigenden Vorhersage. Er ändert unglücklicherweise seine Zugbahn, geht entlang der Küste bis zum 37. Breitengrad und nimmt dann Kurs auf die Azoren. Das ist genau meine Richtung. Ich drehe ab nach Süden und verfolge mit leicht klopfendem Herzen jeden weiteren Wetterbericht. Obwohl Artur „nur" Windstärke neun

Die Maui segelt im Nordatlantik Richtung Osten

und zehn in sich führt, habe ich dennoch keine Lust, mit ihm Bekanntschaft zu machen. Zuviele Orkane stecken schon in meinen Knochen. Artur bleibt auch weiterhin nicht artig und vertreibt mir das große, stabile Hoch. Außerdem bildet Artur um sich ein Sturmtief nach dem anderen und bald ist der halbe Nordatlantik voll davon. Die Untaten, die er anrichtet, wirken sich bis nach Europa aus, mit schweren Unwettern und Überschwemmungen. Doch es gelingt mir, mit Hilfe der modernen Elektronik die Schwerwetterfronten vorauszusehen und sie zu umsegeln. Wie eine Schlange windet sich die Maui zwischen den verschiedenen Tiefdruckgebieten und Kaltfronten hindurch.

28. Juni: Ruhig gleitet die Maui durch das klare aber kühle Wasser des Nordatlantiks, Position 37°N und 40°W, als ein dumpfes Röhren aus der Tiefe an mein Ohr dringt. Etwas Längliches, Dunkelgraues taucht 20 Meter vor mir aus der blauen Tiefe! Ein U-Boot? Ich kann es nicht erkennen, denn das Ungetüm taucht nach wenigen Sekunden schnaubend wieder unter. Dann sehe ich eine riesige Schwanzflosse, kein Zweifel, ein Wal! Mit vollen Segeln drehe ich bei. Der Wind ist schwach und das Meer ruhig, so treibt die Maui ganz langsam nach Südosten. Leises, dumpfes Rauschen zeigt an, dass der Wal ganz in der Nähe sein muss. Das Rauschen wird zum Röhren und da taucht er wieder auf. Armdick schießt ein Fontäne gegen den Himmel, zwei drei Sekunden, dann versinkt der graue Leib wieder in der Tiefe des Ozeans. Ich warte, nichts geschieht. Zehn Minuten später zeigt eine senkrechte Wasserwolke eine halbe Meile entfernt an, dass der Wahl weitergezogen ist. Ein Foto oder eine Videoaufnahme davon, das wäre doch was. So tuckere ich mit fünf Knoten in die Richtung der letzten Wal-Position, hier irgendwo muss es gewesen sein. Wieder drehe ich bei und warte. Nichts geschieht, Fotoapparat und Videokamera liegen bereit. Ich denke an Kapitän Ahab und Moby Dick, er wird mir doch nichts tun, der große Meeressäuger? Wieder kommt das leise Rauschen aus der Tiefe, Sekunden später sehe ich ihn. Unter Wasser wirkt er hellgrau und verschimmelt. Dann ein Brausen, ein Rauschen, ein

Dröhnen - direkt am Heck taucht der massige Körper wieder auf. Mich haut's hin vor Schreck, die Knöpfe der Kamera klemmen oder ich mache irgendetwas falsch. Er taucht wieder und wieder auf, links und rechts, er wird doch nicht die Maui für eine Gefährtin halten und etwas vorhaben mit dem braven Mädchen, nicht auszudenken! Gott sei Dank, er geht. Aber diesmal folge ich ihm nicht mehr.

Wenn das Meer ruhig ist, sieht man Dinge, die sonst in den Schaumkronen der bewegten See unsichtbar bleiben. Schildkröten spatteln durchs Wasser, als hätten sie ein Ziel vor Augen. Violettfarbige Quallen werden von Wind und Strömung nach irgendwohin getrieben. Und leider, zum erstenmal segle ich durch ein Meer voll mit Müll.

Noch 200 Seemeilen bis nach Flores, der ersten Insel der Azoren. Ich freue mich schon auf den Landgang, denn meine Vorräte sind fast aufgebraucht. An Bord gibt es kaum noch Lebensmittel, kein frisches Gemüse mehr, die Nudeln sind aus, Reis gibt es vielleicht noch für zwei Mahlzeiten, das verbliebene Mehl wird noch für ein kleines Brot reichen und fünf Kartoffeln sind auch noch da. Und das Trinkwasser? Es hat lange nicht mehr so richtig geregnet, so gieße ich das Wasser aus dem Tank durch einen Kaffeefilter, bevor es weiter verwendet wird. Es war kein Leichtsinn, mit so wenig Vorräten den Atlantik zu überqueren. Auf den Bermudas war alles so teuer, dass nur gekauft wurde, was unbedingt notwendig war.

Zwei Tage später, 3.30 Uhr. Es wird langsam hell. Aus dem feucht-nebligen Morgen schält sich eine finster und ungastlich wirkende Insel. Wieder einmal habe ich eine miese Seekarte an Bord und so steuere ich zunächst den falschen Hafen an. Aber beim zweiten Anlauf bin ich richtig und werfe den Anker in der geschützten Bucht. Die dunklen tiefliegenden Regenwolken haben sich verzogen, es ist warm und schön geworden. Auf dieser grünen bergigen Vulkaninsel scheint die Zeit stehengeblieben zu sein. Die wenigen Bewohner, hauptsächlich Portugiesen, führen ein, so scheint es, ruhiges Dasein, leben vom Fischfang und züchten Rinder, die an den immergrünen Hängen weiden.

Im Yachthafen von Horta verewigen sich Fahrtensegler durch Pflastermalerei

Touristen sind nicht zu entdecken, nur fünf Yachten verschiedener Nationen ankern neben mir, bleiben einige Tage, um dann in verschiedene Richtungen weiter zu segeln. Ein deutscher Katamaran liegt in der Bucht von Lajes. Der Eigner winkt mir zu, als ich mit meinem kleinem Beiboot vorbeirudere. Er hebt sein Glas, prostet mir zu und deutet mir an, an Bord zu kommen. Wir plaudern über die vergangenen Segelwege. Jens erzählt mir von seinen schrecklichen Erlebnissen mit dem Wirbelsturm Artur, dem ich so knapp entkommen bin. Er geriet mit seinem 41 Fuß langen Zweirumpfboot ins Zentrum des Zyklons. Sein Schiff wurde zum Spielball der aufgewühlten See. Ich frage ihn, warum er dem Sturm nicht, so wie ich, mit Hilfe der Elektronik ausgewichen ist. Er hat eine plausible Antwort: Als langjähriger Promotion-Manager habe er nach all dem Stress nichts mehr mit der Technik am Hut. Seine Yacht verfügt weder über ein GPS, noch über ein Wetterwarnsystem. Er hat kein Funkgerät, ja nicht einmal einen Kühlschrank, an Bord. Doch, kaum zu glauben, an Bord befindet sich ein wunderbares Piano, fest verschraubt mit dem Schiffsboden. Er greift auch sogleich in die Tasten und entlockt seinem Musikinstrument wunderbare Klänge. Wir verbringen viel Zeit zusammen. Mit einem Leihwagen entdecken wir und seine liebenswerte Mitseglerin Carol die Schönheit der „Blumeninsel" Flores. Das Ende meiner Weltumsegelung ist abzusehen. Ich freue mich jetzt schon auf zu Hause, auf Österreich und auf meine Heimatstadt Linz. Also hoch den Anker und den Kurs Richtung Gibraltar abstecken. Auch auf der letzten Wegstrecke begleiten mich Wale und Meeresschildkröten, als wollten sie mir Geleitschutz für die letzten Etappen meines sechsjährigen Abenteuers geben. In der Straße von Gibraltar rammt mich fast noch ein Tanker mit einer offensichtlich total betrunkenen Besatzung. Das wäre kein schönes Finale gewesen. Dann bin ich endlich wohlbehalten im Mittelmeer. Jetzt muss ich nur mehr über die französischen Kanäle und den Rhein-Main-Donaukanal nach Linz. Was kann denn da schon noch passieren?

Wieder im Mittelmeer; der Naturhafen Marina d'Este ist ein schöner Platz, um einige Tage dort zu verweilen

Mein Weg durch die Flüsse

In Port Carmarc legt ein Kran den Mast der Maui um. Sie sieht nun aus wie ein gerupftes Hendl. Ich ziehe los durch die landschaftlich so reizvollen Wasserwege Frankreichs. Nun bin ich also im Süßwasser, Flussschifffahrt nennt man so etwas. Noch in Gibraltar habe ich ein dickes Buch erstanden. „Alle schiffbaren Wasserwege Frankreichs" steht vorne drauf und so fühle ich mich wohl gewappnet für das gemütliche Schippern durch Kanäle und Flüsse. Zum Glück habe ich noch im Salzwasser des Mittelmeeres einen deutschen Segler getroffen, der von Hamburg kommend die Flussschifffahrt bereits hinter sich hatte. Hier erfahre ich, dass ohne genaue Karten, in denen die Fahrrinne und alle anderen Details und Schwierigkeiten beschrieben sind, ein tiefgehendes Segelboot unweigerlich ständig auflaufen würde und im stark strömenden Rhein mit Sicherheit auf den dort in den Fluss gebauten Steinwällen zu Bruch ginge. So tauschen

Kleine Frachtschiffe begegnen dem Fahrtensegler auf der ruhig dahinfliessenden Saone

wir, er gibt mir die wertvollen Flusskarten und ich gebe ihm Seekarten, die er für seinen weiteren Weg braucht. Es kann losgehen, der Mast ruht jetzt auf einem selbstgebastelten Holzgestell, bestehend aus zwei A-förmigen Stützen. Es ist hoch genug, um Kopffreiheit beim Steuern zu gewährleisten, aber auch nicht zu hoch, denn ich muss wohl durch niedrige Brücken. Ich mich entscheide für 3,10 Meter, denn die geringste lichte Höhe, die zu erwarten ist, sei 3,60 Meter, steht im Buch. Erwartungsvoll geht es in das erste Kanalstück, dem Verbindungsstück zwischen Mittelmeer und der Petit Rhône. Eine Brücke quert den Kanal und sieht verdächtig niedrig aus. Gas zurück, Gang raus, ganz langsam nähert sich das ein Meter über den Bug hinausragende Mastende der Brückenunterkante. Dann ein Ruck? Nein, es geht gerade noch aber es passt keine Hand mehr zwischen Mast und Brücke. Von wegen lichte Höhe 3,60 Meter, hier sind es höchstens 3,15 Meter! Das fängt ja gut an! Das Echolot zeigt die Wassertiefe mit 1,8 Meter an, auch nicht das, was der Segler gerne hat. Nach einem weiteren Kilometer ist die Fahrt jäh zu Ende. Die Maui sitzt auf Grund. 1,4 Meter Wassertiefe in der Kanalmitte. Zwanzig Meter ist dieses künstlich angelegte Gewässer breit. Im Rückwärtsgang zieht die Schraube zu wenig und macht das Boot nicht wieder flott, bleibt nur die Flucht nach vorne. Kräftig schiebt der Dreiblatt-Propeller an, der Kiel der Maui pflügt eine Rinne in den verschlammten Grund, dann schwimmt sie wieder, die kleine Yacht.

Verschreckt von der ersten schlechten Erfahrung, starre ich wie hypnotisiert auf den Tiefenmesser. Die Anzeigen schwanken zwischen 1,8 und 2,2 Meter. Die erste Schleuse kommt, danach beginnt die Petit Rhône. Meine Zuversicht wächst. In der kleinen Rhône wird das Wasser tief sein, der Fluss breit und die Brücken hoch, so denke ich. Nach der dritten Flussbiegung ist ein schleifendes und schürfendes Geräusch zu hören. Die Maui sitzt auf einer Schotterbank, kommt aber gleich wieder frei. Sorgenvoll blicke ich auf das, was noch kommen soll. Die Flussschifffahrt scheint doch nicht so leicht, mit einem tiefgehendem Segelboot. Die große Rhône hat starke Strömung, langsam, sehr langsam geht es flussaufwärts. Ab und zu kommt mir Berufsschifffahrt entgegen aber nicht allzu oft muss ausgewichen werden. Schleuse um Schleuse ist zu erklimmen. Nach einer Woche zweige ich ab in die Saone, ein gemächlich dahinrinnender, gewundener Fluss mit einer beruhigenden Wassertiefe von drei Metern. Meine Zuversicht wächst wieder. Nach einer weiteren Woche wieder eine Abzweigung in den Kanal Rhein di Rhône. Der Flussführer schreibt: „Schöne Wegstrecke, aber schwierig zu befahren". In der ersten Biegung habe ich wieder Grundberührung und am nächsten Tag wieder und wieder. Jeden Tag sitzt die Maui irgendwo auf. Die Fahrrinne ist nur wenige Meter breit und nicht mit Bojen markiert. Nach vier Tagen bin ich völlig erledigt.

„Doub" heißt dieser Wasserweg, noch besser bekannt unter dem Namen Rhein-Rhone-Kanal. Dieser schmale Fluss galt früher als nicht befahrbarer Wasserweg, denn wegen der vielen Windungen war er stellenweise viel zu seicht. Doch die Verbindung von der Rhone zum Rhein war einfach viel zu wichtig, um sie ungenutzt zu lassen. So wurde dieses Flüsschen an seinen flachen Stellen kanalisiert. Das alles liegt schon lange zurück. Damals gab es die flachgehenden Penischen (Lastkähne mit maximal 4,5 Meter Breite und einem Tiefgang von nicht mehr als 1,8 Meter) als Haupttransportmittel. Für einen Segler mit einem Tiefgang mit 1,5 Metern ist dieser Kanal gerade noch befahrbar. Doch für welchen Preis? Schweißgebadet steht der Eigner, Kapitän und Steuermann am Ruder und kann es niemals loslassen. Peinigen ihn körperliche Nöte, so bleibt nur das leere Marmeladenglas als letzte Rettung, denn der Weg zur Toilette ist nur in den Schleusen möglich.

An sich ist dieser Wasserweg wunderschön, umsäumt von Akazien, die ihre Wipfel schattenspendend über das Wasser neigen, ein Labsal für die Seele. Die Zeit scheint stehengeblieben zu sein in dieser verzauberten Flusslandschaft. Graureiher erheben ihre Schwingen und gleiten über das ruhige Wasser, Fischer stehen am von Wiesenblumen umsäumten Ufer. Durch dieses ruhige Gewässer tuckert die Maui mit 4,5 Knoten. Immer wieder steht der Flussfahrer vor einem Schleusentor. Manche werden noch von einem Wärter

Weiter in Richtung Heimat geht es durch den idyllischen Kanal Rhein du Rhône

bedient, der das Tor bei Annäherung eines Bootes öffnet. Bei anderen muss man die Yacht am Weidenstrauch vor der Schleuse festbinden, ans Ufer klettern und die alte Kurbel aus Gusseisen selbst bedienen. Diese Art der Selbstbedienung ist zwar langwierig, jedoch romantisch und gibt auch Gelegenheit, in einer dieser Kammern zu verweilen, Brot zu kaufen oder im kleinen Dorfgasthaus zu essen. An die 60 Schleusen sind zu betätigen. Die letzen Kilometer wird der Kapitän noch einmal gefordert. Eine Schleusentreppe von zwölf Schleusen muss in einem Stück durchfahren werden. Begleitet wird der Flussschiffer dabei von einer dreiköpfigen Schleusenmannschaft. Diese Helfer öffnen und schließen die Tore, schwingen sich auf Fahrrad oder Moped und warten bei der nächsten Schleuse bereits mit offenem Tor. Das geht flott, Tor auf, Boot hinein, Yacht festbinden, Tor zu, Kammer fluten, Tor auf, Leinen los und in zügiger Fahrt geht es schon wieder weiter. Nach so einem Tag schläft man besonders gut.

Endlich ist der große, breite Rhein erreicht. „Von nun an wird alles viel leichter", denke ich, „von nun an geht es flussabwärts fast bis Frankfurt, das wird ein Kinderspiel." Von wegen Kinderspiel! Die starke Strömung hat die Flussgestalter gezwungen, Wälle aus Felsen in den Fluss zu bauen, um die Strömung zu brechen. „Buhnen" nennt man diese scheußlichen Dinger, die dem flussfahrenden Segler den Angstschweiß ins Gesicht treibt. Oft sind diese Hindernisse mit Wasser überspült und daher nicht auszumachen. Übersieht man so eine Buhne, würde die Yacht auf diese Felsen krachen. Die Folgen wären nicht auszudenken. Doch nicht genug mit diesem Schrecken. Der Rhein ist eine sehr stark befahrene Wasserstraße, hier ist nichts romantisch verträumt, nein, hier schieben große Frachtschiffe, Schubverbände und auch die Passagierdampfer mächtige Bugwellen vor sich her. In so einer Bugwelle kann eine Yacht gewaltig ins Schlingern kommen, leicht könnten dabei die Maststützen brechen. So knapp vor dem Ziel möchte ich aber nicht so gerne vom eigenen Mast erschlagen werden. Doch noch nicht genug des Übels, die große Flussschifffahrt erzeugt einen gewaltigen Sog, dem man kaum entgegensteuern kann.

Deshalb muss die Yacht mit viel Geschwindigkeit gefahren werden, denn nur so bleibt sie gut steuerbar. Oft hätte ich gerne in brenzligen Situationen die Geschwindigkeit verringert, das wäre aber sicher falsch gewesen. Schweißnass halten meine Hände das Steuerrad krampfhaft fest, als sich zwei Schubverbände stromauf nähern und sich dabei gegenseitig überholen. Ich, der Talfahrende, rase diesen Unholden entgegen. Nirgends sehe ich eine Lücke. Dann kommt noch zu allem Schrecken die „Blaue Flagge", das bedeutet, ich soll links vorbeifahren. Um Gottes willen, links, da sprudelt doch bereits das Wasser von den Buhnen! Ich will aufgeben, bin mit den Nerven völlig am Ende aber irgendwie habe ich mich vorbeigeschwindelt.

Jeden Abend muss ich mich als flussfahrender Segler nach einem Liegeplatz umschauen. Das ist schwieriger, als ich zunächst gedacht hatte. Ankern geht nicht, der Schwell, den die vorbeifahrenden Lastkähne erzeugen, bringt die Yacht derart ins Schlingern, dass an eine Nachtruhe nicht zu denken ist. Außerdem flöge alles Geschirr vom Tisch, ähnlich wie in rauher See. Die Yachthäfen, die im Flussführer vermerkt sind, haben meist keine Tiefenangaben, weil sie nur von Motorbooten benützt werden, die mit wenig Wassertiefe auskommen. So beginne ich meist ab 16 Uhr einen Platz für die Nacht zu suchen. Ich pirsche mich so nahe wie irgendwie möglich an die Hafeneinfahrt heran und rufe dann einem Angler zu: „Hallo, wie tief ist die Einfahrt und der Hafen, ich brauche 1,6 Meter, geht das?". Angler sind immer gute Informanten, sie wissen, wieviel Angelleine gegeben wurde, um den Köder auf Grund zu legen. Habe ich endlich einen Liegeplatz gefunden, beginnt das Frieren. Es ist bereits Oktober. Tagsüber wärmt die Herbstsonne, doch abends kriecht die Kälte ins Boot. Die Maui hat keine Heizung, wozu auch, war ich doch jahrelang nur in warmen Gegenden unterwegs. Aus der Dusche rinnt es eiskalt. Das härtet zwar ab, glücklich macht es mich jedoch nicht.

Weiter geht es den stark strömenden Rhein abwärts und wieder kommen mir zwei sich überholende Verbände entgegen und von hinten kommt ein großer weißer Passagierdampfer. „Die werden mich jetzt zermalmen", murmele ich. Links ist eine Einfahrt in eine Kiesgrube, schnell hinein auf diesen sicheren Platz, denke ich. „Halt, Claus", kommt die mahnende innere Stimme, „Du kannst nicht immer fliehen, wenn ein paar große Boote kommen, Du musst lernen, damit umzugehen." Irgendwie steuere ich die Maui an den Hindernissen vorbei. Langsam habe ich das Gefühl, die Regeln der Flussschifffahrt immer besser zu beherrschen. Noch vor Frankfurt verlasse ich dieses nervenaufreibende Gewässer und zweige ab in den Main. Welch ein Unterschied, gemächlich träge fließt der Strom durch deutsche Lande. Der Herbst hat die Blätter goldgelb gefärbt, Burgen und Ruinen grüßen von den Hängen, freundliche Menschen winken mir vom Ufer aus zu. Ich beginne die Flussfahrt zu genießen.

Noch vor wenigen Jahren wäre hier die Reise zu Ende gewesen, denn es gab früher keine Verbindung zwischen Rhein und Donau. Während der sechseinhalb Jahre meiner Weltumsegelung wurde der Rhein-Main-Donau-Kanal fertiggestellt. Breit, tief und groß ist er und leicht zu befahren. Doch die Tücken liegen diesmal ganz woanders, in diesem Kanal wird man bis auf 600 Meter über den Meeresspiegel hinaufgeschleust. In den Kammern herrschen arge Turbulenzen. Eine Segelyacht mit tiefgehendem Kiel wird dabei so stark an die Seitenwände gepresst, dass Klampen oder Leinen zu brechen drohen. Ich habe zwar gelernt, dass die verwendeten Festmacherleinen der Yacht sehr elastisch sein müssen, doch solche gewaltigen Turbulenzen habe ich noch nie zuvor erlebt. Gleich in der ersten Schleuse dehnen sich die Leinen wie Gummibänder. Die Maui dreht nach links, dann wieder nach rechts. Der über den Bugkorb vorragende Mast schlägt gegen die Schleusenwand, das Unheil droht seinen Lauf zu nehmen.

Zunächst bin ich starr vor Schreck, greife hastig und zittrig zum Sprechfunk und kreische ins Mikrofon: „Halt, stopp, stoppt das Schleusen, das geht schief, der Mast bricht". Den Schleusenwärter muss wohl mein Geschrei erschreckt haben, denn er drückt die Nottaste, worauf der Schleusenvorgang sofort unterbrochen wird. Ich erkläre nun wieder ruhiger, dass ich Angst um meinen Mast habe. Darauf wird das Schleusen mit Handbedienung fortgesetzt und alles bleibt heil. Endlich habe ich den höchsten Punkt erreicht und von nun an geht es bergab. Talwärts schleusen ist immer einfach und problemlos, das Wasser rinnt aus der Kammer, das Boot sinkt, man hängt in aller Ruhe die Leinen um und läuft einfach und friedlich mit Motorkraft aus dem Schlund des Schachtes. 220 solcher Prozeduren habe nun schon hinter mir. In der Donau, kurz hinter Passau, macht mir der Herbstnebel zu schaffen. Doch mit der aufopfernden Hilfe von Erwin, dem Besitzer einer Motorbootschule, gelingt es auch diese Hürde zu nehmen. Noch zwei Tage, dann erreiche ich Linz an der Donau, meine Heimatstadt. Die Oberösterreichischen Nachrichten haben einen großen Empfang für mich organisiert. Eine Menschenmenge drängt sich am Ufer, die Magistratskapelle spielt auf, der Bürgermeister würdigt in einer festlichen Rede meine Leistung. Ich muss für Rundfunk und Fernsehen Interviews geben. Wildfremde Menschen klopfen mir auf die Schulter und beglückwünschen mich. Als erster Österreicher habe ich einhand die Welt umsegelt. Nichts konnte mich aufhalten, keine Stürme, keine Riesenwellen, keine Räuber und zuletzt auch nicht die Flüsse. Ja, ich bin glücklich. Und natürlich auch ein bisschen stolz.

Ende

Anhang

Was macht ein Weltumsegler, nachdem er die Erde umrundet hat? Er segelt weiter! Claus Gintner hat sich zu diesem Zweck eine neue Yacht gekauft. Sie heißt „Escapada" und ist ein Prachtstück:
Länge: 14,3 Meter
Breite: 4,5 Meter
Gewicht: 14 Tonnen
Technisch ist die „Escapada" bestens ausgerüstet, vom Satelliten-Navigations-System bis zum sensorgesteuerten Ankerlicht. An Bord gibt es sogar eine Süßwasseraufbereitungsanlage. Auf der Yacht „Escapada" dominiert feinstes Teakholz, alle Kabinen sind komfortabelst ausgestattet, mit Dusche und WC.

Claus Gintners neue Yacht „Escapada"

Segeln mit dem Weltumsegler

Mit Claus Gintner auf den Meeren unterwegs zu sein, ist ein Erlebnis der besonderen Art. Er führt seine Chartergäste zu den wenig bekannten Paradiesen des Mittelmeeres und der Karibik. Zwei Mal pro Jahr überquert er den Atlantik. Wem dieser Non-stop-Törn zu lang ist, kann in der Karibik oder im Mittelmeer auch einwöchige Routen buchen. Alle erforderlichen Flüge können organisiert werden.

Akademie of World Cruising
Position 48° 26,59 N 14°31,96 O

Die Akademie of World Cruising

Gleich nach seiner Rückkehr von der Weltumsegelung hat Claus Gintner die „Akadameie of World Cruising" gegründet, einen Verein für Langstreckensegler. Mehrmals im Jahr gibt Claus Gintner in speziellen Seminaren seinen reichen Erfahrungsschatz weiter. Jeder Segler kann Mitglied werden.

Auskünfte über Charterbuchungen und die Akademie of World Cruising:

Claus Gintner
Unterer Markt 11
A 4292 Kefermarkt
Austria-Europe
Tel.+Fax: ++43+79 47 / 67 00
Mobil: 0664 / 38 43 5 15
Internet: www.gintner.at
E-Mail: office@gintner.at

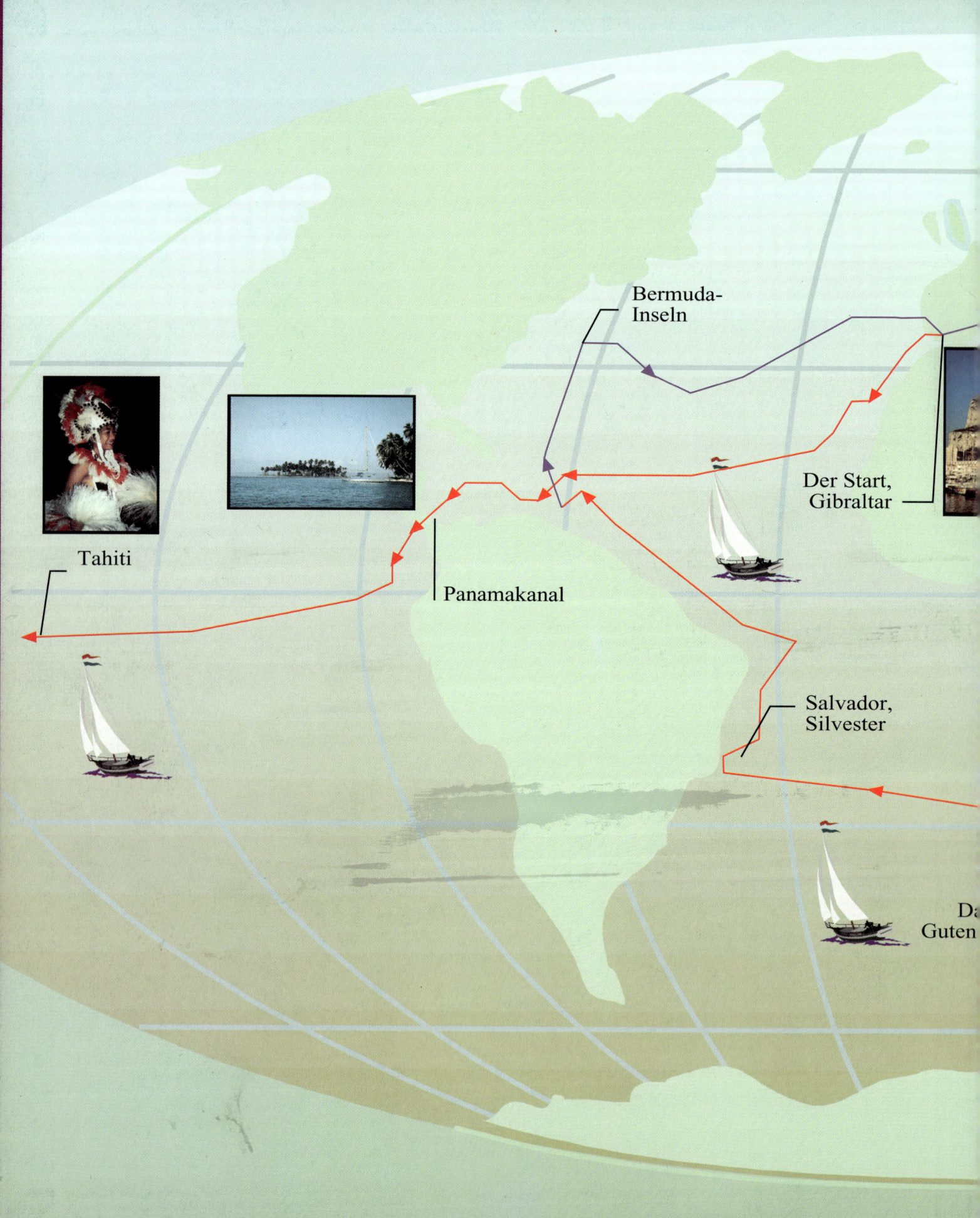